国家级一流本科专业（工商管理）建设成果系列教材
普通高等院校工商管理类专业系列教材

工商管理导论

主　编　岳志春　张晓蕊　郭彩云

北京理工大学出版社
BEIJING INSTITUTE OF TECHNOLOGY PRESS

内 容 简 介

本教材紧紧围绕工商管理类专业人才培养目标，以帮助学生全面清晰地了解所学专业，培养学生对所学专业的感情，激发学生专业学习热情，引导学生尽快适应大学学习生活，启发学生掌握科学的学习方法为宗旨，依据《工商管理类教学质量国家标准》而编写，主要介绍了工商管理学科概述、工商管理学科的历史演进、工商管理专业的人才培养与就业方向、管理学与经济学、运营管理与质量管理、市场调查与市场营销学、组织行为学与人力资源管理、会计学与财务管理、战略管理与领导科学、公司治理与管理信息系统、技术创新管理与创业管理、工商管理专业的实践课程学习、工商管理专业的学年论文与毕业论文等内容。

本教材在结构编排上，更加贴近工商管理类专业人才的培养目标要求；在内容更新上，更加与时俱进，融入工商管理类专业课程的新进展和新成果；在编写团队上，成员均是来自工商管理类专业教学一线的专任教师，教学经验和资源丰富。本教材内容丰富，思路清晰，逻辑严密；注重将课程思政元素融入教材，案例多采用中国本土案例；注重提高学生的学习兴趣，图文并茂，可读性强。适合作为高等院校工商管理类专业课程教材，也可以作为高等院校相关教职人员的参考书。

版权专有　侵权必究

图书在版编目(CIP)数据

工商管理导论 / 岳志春，张晓蕊，郭彩云主编. --北京：北京理工大学出版社，2022.7（2024.8 重印）
ISBN 978-7-5763-1507-3

Ⅰ. ①工… Ⅱ. ①岳… ②张… ③郭… Ⅲ. ①工商行政管理 Ⅳ. ①F203.9

中国版本图书馆 CIP 数据核字（2022）第 123580 号

责任编辑：李慧智　　**文案编辑**：李慧智
责任校对：周瑞红　　**责任印制**：李志强

出版发行 / 北京理工大学出版社有限责任公司
社　　址 / 北京市丰台区四合庄路 6 号
邮　　编 / 100070
电　　话 / (010) 68914026（教材售后服务热线）
　　　　　　 (010) 68944437（课件资源服务热线）
网　　址 / http://www.bitpress.com.cn

版 印 次 / 2024 年 8 月第 1 版第 3 次印刷
印　　刷 / 涿州市新华印刷有限公司
开　　本 / 787 mm×1092 mm　1/16
印　　张 / 17.25
字　　数 / 405 千字
定　　价 / 52.00 元

图书出现印装质量问题，请拨打售后服务热线，负责调换

《工商管理导论》编委会

主　编　岳志春　张晓蕊　郭彩云
副主编　康东伟　闫　春　赵恩超
　　　　马志超　郝晓雁　贺阿红
编　委　(按姓氏笔画为序)
　　　　马志超　闫　春　张晓蕊
　　　　岳志春　贺阿红　郝晓雁
　　　　赵恩超　郭彩云　康东伟

前言

工商管理类专业面向企事业单位，培养既掌握扎实的管理理论知识，又具有较强表达能力、应变能力、沟通能力、抗压能力、执行能力、创新创业能力等管理实操能力，具有可持续发展潜质的应用型复合型高级管理人才。本科生进入大学以后普遍对专业缺乏了解，普遍感到迷茫和困惑，导致学习目标不明确，学习动力缺乏。工商管理导论课正是面向大学一年级新生开设的专业启蒙课程，旨在帮助他们全面清晰地了解所学专业，培养他们对所学专业的感情，激发其专业学习热情，引导他们尽快适应大学学习生活，并启发他们掌握科学的学习方法。

习近平总书记在党的二十大报告中指出，"我们要坚持教育优先发展、科技自立自强、人才引领驱动，加快建设教育强国、科技强国、人才强国，坚持为党育人、为国育才，全面提高人才自主培养质量，着力造就拔尖创新人才，聚天下英才而用之""我们要办好人民满意的教育，全面贯彻党的教育方针，落实立德树人根本任务，培养德智体美劳全面发展的社会主义建设者和接班人，加快建设高质量教育体系，发展素质教育，促进教育公平""我们要坚持马克思主义在意识形态领域指导地位的根本制度，坚持为人民服务、为社会主义服务，坚持百花齐放、百家争鸣，坚持创造性转化、创新性发展，以社会主义核心价值观为引领，发展社会主义先进文化，弘扬革命文化，传承中华优秀传统文化，满足人民日益增长的精神文化需求，巩固全党全国各族人民团结奋斗的共同思想基础，不断提升国家文化软实力和中华文化影响力""我们要建设具有强大凝聚力和引领力的社会主义意识形态，牢牢掌握党对意识形态工作领导权，全面落实意识形态工作责任制，巩固壮大奋进新时代的主流思想舆论，加强全媒体传播体系建设，推动形成良好网络生态""广泛践行社会主义核心价值观，弘扬以伟大建党精神为源头的中国共产党人精神谱系，深入开展社会主义核心价值观宣传教育，深化爱国主义、集体主义、社会主义教育，着力培养担当民族复兴大任的时代新人""繁荣发展文化事业和文化产业，坚持以人民为中心的创作导向，推出更多增强人民精神力量的优秀作品""增强中华文明传播力影响力，坚守中华文化立场，讲好中国故事、传播好中国声音，展现可信、可爱、可敬的中国形象，推动中华文化更好走向世界"，为本教材的编写提供了根本遵循。

本教材全面贯彻新时代中国特色社会主义思想，紧紧围绕工商管理类专业人才培养目标，依据《工商管理类教学质量国家标准》而编写，面向工商管理类专业的一年级本科生，通过学习使学生了解工商管理学科的基本情况和工商管理类专业的人才培养与就业方向，掌握专业理论课程、专业实践课程等方面的基本知识。

在结构体系设计上，本教材的总体结构分为三篇——认知篇、理论篇与实践篇，符合人的一般认知规律和工商管理类专业的人才培养要求。认知篇主要介绍工商管理学科概述、工商管理学科的历史演进、工商管理专业的人才培养与就业方向等一般性知识，使学生了解工商管理的基本概念、学科发展，工商管理学科的历史演进，以及工商管理专业的人才培养目标、课程设置与就业方向；理论篇主要介绍工商管理类专业的核心课程，包括专业基础课和专业核心课，使学生了解课程的产生与发展、课程特点与主要内容、课程培养目标与学习意义等，为后续专业课程学习奠定良好基础；实践篇主要介绍工商管理专业的实践课程学习、学年论文与毕业论文，使学生了解实践课程的培养目标、特点与主要内容，以及学年论文与毕业论文的撰写方法。

在栏目设计上，本教材共分为三篇、十三章，每章均设有本章学习目标、本章内容框架、引导案例、分节内容、本章小结、复习思考题等六大栏目内容，内容丰富，思路清晰，逻辑严密；注重将课程思政元素融入教材，案例多采用中国本土案例，讲好中国管理故事，传播好中国声音，展现可信、可爱、可敬的中国管理形象，通过案例的阅读、分析和讨论，培养学生的系统思维、科学思维、创新思维、战略思维、用户思维、社会责任意识和人本管理思想，增强文化自信和民族自信；注重提高学生的学习兴趣，图文并茂，可读性强。

在与相邻课程的衔接上，本教材与工商管理类专业的专业基础课、专业核心课、专业实践课程等衔接紧密，有利于学生顺利开展相邻课程的学习。

在教学条件要求上，本教材对教学条件不作过多要求，既适合于采用传统授课方式，也适合于采用多媒体授课等现代化教学方式。

本教材的主要特色表现在：一是在结构编排上，更加贴近工商管理类专业人才的培养目标要求；二是在内容更新上，更加与时俱进，融入工商管理类专业课程的新进展和新成果；三是在编写团队上，成员均是来自工商管理类专业教学一线的专任教师，教学经验和资源丰富；四是在案例选择上，多采用中国本土案例，讲好中国管理故事，传播好中国声音，使学生了解中国式管理，展现可信、可爱、可敬的中国管理形象，发挥教材思政育人功能。

本教材共十三章，主要内容包括工商管理学科概述、工商管理学科的历史演进、工商管理专业的人才培养与就业方向、管理学与经济学、运营管理与质量管理、市场调查与市场营销学、组织行为学与人力资源管理、会计学与财务管理、战略管理与领导科学、公司治理与管理信息系统、技术创新管理与创业管理、工商管理专业的实践课程学习、工商管理专业的学年论文与毕业论文等。其中，前言、第六章、第十二章、参考文献由岳志春（河北工程大学）编写，第一章、第二章由张晓蕊（河北工程大学）编写，第三章、第七章由郭彩云（河北工程大学）编写，第四章由赵恩超（华北科技学院）编写，第五章由贺阿红（河北工程大学）编写，第八章由郝晓雁（山西财经大学）编写，第九章、第十章由康东伟（河北工程大学）编写，第十一章由马志超（河北工程大学）编写，第十三章由闫春（山西财经大学）编写。河北工程大学管理工程与商学院的硕士研究生郭冉冉、乔正佳、袁英培、王文峥、李玉茜、韩飒、韩玥、魏子翔、常献伟参与了本书的校对。全书由岳志春、张晓蕊、郭彩云统稿和梳理。

本教材在编写过程中，我们借鉴了管理学、经济学、心理学、社会学等相关学科的理论、知识和方法，吸收了国内外相关理论研究成果，在此谨向原作者表示衷心的感谢，并向支持和帮助我们的所有朋友表示诚挚的谢意。

目前市场上较为适用的工商管理导论教材相对较少，希望本教材能够为全国普通高校工商管理类专业教师和学生增添一个选择适用教材的机会。

由于作者水平有限，不足之处在所难免，恳请各位同行专家和读者提出宝贵意见和建议，以便今后进一步完善，对此我们将不胜感激！

作　者

目录

第一篇 认知篇

第一章 工商管理学科概述 (003)
- 第一节 工商管理的基本概念 (004)
- 第二节 工商管理学科 (016)
- 本章小结 (024)
- 复习思考题 (025)

第二章 工商管理学科的历史演进 (026)
- 第一节 工商管理思想的产生与发展 (028)
- 第二节 工商管理理论的产生与发展 (033)
- 第三节 工商管理理论的新发展 (043)
- 本章小结 (052)
- 复习思考题 (053)

第三章 工商管理专业的人才培养与就业方向 (055)
- 第一节 工商管理专业人才培养目标 (057)
- 第二节 工商管理专业课程设置 (058)
- 第三节 工商管理专业就业方向 (060)
- 本章小结 (068)
- 复习思考题 (068)

第二篇 理论篇

第四章 管理学与经济学 (071)
- 第一节 管理学 (073)
- 第二节 经济学 (082)

本章小结 ……………………………………………………………………… (088)
　　复习思考题 …………………………………………………………………… (089)

第五章　运营管理与质量管理 …………………………………………………… (090)
　　第一节　运营管理 …………………………………………………………… (092)
　　第二节　质量管理 …………………………………………………………… (098)
　　本章小结 ……………………………………………………………………… (106)
　　复习思考题 …………………………………………………………………… (107)

第六章　市场调查与市场营销学 ………………………………………………… (108)
　　第一节　市场调查 …………………………………………………………… (110)
　　第二节　市场营销学 ………………………………………………………… (115)
　　本章小结 ……………………………………………………………………… (122)
　　复习思考题 …………………………………………………………………… (123)

第七章　组织行为学与人力资源管理 …………………………………………… (124)
　　第一节　组织行为学 ………………………………………………………… (125)
　　第二节　人力资源管理 ……………………………………………………… (136)
　　本章小结 ……………………………………………………………………… (142)
　　复习思考题 …………………………………………………………………… (142)

第八章　会计学与财务管理 ……………………………………………………… (143)
　　第一节　会计学 ……………………………………………………………… (145)
　　第二节　财务管理 …………………………………………………………… (151)
　　本章小结 ……………………………………………………………………… (156)
　　复习思考题 …………………………………………………………………… (156)

第九章　战略管理与领导科学 …………………………………………………… (158)
　　第一节　战略管理 …………………………………………………………… (160)
　　第二节　领导科学 …………………………………………………………… (166)
　　本章小结 ……………………………………………………………………… (172)
　　复习思考题 …………………………………………………………………… (173)

第十章　公司治理与管理信息系统 ……………………………………………… (174)
　　第一节　公司治理 …………………………………………………………… (176)
　　第二节　管理信息系统 ……………………………………………………… (182)
　　本章小结 ……………………………………………………………………… (188)
　　复习思考题 …………………………………………………………………… (189)

第十一章　技术创新管理与创业管理 …………………………………………… (190)
　　第一节　技术创新管理 ……………………………………………………… (192)
　　第二节　创业管理 …………………………………………………………… (199)
　　本章小结 ……………………………………………………………………… (208)
　　复习思考题 …………………………………………………………………… (209)

第三篇　实践篇

第十二章　工商管理专业的实践课程学习 (213)
- 第一节　实践课程概述 (215)
- 第二节　课堂实践 (218)
- 第三节　实习实践 (224)
- 第四节　第二课堂 (228)
- 本章小结 (237)
- 复习思考题 (237)

第十三章　工商管理专业的学年论文与毕业论文 (239)
- 第一节　学年论文 (241)
- 第二节　毕业论文 (245)
- 本章小结 (260)
- 复习思考题 (261)

参考文献 (262)

第一篇 认知篇

第一章　工商管理学科概述

本章学习目标

通过本章的学习，学生能复述工商管理的基本概念，能说明工商管理的学科地位，列举工商管理的研究内容，能总结工商管理的特点，能识别工商管理的学科结构与专业设置。

本章内容框架

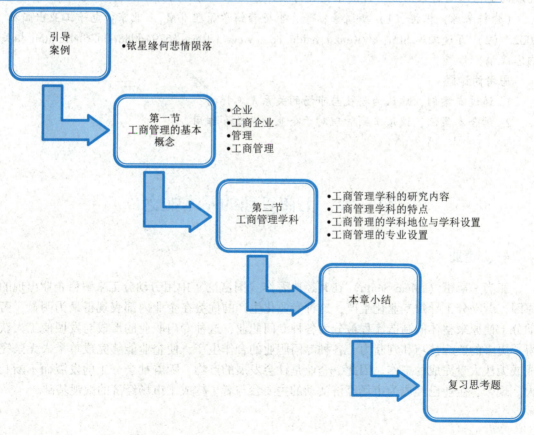

> **引导案例**

铱星缘何悲情陨落

中国中央电视台在2000年9月曾以"科学家的宠儿，市场的弃儿"为题报道了美国摩托罗拉公司创办的"铱星通信系统"。"铱星通信系统"被评为美国最佳科技成果和世界科技成就之一，并由此成立铱星公司（Iridium Inc.）。铱星通信系统的最大特点就是通信终端手持化，个人通信全球化。铱星计划的市场目标定位是需要在全球任何一个区域范围内都能够进行电话通信的移动客户。

从高科技而言，铱星计划的确是一个美丽的故事。然而，如此高的"科技含量"却好景不长，价格不菲的"铱星通信系统"在市场上遭受到了冷遇，用户最多时才5.5万，而据估算它必须发展到50万用户才能赢利。由于巨大的研发费用和系统建设费用，铱星背上了沉重的债务负担，整个铱星系统耗资达50多亿美元，每年光系统的维护费就要几亿美元。2000年3月18日，铱星背负40多亿美元债务正式破产。

从市场角度看，摩托罗拉启动铱星计划的时候没有做过认真的市场分析。当绝大部分城市、城市近郊的农村、交通干线、旅游胜地都被地面网络覆盖，当移动电话的国际漫游成为可能，卫星移动电话的市场无疑在被不断地压缩着，用户群的规模相应地不断减少。地面移动电话网络在成本费用、手机轻便性等方面占了相当的优势。于是，10年前可行的方案10年后失去了存在的基础。10年前存在的用户群10年后却已无法达到支撑业务运行的最小规模。没有了市场，就没有了收益，也就失去了控制自己命运的能力。而且全球开放的通信市场远未形成，造成铱星公司在开拓全球市场时的力不从心。

（资料来源：根据（1）梅清豪，等. 市场营销学原理［M］. 北京：电子工业出版社，2002.（2）百度文库http://wenku.baidu.com/view/3c9eaeea6294dd88d0d26b4b.html 相关内容改编）

思考讨论题：
1. 通过本案例，你认为科技与市场的关系是怎样的？
2. 结合本案例，谈谈工商管理对于企业的意义和作用。

第一节　工商管理的基本概念

一、企业

亚当·斯密（Adam Smith）在其经典著作《国富论》中用劳动分工来解释企业出现的原因，劳动分工导致专业化生产，这种专业化生产的优势在企业内部表现得最为明显，劳动分工使原来整体的制造流程被分为各种专门职业，这种专门职业的形成与发展使工人获得了更多的熟练技巧和判断力。各种专门职业的合作生产，使企业能够完成单个人无法完成或无法大量完成的工作。因此，企业是社会发展的产物，随着社会分工的发展而不断壮大。现今，企业已经成为市场经济活动的主要参与者，构成了市场经济的微观基础。

（一）企业的含义

有关企业的含义十分丰富，不同学科对企业的内涵有着不同的认识。经济学认为，企业是创造经济利润的机器和工具；社会学认为，企业是人的集合；法学认为，企业是一组契约关系；商科和管理学则认为，企业是一类组织、一种商业模式。在《辞海》1978年版中，对"企业"的解释为："从事生产、流通或服务活动的独立核算经济单位"；在《现代汉语词典》中，对"企业"的解释为：从事生产、运输、贸易等经济活动的部门，如工厂、矿山、铁路、公司等。

从上面的解释可以看出：首先，企业是一种社会组织；其次，企业从事经济活动，也就是能够给社会提供服务或产品；最后，企业是以获得利润为目的，即以营利为目的。因此，企业一般是指以营利为目的，以实现投资人、客户、员工、社会大众的利益最大化为使命，运用劳动力、资本、土地、信息技术等各种生产要素向市场提供商品或服务，实行自主经营、自负盈亏、独立核算的具有法人资格的社会经济组织。

（二）企业的发展

随着生产力的发展、社会的进步，企业形式也得到不断的发展与完善。企业的演进主要经历了三个阶段。

1. 工场手工业时期

这是指从封建社会的家庭手工业到资本主义初期的工场手工业时期。16—17世纪，一些西方国家的封建社会制度向资本主义制度转变，资本主义原始积累加快，大规模地剥夺农民的土地，使家庭手工业急剧瓦解，开始向资本主义工场制转变。工场手工业是企业的雏形。

2. 工厂制时期

18世纪，西方各国相继开展了工业革命，大机器的普遍采用，为工厂制的建立奠定了基础。1771年，英国人理查德·阿克赖特（Richard Arkwright，1732—1792）在克隆福特创立了第一家棉纱工厂。19世纪三四十年代，工厂制度在英、德等国家普遍建立。工厂制的主要特性是：实行大规模的集中劳动，采用大机器提高生产效率，实行雇佣工人制度，劳动分工深化，生产走向社会化。

3. 现代企业时期

19世纪末20世纪初，随着自由资本主义向垄断资本主义过渡，工厂自身发生了复杂而又深刻的变化：不断采用新技术，使生产迅速发展；生产规模不断扩大，竞争加剧，产生了大规模的垄断企业；经营权与所有权分离，形成职业化的管理阶层；普遍建立了科学的管理制度，形成了一系列科学管理理论，从而使企业走向成熟，成为现代企业。

（三）企业的分类

在我国，按照不同标准，企业可分为不同的形式。

①按照投资人的出资方式和责任形式，企业主要存在三种常见组织形式：独资企业、合伙企业和公司制企业。其中，公司制企业是现代企业中最主要和最典型的组织形式。公司制企业按股东对公司所负责任的不同可以分为无限责任公司、有限责任公司和股份有限公司；按信用等级可分为人合公司、资合公司、人合兼资合公司；按公司地位类型可分为

母公司和子公司。

②按所有制结构可分为全民所有制企业、集体所有制企业、私营企业和外资企业。

③按规模可分为特大型企业、大型企业、中型企业、小型企业和微型企业。

④按资源密集程度可分为劳动密集型企业、资金密集型企业和技术密集型企业。

⑤按经济部门可分为工业企业、商业企业、农业企业、金融保险企业、房地产开发企业、交通运输企业、旅游服务企业、餐饮娱乐企业、邮电企业、中介服务企业等。

⑥按照投资者的地区不同分为内资企业、外资企业和港、澳、台商投资企业。

⑦按企业健康程度可分为相对比较健康的随机应变型企业、军队型企业、韧力调节型企业，和相对不健康的消极进取型企业、时停时进型企业、过度膨胀型企业、过度管理型企业。

（四）企业的作用和特点

1. 企业的作用

企业是社会分工发展的产物。从劳动分工的角度来看，企业这种经济组织将具有专门技能、分属于不同职业的人集中在一个作坊里，利用专门的机器实现某些特殊工艺，实现了专业化生产。企业存在的意义是能够利用劳动分工和专业化的优势促进劳动生产率的提高。随着社会分工的不断发展壮大，企业现在已经成为市场经济活动的主要参与者，构成了市场经济的微观基础。

作为国民经济的细胞，企业对整个社会经济的发展与进步有着不可替代的作用。企业是市场经济活动的主要参加者，是社会生产和流通的直接承担者，是推动社会经济技术进步的主要力量。从一定意义上讲，企业素质的高低以及是否适应市场经济发展的要求，直接关系着国民经济状况的优劣和社会的长治久安。

2. 企业的特点

①契约性。企业是一个契约性组织。法律契约、行为契约、心理契约等始终贯穿于企业运营管理的主线。

②市场性。企业是一个市场性组织。过去，企业作为契约性组织由上级负责；现在，企业是市场性组织，人对市场负责，市场化程度的高低决定了企业盈利能力的高低。

③学习性。企业是学习型组织。过去认为企业是制造产品的，现在看来，企业是制造思想的。企业内部有两条价值链：一是意识形态价值链，从信息和知识到能力，再到思想；二是物质形态价值链。

④虚拟性。企业的一个发展趋势是向虚拟化组织的方向发展。采取虚拟生产、虚拟营销、虚拟运输、虚拟分配的企业不断出现。

⑤模糊性。企业的另一个发展趋势是向无边界组织发展。过去认为企业是有边界的，后来发展了，企业成为无边界的，再后来，企业既有边界又无边界，边界模糊，一切都模糊化。现在看来，企业边界按照边际成本乘以边际收益来看，许多企业边际成本小于边际收益，或者边际成本为零。边际收益不变，那么边际成本、边际收益递增的规律发挥主导作用。即边界可以无限大，这对于企业的运作意义是很大的。

⑥系统性。企业是一个系统性的组织。现在的企业分成两条线：一条线是产品和服务；另一条线是使企业具有持续竞争力的保障系统。一般来讲，国外成功的大企业都是系

统化运作，讲究系统性。

⑦网络性。企业是网络化组织。价值链组织对于一个企业来说还不够，它不一定形成一个圈环。成为网络组织，使企业成为链主，企业和网主企业就要对价值链进行运作整合，这样企业就可以成为一个联合体。中国企业应该融入这个网络，融入更大的、更多的价值网络。

⑧全球性。企业是全球性组织。过去企业根据木桶理论决定怎么用最短的那根木片提高利润，把最短的那根木片补齐，这样企业总在经营劣势。现在新木桶理论出现了，也就是说短的那一块不做了，就做最擅长的那一块，每个企业都经营优势，就像每个人做自己最感兴趣的事。这样做成本很低，效率很高。由木桶理论发展到新木桶理论，每个企业根据全球定位，你做一段，我做一段，全球集成，融入全球化过程中。最终的企业就是全球化组织。

⑨体系性。企业是体系性的组织。把企业打造成一个体系，也就是让平凡的人做出不平凡的事。具体到一个人很平凡，但成为一个体系就很厉害。通过打造这个体系，使管理达到最高境界，即没有管理；使战略达到最高境界，即没有战略，就像高速公路一样。

⑩诚信性。在企业的运营过程中最重要的就是诚信，这是社会责任与道德对一个企业的基本要求。

二、工商企业

早期的企业较多地出现在工业和商业领域，因此概括地称为工商企业。工商企业就是工业和商业领域的企业，包括工业企业和商业企业。

(一) 工业企业

工业企业是指直接从事工业性生产经营活动（或劳务）的营利性经济组织，是企业的一种重要组成形式。

1. 工业企业的特征

工业企业应具有的主要特征和基本属性是：

（1）工业企业是一种经济组织

这一特征表现了它的经济性和组织性。经济性是指它是经济领域内的一种组织，是国民经济体系中的基层组织和经济细胞；它从事的是生产经营性的经济活动，追求的是经济效益。组织性是指它是依法定程序组成的统一体，是经济上的统一体、技术上的统一体、对外关系上的统一体。

（2）工业企业是从事工业商品生产经营活动的经济组织

这一特征表现了它的产品的商品性和工业性。商品性是指现代工业企业都是从事商品生产经营活动的。它们所生产的产品（或所提供的劳务）都是以商品形式出现的，都需要投入市场，将个别劳动转化为社会必要劳动，取得社会承认，方能实现自己的使用价值和价值。因此，现代工业企业都是一定的商品生产者、经营者。工业性是指它所生产经营的产品或劳务都具有工业性质，是工业品或工业劳务。工业企业的这些特征、属性也为工业企业设立的宗旨和基本任务确立了基础。

（3）工业企业是实行独立核算、自负盈亏的经济组织

这一特征表明了它在经济上的独立性和营利性。独立性是指工业企业在经济上是独立

的，有自己可支配的财产，有自己独立的利益，实行独立核算、自负盈亏。这些也正是我们经济体制改革的关键问题和基本目标。这一特性使它与事业单位和内部组织等区别开来。

营利性是指工业企业在自己的生产经营活动中，应不断地创造价值、获取利润、增加积累。工业企业从其成立的宗旨和本质看，不仅要在使用价值上满足社会需要，而且要实现价值的增值，要创造利润。社会主义工业企业也是要讲究经济效益的。

(4) 工业企业是能够享受经济权利、承担经济义务的法人

这一特征表明了它在法律上的独立性和法人性。法律上的独立性是指它是法律上的主体，能够独立地享受经济权利、承担经济义务。法人性是指它依法取得企业法人资格，受到国家的承认和保护。

2. 工业企业的分类

(1) 按工业企业的经济性质分

按工业企业的经济性质分又有多种分法。如按生产过程可分为原料工业企业、加工工业企业和装配工业企业，又如按行业和产品可分为重工企业和轻工企业。

(2) 按工业企业的组织结构形式及其复杂程度分

①单一企业（单厂企业）。即一个工厂就是一个企业。它由统一的管理机构和在生产技术工艺上有密切联系的若干车间、工段、班组所组成，全厂统一经营、统一核算盈亏、统一对外联系。

②联合企业。由两个或两个以上性质相同或生产、劳动、技术、工艺过程密切相联的工厂企业所组成的经济联合体。

(3) 按工业企业的生产规模分

工业企业按规模可分为大型工业企业、中型工业企业、小型工业企业和微型工业企业。

以什么标准区分大中小型企业，各国规定不一。我国国家统计局关于印发《统计上大中小微型企业划分办法（2017）》的通知中，工业企业按照从业人员的数量作为标准将工业企业划分为大型工业企业、中型工业企业、小型工业企业和微型工业企业。从业人员大于等于1 000人的企业为大型工业企业，从业人员大于等于300人、小于1 000人的为中型工业企业，从业人员大于等于20人、小于300人的为小型工业企业，从业人员小于10人的为微型工业企业。

(4) 按企业的生产资料所有制分

在我国，可分为全民所有制工业企业、集体所有制工业企业（城镇集体所有制企业、乡村集体所有制企业）、私营企业、外商投资企业（中外合资经营企业、中外合作经营企业、外商独资企业）。

(二) 商业企业

商业企业通过买卖商品赚取净利润，通常可以分为批发企业和零售企业两种。

批发企业是一种中介机构，它们从制造企业或者其他批发企业那里购买商品，然后再把商品转售给零售企业或者其他批发企业。零售企业也是一种中介机构，它们从制造企业或者批发企业那里购买商品，然后再将商品转售给消费者。很多零售企业既销售商品，又提供服务。

商业企业一般具有以下特征：

1. 以商品的购、销、运、存为基本业务

商业企业的这一特征是与工业企业比较而言的。工业企业主要是借助机器和机器体系对原材料进行加工，使之生产出符合社会生产和人民生活需要的产品。而商业企业则主要是通过对商品的购进和销售以及因此而必需的运输和储存业务，完成商品由生产领域到消费领域转移的过程，满足消费的需要。商品的购进、运输、储存、销售也是流通过程中的四个基本环节。它们在流通过程中各自处于不同的地位，起着不同的作用。合理组织商品流通的四个基本环节，是实现流通的基本要求，是提高流通经济效益的重要途径，也是商业企业的基本职能。

2. 对经营的商品基本上不进行加工或只进行浅度加工

在通常情况下，商业企业的主要职能是组织商品的流通，实现商品的使用价值和价值。与工业企业不同，它们对经营的商品基本上不进行加工或只进行浅度加工。大部分商品，特别是生产资料中的机电产品和大部分消费品，经过流通过程，其使用价值和外部形态不发生变化。

随着流通规模的扩大，为解决生产的"少品种、大批量、专业化"与消费多样化之间的矛盾，流通加工发展较快。从开始时的装袋、分包、贴标签、折弯、打眼等简单形式，向按照用户需要进行高级和复杂加工形式发展。

3. 实现商品使用价值的运动和价值形态的变化

工业企业通过对原材料和半成品进行加工、制造，改变其内部结构、外部形态和物理化学性能，从而形成新的使用价值。在该过程中付出的活劳动也物化到产品中去，创造出新的价值。商品进入流通领域后，商业企业通过购进、运输、储存、销售等一系列流通活动，将商品由工业企业转移到消费者或用户手中，完成商品的空间位移和价值形态变化。商品的使用价值保持不变，商品的价值在商流（购进和销售）中也保持不变。在这一过程中，商业企业要投入一定的物化劳动和活劳动，从而发生一定的流通费用。

4. 商业企业的"商业利润"主要来自工业企业的让渡

商业企业的利润由让渡利润、追加利润、级差利润、转移利润和管理利润构成，而让渡利润是基本形式和最主要的组成部分。

从形式上看，商业利润表现为商品售卖价格高于购买价格的余额，它似乎是在流通领域内产生的。但事实上，资本在流通领域内是不能自行增值的。流通中单纯的加价绝对不是商业利润的真正源泉，而只能是商业企业获取商业利润的方式。由于商业企业专门为工业企业经营推销商品的业务，为工业企业节约了大量的商品流通费用，加速了资金的周转，因此，工业企业就必须把一部分利润让渡给商业企业，作为商业利润。这一让渡是由商品的价格差额来实现的。即工业企业按照生产价格把商品卖给流通企业，商业企业再按商品的批发价格或零售价格把商品出售给消费者，从而获得商业利润。

工业企业向商业企业让渡商业利润是在双方的竞争中实现的。竞争的结果是双方的资金利润率趋向平均，让渡顺利进行。如若工业企业的平均资金利润率高于商业企业的平均资金利润率，资金就会向工业企业转移，导致流通萎缩；如若工业企业的平均资金利润率低于商业企业的平均资金利润率，资金就会向商业企业转移，导致流通规模的扩大。

5. 经营周期短，资金周转快

和工业企业比，商业企业不需要加工、生产，只是负责商品的运输、流通，因此经营周期短，资金周转也快。

6. 商业企业比工业企业更接近市场

消费者一般都是从商业企业处购买商品，因此，商业企业比工业企业更接近市场。

三、管理

（一）管理的起源

管理是人类社会活动和生产活动中普遍存在的社会现象，人类文明程度及其社会性发展到一定阶段便出现了管理。

认识管理应该从管理的源头开始，管理实践活动已存在了上千年，几乎与人类历史一样悠久。早在原始社会，人们为了抵御恶劣的自然环境就形成了以血缘关系为基础的氏族部落，从事集体劳动并共同生活。推选出的部落首领负责安排狩猎等组织活动，进行简单的分工协作，猎取的食物按照一定的规则在成员间进行分配等，这些维持共同生活的组织活动就是管理实践，虽然处于原始的自发状态，但其本质与今天的管理并无差异。

人类的管理实践活动基本与人类的出现同步，并在人类的各种组织，如家庭、氏族、宗教、企业和国家中发挥着获取发展、促进成长的作用。组织中的成员要想实现分工协作，达到预期目标，必须对参与分工协作的成员的行为、利益等进行协调，使成员能够心往一处想、劲往一处使，取得1+1>2的效果。管理是协作的客观需要，共同劳动涉及的范围越广，管理工作就越复杂。

马克思对于这种人类特有的活动进行过十分精确的描述："一切规模较大的直接劳动或共同劳动，都或多或少地需要指挥，以协调个人的活动，并执行生产总体的运动——不同于这一总体的独立器官的运动——所产生的各种一般职能。一个单独的提琴手是自己指挥自己，一个乐队就需要一个乐队指挥。"虽然马克思在这段名言中没有提及"管理"一词，但却十分清晰地描述了人们基于群聚活动建立具有共同目标的组织之后，就必然出现指挥的工作来协调人们的活动。这是一种新的社会职能，它不同于这个群体活动中每个人所干的具体工作，而是一种以协调个人活动以取得总体目标的社会职能。显然，这种指挥的工作就是我们这里所说的管理活动了。18世纪下半叶，从英国开始的工业革命，导致工厂制度的出现，孕育和发展出一批大型企业组织，规模经济成为竞争的重要战略方向。但现代意义上的社会大生产带来了一系列新的管理问题，正如管理思想史学者丹尼尔·雷恩（Daniel A. Wren）指出的："新兴工厂体制提出了不同以往的管理问题。教会能够组织和管理其财产，是因为教义以及忠诚信徒的虔诚；军队能够通过一种严格的等级纪律和权威控制大量人员；政府官僚机构能够在无须面对竞争或获得利润的情况下运转。但是，新工厂体制下的管理者无法使用上述任何一种办法来确保各种资源的合理使用配置。"

（二）管理的含义与要素

1. 管理的含义

管理最初是掌管事务，传说黄帝时代设百官，"百官以治，万民以察"，百官就是负责主管各方面事务的官员。管理一词出现很早，既可以是动词，也可以是名词。如"万历中，兵部言，武库司专设主事一员管理武学"，其中管理为动词。如"东南有平海守御千户所，洪武二十七年九月置。又有内外管理，又有用一检司"，其中的管理为名词，表示官职。英语中，管理是 manage（动词）、management（名词），management 既可表示管理，也可以表示管理人员。此外，管和理都有表示管理经营的意思，如《水浒》中"如今叫我管天王堂，未知久后如何"，《柳敬亭传》中"贫困如故时，始复上街头理其故业"。管理表示掌管、管领、管摄、管主、管治、治理、经理的意思。

"科学管理之父"弗雷德里克·泰罗（Frederick Winslow Taylor）认为："管理就是确切地知道你要别人干什么，并使他用最好的方法去干。"（《科学管理原理》）在泰罗看来，管理就是指挥他人能用最好的办法去工作。

诺贝尔奖获得者赫伯特·西蒙（Herbert A. Simon）对管理的定义是："管理就是制定决策"。（《管理决策新科学》）

亨利·法约尔（Henri Fayol）在其名著《工业管理与一般管理》中给出管理概念之后，产生了整整一个世纪的影响，对西方管理理论的发展具有重大的影响力。法约尔认为：管理是所有的人类组织都有的一种活动，这种活动由五项要素组成：计划、组织、指挥、协调和控制。法约尔对管理的看法广受后人的推崇与肯定，形成了管理过程学派。孔茨（Koontz）是"二战"后这一学派的继承与发扬人，使该学派风行全球。

斯蒂芬·罗宾斯给管理的定义是："所谓管理，是指同别人一起，或通过别人使活动完成得更有效的过程。"

彼得·德鲁克（Peter F. Drucker）认为："管理是一种工作，它有自己的技巧、工具和方法；管理是一种器官，是赋予组织以生命的、能动的、动态的器官；管理是一门科学，一种系统化的并到处适用的知识；同时管理也是一种文化。"（《管理：任务、责任、实践》）

因此，管理是在特定的环境下，对组织所拥有的资源进行有效的决策、组织、领导、控制和创新，以便达成既定的组织目标的过程。

2. 管理的要素

管理有五个要素，主要如下：
①管理主体：行使管理的组织或个人，有政府部门和业务部门。
②管理客体：管理主体所辖范围内的一切对象，包括人群、物质、资金、科技和信息五类，人群为基本对象。
③管理目标：管理主体预期要达到的新境界，是管理活动的出发点和归宿点，要反映上级领导机关和下属人员的意志。
④管理方法：管理主体对管理客体发生作用的途径和方式，包括行政方法、经济方法、法律方法和思想教育方法。
⑤管理理论：管理的规范和理论。

（二）管理的特点和内容

1. 管理的特点

管理是普遍、普通的社会现象之一，是一项最重要的社会活动，是一种文化现象。管理工作是活力与创造性兼备的行为，同时具备科学性和艺术性的特点。

管理的科学性首先是指有效的管理必须有科学的理论方法来指导，要遵循管理的一般原则与原理，只有按照管理活动本身所蕴含的客观规律办事，管理的目标才能实现。其次，管理的科学性是指一门科学，是由一系列概念、原理、原则和方法构成的科学体系，有它的内在规律性。也就是说，在人类管理活动的长河中，人们通过总结管理实践中大量的成功经验及失败的教训，已经归纳、抽象出管理的一些基本原理、原则和方法。这些原理、原则和方法较好地揭示了一系列具有普遍应用价值的管理规律，遵循这些管理规律办事，管理活动的效率就能大大提高，组织的目标就容易实现。

管理的艺术性是指灵活运用管理理论知识的技巧和诀窍，由于管理对象的复杂性和管理环境的多变性，决定了管理活动不可能有"放之四海而皆准"的固定不变模式，管理者应当结合所处环境创造性地运用所掌握的管理理论知识。具体来说，管理的艺术性是由这样两个因素决定的：其一是管理的环境；其二是管理的主要对象——人所具有的主观能动性和感情。人的主观能动性体现在人能够积极地思维，能够自主地做出行为决定，这不同于无生命的物质。另外，人是有感情的动物，感情的变化虽然有一定的规律性，但也最琢磨不定，难以预料。不同的人对同样的管理方式、方法可能会产生截然不同的反应和行为，这决定了管理者只有根据具体的管理目的、管理环境与管理对象，创造性地运用管理理论知识与技能去解决所遇到的各种实际问题，管理才可能获得成功。

管理是科学性与艺术性的统一，管理的科学性是管理艺术性的基础，管理需要科学的理论做指导，管理艺术性的发挥必然是在科学理论指导下的艺术性发挥，离开了管理的科学性，艺术性就会变成简单的感觉与经验，就不能成为真正的艺术，就很难实现有效的管理。管理的艺术性是管理科学性的升华，离开了管理的艺术性，科学性就会变成僵化的书本教条，也难以发挥其作用。因为，管理理论是对大量的管理实践活动所做的一般性的概括和抽象，具有较高的原则性，而每一项具体的管理活动都是在特定的环境和条件下展开的，具有相对的特殊性。只有创造性地灵活运用管理知识，才能使理论服务于实践。

2. 管理的内容

（1）管理体系

管理包罗万象，渗透在各个领域，凡是有人群活动的地方，就有管理。上至整个社会、一个国家，下到每个家庭和每个人，都离不开管理。

（2）管理手段

社会是个庞杂的大系统，千头万绪，怎样管理？管理学家们提出机构、法、人和信息四种管理手段：

①机构，是使管理对象构成系统的组织结构。没有机构就组织不成系统。不成系统便无法管理。

②法，政策与法律来源于管理目标。在管理活动中，它规定被管理的人哪些应该做，哪些不应该做，是人们的行动准则。

③人，是管理中最活跃的因素。机构是人组成的，管理职权是人行使的，政策与法是人制定的。发挥人的积极性和创造性是搞好管理的重要手段。

④信息，不利用信息，就不知道事物的发展形势，就会造成管理的盲目性，它是管理的重要工具。

(3) 管理对象

管理对象主要有五个：人、财、物、时间和信息。

①人，是社会财富的创造者、物的掌管者、时间的利用者和信息的沟通者，是管理对象中的核心和基础。只有管好人，才有可能管好财、物、时间和信息。

②财，是人类衣、食、住及其进行交往的基础。管理者必须考虑运用有限的财力，收到更多的经济效益。

③物，是人类创造财富的源泉。管理者要充分合理和有效地运用它们，使之为社会系统服务。

④时间，反映为速度、效率。一个高效率的管理系统，必须充分考虑如何尽可能利用最短的时间，办更多的事。

⑤信息，只有管理信息，及时掌握信息，正确地运用信息，才能使管理立于不败之地。

(4) 管理职能

管理职能是指管理承担的功能，现在最为广泛接受的是将管理分为四项基本职能：计划、组织、领导、控制。法约尔最初提出把管理的基本职能分为计划、组织、指挥、协调和控制。后来，又有学者认为人员配备、领导、激励、创新等也是管理的职能。何道谊《论管理的职能》依据业务过程把管理分为目标、计划、实行、检馈、控制、调整六项基本职能，加之人力、组织、领导三项人的管理方面的职能，系统地将管理分为九大职能。

（三）管理的分类

管理可以分为很多种类的管理，比如行政管理、社会管理、工商企业管理、人力资源管理、情报管理等。在现代市场经济中工商企业的管理最为常见。每一种组织都需要对其事务、资产、人员、设备等所有资源进行管理。每一个人也同样需要管理，比如管理自己的起居饮食、时间、健康、情绪、学习、职业、财富、人际关系、社会活动、精神面貌（包括穿着打扮）等。企业管理可以分为几个分支：人力资源管理、财务管理、生产管理、物控管理、营销管理、成本管理、研发管理等。在企业系统的管理上，又可分为企业战略、业务模式、业务流程、企业结构、企业制度、企业文化等系统的管理。

就管理主体的承担者而言可分为宏观管理和微观管理，宏观管理是政府部门，微观管理是业务部门，微观管理是宏观管理的基础；就管理客体的活动属性而言可分为社会管理、经济管理和文化管理，经济管理是基础，卫生事业管理总的来说属社会管理范畴；就管理主体的管理方式而言可分为决策管理和实施管理，二者互相渗透，决策是管理的核心。

管理不仅仅指工商管理，虽然在现代市场经济中工商企业的管理最为常见。除了工商管理，还有很多种类的管理，比如行政管理、经济管理、社会管理、城市管理、卫生管理等。每一种组织都需要对其事务、资源、人员等进行管理。在市场经济法制化越来越重要的时候，又诞生了一个新的管理学派——法商管理学派。

四、工商管理

（一）工商管理的含义

工商管理（Industry & Business Administration）是依据管理学、经济学的基本理论，运用决策、组织、领导、控制和创新等一系列管理职能以及现代管理的方法和手段来协调人力、物力和财力等各方面的资源，对工商企业进行经营决策和有效管理的过程。

可以从三个方面深入理解工商管理的含义：

①工商管理是运用决策、组织、领导、控制和创新等管理基本职能以及现代管理的方法和手段的基本活动。每个管理者工作时都是在执行这些职能中的一个或几个。

②工商管理的对象是协调工商企业的人力、物力和财力等各方面的资源。所谓协调是指同步化与和谐化。一个组织要有成效，必须使组织中的各个部门、各个单位，直到各个人的活动同步与和谐，组织中人力、物力和财力的配备也同样要同步、和谐。只有这样才能均衡地达到多元的组织目标。

③工商管理的根本目的是使整个组织活动更加富有成效，对工商企业进行有效的管理和经营决策。

(二) 工商管理的发展阶段

工商管理的发展大体经历了三个阶段：

1. 第一个阶段：18世纪末—19世纪末的传统管理阶段

这一阶段出现了管理职能同体力劳动的分离，管理工作由企业投资者个人执行，其特点是一切凭个人经验办事。

2. 第二个阶段：20世纪20—40年代的科学管理阶段

这一阶段出现了投资者同管理人员的分离，管理人员总结管理经验，使之系统化并加以发展，逐步形成了一套科学管理理论。

3. 第三个阶段：20世纪50年代以后的现代管理阶段

这一阶段的特点是：从经济的定性概念发展为定量分析，采用数理决策方法，并在各项管理中广泛采用电子计算机进行控制。

(三) 工商管理的职能分类

工商管理按照职能可以分为以下几类：

1. 决策与计划管理

决策与计划管理通过预测、规划、预算、决策等手段，把企业的经济活动有效地围绕总目标的要求组织起来。决策与计划管理体现了目标管理。

2. 生产管理

生产管理（Production Management）是通过生产组织、生产计划、生产控制等手段，对企业生产系统的设置和运行的各项管理工作的总称。

其内容包括：

①生产组织工作。即选择厂址、布置工厂、组织生产线、实行劳动定额和劳动组织、设置生产管理系统等。

②生产计划工作。即编制生产计划、生产技术准备计划和生产作业计划等。

③生产控制工作。即控制生产进度、生产库存、生产质量和生产成本等。

3. 经营管理

经营管理（Operating and Management）是指在企业内，为使生产、营业、劳动力、财务等各种业务，能按经营目的顺利地执行、有效地调整而进行的系列管理、运营的活动。

4. 财务管理

财务管理（Financial Management）是在一定的整体目标下，关于资产的购置（投资），资本的融通（筹资）和经营中现金流量（营运资金），以及利润分配的管理。财务管理是企业管理的一个组成部分，它是根据财经法规制度，按照财务管理的原则，组织企业财务活动，处理财务关系的一项经济管理工作。简单地说，财务管理是组织企业财务活动、处理财务关系的一项经济管理工作。

5. 成本管理

成本管理是企业生产经营过程中，围绕企业所有费用的发生和产品成本的形成，进行的各项成本核算、成本分析、成本决策和成本控制等一系列科学管理行为的总称。成本管理一般包括成本预测、成本决策、成本计划、成本核算、成本控制、成本分析、成本考核等职能。

6. 研发管理

研发管理就是在研发体系结构设计和各种管理理论基础之上，借助信息平台对研发过程中进行的团队建设、流程设计、绩效管理、风险管理、成本管理、项目管理和知识管理等进行的一系列协调活动。

7. 营销管理

营销管理是指为了实现企业或组织目标，建立和保持与目标市场之间的互利的交换关系，而对设计项目的分析、规划、实施和控制。营销管理的实质是需求管理，即对需求的水平、时机和性质进行有效的调节。在营销管理实践中，企业通常需要预先设定一个预期的市场需求水平，然而，实际的市场需求水平可能与预期的市场需求水平并不一致。这就需要企业营销管理者针对不同的需求情况，采取不同的营销管理对策，进而有效地满足市场需求，确保企业目标的实现。

8. 物资管理

物资管理是指企业在生产过程中，对企业所需物资的采购、使用、储备等行为进行计划、组织和控制。

9. 设施管理

设施管理（Facility Management，简称 FM），按照国际设施管理协会（IFMA）和美国国会图书馆的定义，是"以保持业务空间高品质的生活和提高投资效益为目的，以最新的技术对人类有效的生活环境进行规划、整备和维护管理的工作"。它"将物质的工作场所与人和机构的工作任务结合起来。它综合了工商管理、建筑、行为科学和工程技术的基本原理"。

10. 质量管理

质量管理是指为保障、改善制品的质量标准对企业的生产成果进行监督、考查和检验等各种管理活动。质量管理不仅包括在制品的制造现场所进行的质量检查，还包括在非生产部门为提高业务的执行质量所进行综合性的质量管理。

11. 品牌管理

品牌管理是管理者为培育品牌资产而展开的以消费者为中心的规划、传播、提升和评估等一系列战略决策和策略执行的活动。

12. 人力资源管理

人力资源管理是在经济学与人本思想指导下，通过招聘、甄选、培训、报酬等管理形式对组织内外相关人力资源进行有效运用，满足组织当前及未来发展的需要，保证组织目标实现与成员发展的最大化。人力资源管理就是预测组织人力资源需求并做出人力需求计划、招聘选择人员并进行有效组织、考核绩效支付报酬并进行有效激励、结合组织与个人需要进行有效开发以便实现最优组织绩效的全过程。

人力资源管理一般分为六大模块，即人力资源规划、招聘与配置、培训与开发、绩效管理、薪酬福利管理、劳动关系管理等。

第二节　工商管理学科

一、工商管理学科的研究内容

工商管理学科是一门以社会微观经济组织为研究对象，系统地研究其管理活动的普遍规律和应用方法的学科。它的应用性很强，是一门基础宽厚的学科，它的目标是依据管理学、经济学、会计学等基本理论，通过运用现代管理的方法和手段，为企业或经济组织的管理决策和管理实践活动提供管理理论指导和科学依据，培养各类专业管理人才，提高企业经营管理效率，推动企业持续发展，从而促进社会经济的发展。

（一）研究基础

工商管理学科的基础理论主要包括经济学理论、行为科学理论、博弈论与决策论等。

首先，企业经营活动和管理决策在很大程度上受到宏观经济的影响，因此，经济学是工商管理学科的基础理论之一。由于经济管理一词的使用频率非常高，经济学与管理学经常被人们认为是大同小异的学科，但实际上两者存在很大差异。

经济学讲求社会整体的效率与公平，以提高社会公共福利为宗旨，关注行业政策和行业结构等宏观层次的问题，为政府制定政策提供依据。管理学虽然也要兼顾社会的整体利益，但其重点却是为企业利益服务，以提高单个企业竞争力、改善经营业绩、增加股东回报为目标。这意味着后者会关心如何面对同样的行业宏观环境建立企业独特的竞争优势，而前者甚至可能试图降低某些企业甚至行业的利润率，以实现公众利益的最大化。管理学通常以个别企业为研究对象，关心的是如何解决其面临的独特问题，以及如何发掘其核心竞争力。

其次，经营管理活动和决策的主体是人，而人的个体或群体心理行为会影响企业的经营活动和管理决策，因此，行为科学同样成为工商管理学科的基础理论之一。管理主要是处理人与人之间的关系，行为科学是一门研究人的行为规律的科学，主要研究如何激发人的工作积极性、提高劳动生产率、改善并协调人与人之间的关系、缓和劳资矛盾。行为科学借助了心理学、社会学、人类学等学科的很多成果，从中寻找对待企业员工的新方法及提高劳动效率的途径。

最后，工商管理学科研究企业各种职能部门经营管理活动和管理决策，而在企业经营管理中面临复杂的内部代理问题和激烈的外部市场竞争，因此，博弈论和决策论近年来也逐步成为工商管理学科的基础理论之一。由于工商管理学科内容的复杂性、交叉性、综合性和复杂性特征，各类专业还有自己一些独特的专业理论系统，主要包括财务与会计、生产运营管理、物流与供应链管理、组织行为与人力资源、技术管理、市场营销、企业战略管理等相关理论体系。

（二）研究体系

工商管理学科是研究营利性组织经营活动规律以及工商企业经济管理基本理论、方法和技术的学科，主要包括企业的经营战略制定和内部行为管理两个方面。工商管理学科的研究内容主要是不同产业、不同性质、不同规模的营利性组织（工商企业）的经营管理活动，活动的效率、效果以及与此相关的各类问题。这些问题大致包括公司治理、生产运营、物流配送、组织行为与人力资源、财务与会计、市场营销与品牌创建、管理信息系统与互联网技术应用、技术创新管理、战略管理、服务管理等有关管理职能问题；企业产品或服务设计、采购、生产、运营、投资、理财、销售、战略发展等管理决策问题；企业作为一个整体与宏观社会、文化、政治、经济等外部环境之间的关系问题，以及企业创业、成长、危机及衰退等组织演进问题。

工商管理学科体系包括四个子学科：基础管理学科、职能管理学科、综合管理学科和专门业务管理学科。

①基础管理学科：包括管理学原理、管理心理学、管理经济学和组织行为学等。在工商管理专业培养方案中，这些学科的知识通常设置为专业基础课程，目的是为专业课奠定必要的基础，为后续专业学习提供基本理论、工具和方法。专业基础课是大学生学习专业课程、形成专业能力的重要基础，并与专业课程共同构成了大学专业教育的核心课程体系。

②职能管理学科：包括生产管理、质量管理、营销管理、人力资源管理、会计学、财务管理、技术创新管理等。这些领域的研究相对比较成熟，在工商管理专业中通常设置为专业核心课程。这些课程的目的是使学生掌握必要的专业基本理论、专业知识和专业技能，了解本专业的前沿科学技术和发展趋势，培养分析解决本专业范围内一般实际问题的能力。工商企业中一般都设置有相关的职能部门专门负责某一职能方面的管理工作。

③综合管理学科：包括战略管理、领导科学等。战略管理、领导科学等课程侧重于概念性技能的培养，企业中难以设置相应职能的部门，这些技能对于高层管理者非常重要。由于高层管理者承担着企业中制定战略、做出重大决策、分配资源等工作，同时对整个企业的绩效负责。因此他们需要纵观全局，分析判断所处环境并能识别其因果关系的概念性技能。

④专门业务管理学科：包括项目管理、资产管理、房地产管理、电子商务管理、风险管理、会展和赛事管理等。这类学科知识通常以专业选修课的形式进行教授，大学生可以根据自己的兴趣和发展方向自主选择。在实践中，这些领域是近年来发展最快的新兴行业，行业的发展对人才产生了较大的需求，也能够提供较多的就业岗位。

（三）研究方法

从研究方法看，工商管理学科使用了自然科学、工程技术科学和社会科学研究中的主要方法，包括理论研究方法和应用研究方法。理论研究方法包括统计学、运筹学、数学建模和优化技术等数理分析方法；应用研究方法有案例研究、项目研究、行动研究、模拟研究和实验研究等。此外，随着自然科学、社会科学和信息技术的发展，工商管理还不断引入其他学科的研究方法，包括心理试验、计算机仿真模拟技术、数据挖掘分析、非线性动力学、多元分析技术等。

二、工商管理学科的特点

（一）工商管理学是一门综合性学科

工商管理学科是一门综合性的交叉学科。管理活动在各种类型的企业中普遍存在，是对企业中的人、财、物、信息、技术、环境等要素的动态平衡。管理过程的复杂性、动态性和管理对象的多样化决定了管理所要借助的知识、方法和手段的多样化。因而，工商管理学的研究也必然涉及众多的学科，主要有哲学、经济学、社会学、心理学、生理学、人类学、伦理学、政治学、法学、数学、计算机科学、系统科学等。

工商管理学科的这一特点对管理人才的知识结构提出了更高的要求。管理的综合性，决定了我们可以从各种角度出发研究管理问题；管理的复杂性和对象的多样化，则要求管理者具有广博的知识，才能对各种各样的管理问题应付自如。

（二）工商管理学是实践性很强的应用科学

工商管理学研究的主要对象是企业管理实践。无论是经济学、计量方法还是行为科学都只是管理研究的工具。理论来自实践，又对实践起到指导作用。工商管理学是从人类长期实践中总结而成的，同样要去指导人们的管理工作。由于管理过程的复杂性和管理环境的多变性，管理知识在运用时具有较强的技巧性、创造性和灵活性，很难用固定的规则或原理定义固定下来，因此管理具有很强的实践性。

对工商管理工作来说，越高层的管理，如董事长和CEO的工作，艺术成分越多；越基层的管理，如部门经理或车间主任，甚至是现场调度或质量控制的工作，科学成分越高。管理学科的实践性，决定了学校是培养不出"成品"管理者的。要成为一名合格的管理者，除了掌握管理学的基本知识以外，更重要的是要在管理实践中不断磨炼，积累管理经验，从干中学、干学结合才能真正领悟管理的真谛。

（三）工商管理学是不精确的科学

人们通常把在给定条件下能够得到确定结果的学科称为精确的科学。如数学，只要给出足够的条件或函数关系，按一定的法则进行演算，就能得到确定的结果。工商管理学则不然，它具有不精确性。例如，企业管理活动中要先进行计划，然后根据员工不断变化的需求调整相应的激励手段，这些可以称之为管理原则，但显然，这些原则与数学、物理中的精确描述的定理等区别很大，它们缺乏精确科学中的严密性。主要原因是影响管理的因素众多，无法准确判定因素之间的相互关系；另外，管理主要是与人打交道，人的心理变化、思想情绪等很难准确地控制，无法使用量化方法精确地度量。

尽管如此，管理学虽然不像自然科学那么精确，但它依然符合科学的特征。科学是正确反映客观事物本质和规律的知识体系，是不以人的意志为转移的客观规律。从这一点来说，管理学具备科学的特征，也是一门科学，虽然不像自然科学那么精确，但经过几十年的探索、总结，已形成了反映管理过程客观规律的管理理论体系，据此可以解释管理工作中存在的各种现象，并且预测未来可能发生的变化。管理学可以用许多自然科学中所用的方法定义、分析和度量各种现象，还可以通过科学的方法进行学习和研究，不同的只是其控制和解释干扰变量的能力较弱，不能像自然科学那样进行严格的实验。

三、工商管理的学科地位与学科设置

（一）学科

学科是相对独立的知识体系。学科有两层含义：一是作为学问或知识体系的分支，即科学的分支或知识的分门别类，如自然科学中的化学、物理学，社会科学中的政治学、法学等；二是指教与学的科目，即从传递知识、教育教学的角度来教授的各类科目。学科来自人类的知识和活动产生的经验，经验的积累和消化形成认识，认识通过思考、归纳、理解、抽象上升为知识，知识在经过运用并得到验证后进一步发展到科学层面形成知识体系，处于不断发展和演进的知识体系根据某些共性特征进行划分而形成学科。

衡量一门学问是否能够称为"学科"主要有四项指标：一是是否有独特的研究对象；二是是否有坚实的理论基础；三是是否有完整的内容体系；四是是否有科学的研究方法。经过长期的实践与理论研究，管理学已经形成相对独立而且明确的研究领域，完全符合四项判别标准。尽管还不像数学、物理、化学等学科那样成熟，但已具备成为科学的基本条件。但管理与其他自然科学又有明显的差异。管理者需要在管理活动中运用管理理论和方法，随着管理环境的变化，理论和方法有一定的灵活性与技巧。

（二）工商管理的学科地位

工商管理属于管理学下的工商管理类。工商管理学科是系统研究管理活动的基本理论、基本规律和一般方法的科学，主要研究管理者如何有效地管理其所在的组织。具体地说，工商管理学科以企业或经济组织的管理问题为研究对象，以经济学和行为科学为主要理论基础，以统计学、运筹学等数理分析方法和案例分析方法等为主要研究手段，探讨和研究企业或经济组织各项管理行为和管理决策的形成过程、特征和相互关系，以及企业作为一个整体与外部环境之间的相互联系，并从中探索、归纳和总结出旨在获得成效、提高效率的一般理论、规律和方法。

1.《中华人民共和国国家标准学科分类与代码》

《中华人民共和国国家标准学科分类与代码》（以下简称《学科分类与代码》），是中华人民共和国关于学科分类的国家推荐标准。《学科分类与代码》国家标准规定了学科分类原则、学科分类依据、编码方法，以及学科的分类体系和代码，适用于国家宏观管理和科技统计（而非学位授予和人才培养）。本标准现行版本 GB/T 13745—2009，在 2009 年 5 月 6 日发布，于 2009 年 11 月 1 日实施。第一号修改单于 2011 年 12 月 29 日批准，自 2012 年 3 月 1 日起实施；第二号修改单于 2016 年 7 月 25 日批准，自 2016 年 7 月 30 日起实施。该标准是一项基础国家标准，在科技、教育、图书文献管理等领域发挥了重要作用。

《学科分类与代码》国家标准依据学科研究对象、研究特征、研究方法、学科的派生来源、研究目的和目标等 5 方面进行划分，共设 5 个门类、62 个一级学科、573 个二级学科、近 6 000 个三级学科。5 个门类排列分别是：A 自然科学；B 农业科学；C 医药科学；D 工程与技术科学；E 人文与社会科学。

工商管理设在工程与技术科学（D门类）中管理学学科（一级学科代码630）中的企业管理。

2.《学位授予和人才培养学科目录》

国务院学位委员会与教育部《学位授予和人才培养学科目录（2011年）》，这是目前我国高校中所遵循的学科分类标准。这一目录是国家进行学位授权审核与学科管理、学位授予单位开展学位授予与人才培养工作的基本依据，适用于硕士、博士的学位授予、招生和培养，并用于学科建设和教育统计分类等工作。本科毕业生的学士学位要按该目录列出的学科门类授予。

2018年4月，教育部又对该目录进行了修订。根据教育部的规定，学科门类和一级学科目录由国家制定，二级学科目录由各学位授予单位依据国务院学位委员会、教育部发布的学科目录，在一级学科学位授权权限内自主设置。

《学位授予和人才培养学科目录（2011年）》分为学科门类、一级学科和二级学科。学科门类包括哲学、经济学、法学、教育学、文学、历史学、理学、工学、农学、医学、军事学、管理学、艺术学13个大类。每一个学科门类下设若干一级学科，13个学科门类下共有110个一级学科。2020年7月29日，全国研究生教育会议提出新设的第14个学科门类即"交叉学科"，下设"集成电路科学与工程"（学科代码为"1401"）和"国家安全学"（学科代码为"1402"）两个一级学科。新增的"交叉学科"是学科知识高度分化和融合的体现。

学科门类（Fields of Disciplines of Conferring Academic Degrees）是对具有一定关联学科的归类，是授予学位的学科类别。其设置应符合学科发展和人才培养的需要，并兼顾教育统计分类的惯例。

一级学科是具有共同理论基础或研究领域、相对一致的学科的集合。一级学科原则上按学科属性进行设置，须符合以下基本条件：

①具有确定的研究对象，形成了相对独立、自成体系的理论、知识基础和研究方法。

②一般应有若干可归属的二级学科。

③已得到学术界的普遍认同，在构成本学科的领域或方向内，有一定数量的学位授予单位已开展了较长时间的科学研究和人才培养工作。

④社会对该学科人才有较稳定和一定规模的需求。按照这些要求，管理学这个学科门类下设5个一级学科，分别是管理科学与工程、工商管理、农林经济管理、公共管理、图书情报与档案管理。

工商管理（1202）是管理学（第12门类）中的一个一级学科。

（三）工商管理的学科设置

一级学科一般包含若干二级学科，是学位授予单位实施人才培养的参考依据。二级学科是组成一级学科的基本单元。二级学科设置应符合以下基本条件：

①与所属一级学科下的其他二级学科有相近的理论基础，或是所属一级学科研究对象的不同方面。

②具有相对独立的专业知识体系，已形成若干明确的研究方向。

③社会对该学科人才有一定规模的需求。

④社会对该学科人才有较稳定和一定规模的需求。

二级学科目录每5年编制一次。由教育部有关职能部门在对现有二级学科的招生、学位授予和毕业生就业等情况进行统计分析的基础上，将已有一定数量学位授予单位设置的、社会广泛认同且有较大培养规模的二级学科编制成二级学科目录。

目前，工商管理一级学科下设会计学、企业管理、旅游管理、技术经济及管理4个二级学科。教育部已经提出学位授予单位可在本单位具有博士学位授权的一级学科下，自主设置与调整授予博士学位的二级学科；在具有硕士学位授权的一级学科下，自主设置与调整授予硕士学位的二级学科。高等院校根据自身情况在工商管理一级学科下自主设置二级学科，可以适应管理学科具有高度综合性的这个特征，同时进一步拓宽管理学科人才的培养口径。管理学的学科目录如表1-1所示。

表1-1 管理学一级学科与二级学科目录

学科门类	一级学科（学科大类）	二级学科
管理学	1201 管理科学与工程（可授管理学、工学学位）	注：本一级学科不分设二级学科（学科、专业）
	1202 工商管理	120201 会计学 120202 企业管理（含：财务管理、市场营销、人力资源管理） 120203 旅游管理 120204 技术经济及管理
	1203 农林经济管理	120301 农业经济管理 120302 林业经济管理
	1204 公共管理	120401 行政管理 120402 社会医学与卫生事业管理（可授管理学、医学学位） 120403 教育经济与管理（可授管理学、教育学学位） 120404 社会保障 120405 土地资源管理
	1205 图书馆、情报与档案管理	120501 图书馆学 120502 情报学 120503 档案学

资料来源：国务院学位委员会，教育部. 学位授予和人才培养学科目录（2011）[EB/OL]. http://old.moe.gov.cn//publicfiles/business/htmlfiles/moe/moe_834/201104/116439.html.

四、工商管理的专业设置

2012年，教育部修订颁布的《普通高等学校本科专业目录（2012年）》是目前高校本科专业设置和管理所遵循的标准。教育部要求高校设置专业须具备下列基本条件：

①符合学校办学定位和发展规划。
②有相关学科专业为依托。
③有稳定的社会人才需求。

④有科学、规范的专业人才培养方案。

⑤有完成专业人才培养方案所必需的专职教师队伍及教学辅助人员。

⑥具备开办专业所必需的经费、教学用房、图书资料、仪器设备、实习基地等办学条件，有保障专业可持续发展的相关制度。

由此可见，高校的专业设置是以学科建设为依托的，高校通过学科建设工作聚集在本学科领域内的教师，开展科学研究并得到学术界的普遍认同，积累了一定的科学研究成果，在此基础上才有能力设置专业，向大学生提供高质量的专业教育。在2012年的本科专业目录中，工商管理类专业包括工商管理、市场营销、会计学、财务管理、国际商务、人力资源管理、审计学、资产评估、物业管理和文化产业管理。工商管理学科专业目录设置如表1-2所示。

表1-2 工商管理学科专业目录设置

专业代码	专业名称
1202	工商管理类
120201K	工商管理
120202	市场营销
120203K	会计学
120204	财务管理
120205	国际商务
120206	人力资源管理
120207	审计学
120208	资产评估
120209	物业管理
120210	文化产业管理（注：可授管理学或艺术学学士学位）

资料来源：教育部．普通高等学校本科专业目录（2012）［EB/OL］．http：//www.moe.edu.cn/srcsite/A08/moe_1034/s3882/201209/t20120918_143152.html。

（一）工商管理

工商管理专业主要依托工商管理学科下设的企业管理二级学科，面向工商企业的经营活动及其组织和管理工作培养人才。毕业生应该能够胜任企事业单位及其他类型组织中的各类管理岗位工作，尤其是需要超越各类具体职能工作，起到协调作用的中高层管理岗位。通过学习，毕业生应掌握管理学、经济学的基本原理和现代企业管理基本理论与知识；掌握企业管理的定性、定量分析方法；具有较强的语言与文字表达、人际沟通能力，具有创新精神和实践技能，成为高素质复合型人才。

（二）市场营销

市场营销专业主要培养能在企事业单位从事市场营销与管理工作的高级专门人才。市场营销是指工商企业根据目标顾客的要求，生产适销对路的产品，并从生产者流转到目标顾客的活动过程。营销的目的在于通过满足目标顾客的需要，实现企业利润最大化的目标。市场营销专业学生主要学习市场营销及工商管理方面的基本理论和基本知识，受到营销方法与技巧方面的基本训练，具有分析和解决营销问题的基本能力。

（三）会计学

会计学专业培养能在企事业单位及政府部门从事会计实务的高级专门人才。会计学是在商品生产的条件下，研究如何对再生产过程中的价值活动进行计量、记录和预测；在取得以财务信息为主的经济信息的基础上，监督、控制价值活动，促使再生产过程不断提高经济效益的一门经济管理学科。会计学专业学生主要学习会计、审计和工商管理方面的基本理论与基本知识，受到会计方法与技巧方面的基本训练，具有分析和解决会计问题的基本能力。

（四）财务管理

财务管理专业培养能够在企事业单位从事融资、投资及资本运营工作的高级专门人才。财务管理是研究如何通过计划、决策、控制、考核、监督等管理活动对资金运行进行管理，以提高资金效益的一门经营管理学科。该专业学生要掌握财务管理基本知识和技能，熟悉财务管理工作流程，制定财务分析报告和财务决策方案，具有分析和解决财务问题的基本能力。

（五）国际商务

国际商务专业培养能够在涉外经济贸易部门、中外合资企业从事国际贸易业务和管理工作的高级管理人才。国际商务是超越了国界产生的围绕企业经营的事务性活动，主要是指企业从事国际贸易和国际投资过程中产生的跨国经营活动。国际贸易包括货物、服务和知识产权交易；国际投资主要是指国际直接投资，包括独资、合资和合作经营。国际商务专业学生需要掌握国际商务理论、实务和国际商法，能较熟练地应用国际法规、外语开展商务活动。

（六）人力资源管理

人力资源管理专业培养能够在企事业单位及政府部门从事人力资源管理的专业人才。人力资源管理包括人力资源的预测与规划，工作分析与设计，人力资源的维护与成本核算，员工的甄选录用、合理配置和使用，员工绩效评估，员工薪酬管理，人员培训与开发，以及建立和谐的劳动关系等多个方面。人力资源管理专业学生应掌握人力资源管理理论和应用方法，熟练运用现代化管理的技能与手段，以适应各类组织人力资源管理工作的需要。

（七）审计学

审计学专业主要是面向国家审计机关、部门及各单位内部的审计机构和社会审计组织，培养能够从事审计实践工作的高级专门人才。审计是一种具有独立性的经济监督，审计的对象是被审计单位的经济活动和会计资料，审计审查的内容包括会计但不限于会计。审计专业学生主要学习会计、审计等方面的基本理论和基本知识，受到会计、审计方法和技巧方面的基本训练，具有分析和解决会计、审计问题的基本能力。

（八）资产评估

资产评估专业面向各类资产评估机构培养具备资产评估与管理的实践能力，能够从事资产评估工作的高级专门人才。资产评估是指评估机构及其评估专业人员根据委托对不动产、动产、无形资产、企业价值、资产损失或者其他经济权益进行评定、估算，并出具评估报告的专业服务行为。资产评估专业学生主要学习资产评估、会计、审计等方面的基本理论和基本知识，具有分析和解决资产评估问题的基本能力。

（九）物业管理

物业管理专业是面向物业行业培养能够完成物业行业监管、社区管理工作和物业项目的各类投资、开发、经营与管理工作的高素质人才。物业管理是指受物业所有人的委托，依据物业管理委托合同，对物业设备设施、绿化、卫生、交通、治安和环境容貌等管理项目进行维护、修缮和整治，并向物业所有人和使用人提供综合性的有偿服务。物业管理专业学生主要学习物业管理方面的基本理论、基本方法，受到物业管理方面的基本训练，具有分析和解决物业管理问题的基本能力。

（十）文化产业管理

文化产业管理专业主要培养能够在文化产业及相关产业、政府文化管理部门及文化事业单位从事文化经营管理、市场营销与策划、文化贸易与交流工作的应用型、复合型高级专门人才。文化产业管理专业主要探讨文化产业中各个行业以及综合经营管理中企业的盈利方法及其模式。文化产业管理专业学生主要学习文化产业管理专业基础理论和基本职业技能，受到文化产业管理方面的基本训练，具有文化产业管理岗位工作的技能。

本章小结

企业一般是指以营利为目的，以实现投资人、客户、员工、社会大众的利益最大化为使命，运用劳动力、资本、土地、信息技术等各种生产要素向市场提供商品或服务，实行自主经营、自负盈亏、独立核算的具有法人资格的社会经济组织。

企业的演进主要经历工场手工业时期、工厂制时期和现代企业时期三个阶段。

企业主要存在三种常见组织形式：独资企业、合伙企业和公司制企业。其中，公司制企业是现代企业中最主要和最典型的组织形式。

企业具有契约性、市场性、学习性、虚拟性、模糊性、系统性、网络性、全球性、体系性、诚信性等特点。

早期的企业较多地出现在工业和商业领域，因此概括地称为工商企业。工商企业就是工业和商业领域的企业，包括工业企业和商业企业。

工业企业是指直接从事工业性生产经营活动（或劳务）的营利性经济组织，是企业的一种重要组成形式。

商业企业通过买卖商品赚取净利润，通常可以分为批发企业和零售企业两种。

管理是在特定的环境下，对组织所拥有的资源进行有效的决策、组织、领导、控制和创新，以便达成既定的组织目标的过程。

管理具有管理主体、管理客体、管理目标、管理方法、管理理论等五个基本要素。

工商管理是依据管理学、经济学的基本理论，运用决策、组织、领导、控制和创新等一系列管理职能以及现代管理的方法和手段来协调人力、物力和财力等各方面的资源，对工商企业进行有效的管理和经营决策的过程。

工商管理包括计划管理、生产管理、经营管理、财务管理、成本管理、研发管理、营销管理、物资管理、设施管理、质量管理、品牌管理、人力资源管理等内容。

工商管理学科是一门以社会微观经济组织为研究对象，系统地研究其管理活动的普遍规律和应用方法的学科。

工商管理学科的基础理论主要包括经济学理论、行为科学理论、博弈论与决策论等。

工商管理学科体系包括四个子学科：基础管理学科、综合管理学科、职能管理学科和专门业务管理学科。

工商管理学科具有综合性、实践性、不精确的特点。

管理学学科门类下设五个一级学科，分别是管理科学与工程、工商管理、农林经济管理、公共管理、图书情报与档案管理。工商管理（1202）是管理学（第12门类）中的一个一级学科。

工商管理一级学科下设会计学、企业管理、旅游管理、技术经济及管理四个二级学科。

工商管理类专业包括工商管理、市场营销、会计学、财务管理、国际商务、人力资源管理、审计学、资产评估、物业管理和文化产业管理。

复习思考题

1. 什么是企业？企业常见的三种组织形式是什么？
2. 企业有哪些特点？
3. 什么是工商企业？
4. 工业企业有哪些特征？
5. 商业企业有哪些特征？
6. 什么是管理？包括哪些要素？
7. 什么是工商管理？工商管理包括哪些具体内容？
8. 工商管理学科的研究内容包括哪些？
9. 工商管理学科有什么特点？
10. 工商管理学科有哪些专业？

第二章 工商管理学科的历史演进

🔔 本章学习目标

通过本章的学习，学生能复述工商管理思想的产生与发展过程，能阐释古典管理理论、行为科学理论、现代管理流派、当代管理理论的产生、特点与主要内容，能描述工商管理理论的发展趋势。

🔔 本章内容框架

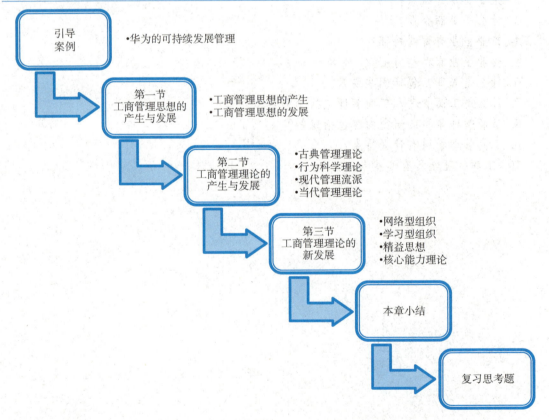

第二章 工商管理学科的历史演进

引导案例

华为的可持续发展管理

华为创立于 1987 年，是全球领先的 ICT（信息与通信）基础设施和智能终端提供商。华为致力于把数字世界带入每个人、每个家庭、每个组织，构建万物互联的智能世界。目前华为约有 19.7 万员工，业务遍及 170 多个国家和地区，服务全球 30 多亿人口。

2020 年可持续发展荣誉与奖项：华为 2020 年荣获 CDP 气候变化"A"级评分（CDP 全球环境信息研究中心）、欧洲区域"最佳雇主"（最佳雇主协会）、"数字国际企业"总理奖（泰国总理府）、"劳工权益保护最佳实践"奖（埃及劳工部）、约旦"最佳纳税企业"金牌奖（约旦税务总局 & 财政部）、印尼信息安全 KAMI "PIAGAM APRESIASI" 奖（印尼国家网络安全局）、尼日利亚"数字技术和网络安全卓越贡献"奖（尼日利亚参议会网络安全委员会）、"中国投资者"奖（英中贸易协会）、PowerStar 三级节能解决方案荣获 GSMA 全球移动大奖（GLOMO）"最佳促进气候行动移动创新奖"（全球移动通信系统协会，GSMA）、"2020 实现可持续发展目标企业最佳实践（生态保护与关注气候变化）"奖（全球契约中国网络）等荣誉与奖项。

可持续发展战略及进展：华为的愿景和使命是：把数字世界带入每个人、每个家庭、每个组织，构建万物互联的智能世界。华为坚信 ICT 技术在促进全球经济发展的同时，也能够让人们的生活更加美好。华为对标联合国可持续发展目标（UN SDGs），持续推进落实公司可持续发展（CSD）四大战略：数字包容、安全可信、绿色环保、和谐生态。

可持续发展管理体系：综合考虑公司所处的内外部环境，结合当地法律法规、政府、客户、员工等利益相关方的需求，并对标 ISO 26000/SA 8000 等国际标准和指南，华为确定了 CSD 管理体系的范围，按照策划、实施、检查、行动（PDCA）循环建立了 CSD 管理体系，支撑 CSD 战略目标的有效达成。

利益相关方参与：华为一向重视利益相关方的关注和诉求。为保持跟利益相关方良好顺畅的沟通，及时了解和回应其需求，华为建立了有效的利益相关方识别和参与机制。华为的主要利益相关方包括：客户与消费者、员工、供应商与合作伙伴、政府、非政府组织（NGOs）、行业组织、专业机构、媒体和社区等。2020 年，华为通过各类沟通渠道，了解到利益相关方的主要关注点，并制定了相应的策略。

（资料来源：华为投资控股有限公司. 华为投资控股有限公司 2020 年可持续发展报告 [EB/OL]. www.huawei.com）

思考讨论题：

1. 案例中，华为在 2020 年获得多项与可持续发展有关的荣誉与奖项，得到多个国家政府部门或社会组织的认可，华为是怎么做到的？
2. 从华为的可持续发展管理中，你得到的启示是什么？

第一节　工商管理思想的产生与发展

一、工商管理思想的产生

(一) 中国早期的管理思想

中华五千年的灿烂文化孕育了许多优秀的管理理念，在浩如烟海的文史资料中蕴含着极其丰富的管理思想。

在中国早期管理思想中，以孔孟韩非等人物所提出的言论为代表的管理理念在治国方面发挥了重要作用。《周礼》论述了一套完整的封建国家管理体制，对政治、经济、文化的发展产生了深远影响；儒家以"三纲五常"传承后世，在教导后人之时以礼教贯穿封建时代始终。

从中国古代管理实践可以看出，管理与行政基本融为一体，早期的管理行为，多产生于生产和军事行动之中。很多被认为较早涉及管理文化的论述和观点，都散见于人类早期的著作中。比较典型的如我国古代的《孙子兵法》，其中蕴涵了丰富的管理思想，现代企业管理常常借用和移植其中的管理理论、组织方法、领导艺术。

中国早期管理思想主要表现在九个方面：顺道、法治、节俭、对策、求实、利器、守信、人和、重人。这些思想大体上可以分为两类：宏观管理的治国学和微观管理的治生学。

1. 顺道

老子认为，"人法地、地法天、天法道、道法自然"，对自然界来说，"天不变其常，地不易其则"（《管理·形势》），其运行规律不以人的意志为转移。在他看来，"万物之于人也，无私近也，无私远也"（《管理·形势》），只能"因之"而不能抗拒。因此，管理者必须能辨道（辨识客观规律）和顺道（根据客观规律的要求来组织管理活动）。

2. 重人

重人包括两个方面：一是重人心向背，二是重人才归离。"政之所兴，在顺民心；政之所废，在逆民心"，"得众而不得其心，则与独行者同实"（《管子》）。"亲贤臣，远小人，此先汉所以兴隆也；亲小人，远贤臣，此后汉所以倾颓也。"（诸葛亮《前出师表》）

3. 求和

"和"强调的是人际关系的融洽、和谐。"天时不如地利，地利不如人和"（《孟子·公孙丑下》），孔子也提倡"礼之用，和为贵"。求和的关键在于当权者，是谓"无私者容众"，切不可"以爵禄私所爱"，以至"党而成群者"，而是要"循公而灭私"（《管子》）。

4. 法治

中国古代的法治思想源于先秦，其后不断发展、完善，包含了以下三条基本原则：第一，明法，是法的公开性原则，"法必明，令必行"，"上有明法，下有常事也"。第二，一法，是法的统一性和平等性原则，"权度不一，则循义者惑"（《管子·君臣上》）、"罚不畏强大,赏不私亲近"(《战国策》)。第三,常法,是法的稳定性原则,"执者固,固者信","法判有常,则民不散而上合"(《韩非子·五蠹》)。

5. 守信

信誉是国家和企业的生命。"君子信而后劳其民"(《论语·尧曰》),"言而不可复,君不言也;行而不可无再者,君不行也。凡言而不可复,行而不可再者,有国者之大禁也"(《管子·形势》)。

6. 预谋

"凡事预则立,不预则废","无过在于度数,无困在于预备"(《中庸》),"以虞待不虞者胜"(《孙子·谋政》)"惟有道者能备患于形也"(《管子·形势》)。司马迁在《史记》中对于朴素的"预谋"思想也有相当精彩的论述,如"旱则资舟,水则资车"等。

(二)西方早期的管理思想

西方管理思想的大量涌现是伴随着工厂制度的出现而开始的。工厂的雏形时期,生产还相当落后,资本的所有者既是生产者又是早期的"企业管理者",同时他们还承担着传播技术和生产工艺的任务,管理和生产活动没有明显的界限,企业管理思想就在这一时期逐渐形成。

1. 威尼斯兵工厂的管理

真正的"企业管理"活动产生于15世纪。1436年意大利的威尼斯建立了政府造船厂,即威尼斯兵工厂,是当时世界最大的几家工厂之一,占有陆地和水面面积60英亩,雇用一两千名工人。作为15世纪最大的工厂、欧洲工业革命之前的大型制造中心,它的管理方法与今天的汽车制造厂惊人的相似,它的管理实践颇具特色,在生产中实行了系统管理,并且建立了早期的成本会计制度,以会计和成本来节约人力、物力。

威尼斯兵工厂的管理经验十分宝贵。政府与工人的关系是控制与授权经营的关系。兵工厂的管理体现了相互制约和平衡。兵工厂虽然有三位正副厂长正式负责,但作为威尼斯元老院同兵工厂之间的联系环节的特派员也有很大的影响。元老院也常常直接管理或干预兵工厂的事务。特派员和厂长们只从事于财务管理、采购和类似的职能,以致无法指挥实际的造船工作。造船厂中各个具体的作业部门由工长和技术顾问来领导。政府给工厂下达明确的生产任务。工厂内部的管理已具有相当的水平,兵工厂在成品部件的编号和储存、安装舰只的装配线、人事管理、部件的标准化、会计控制、存货控制、成本控制方面积累了成型的管理经验。

①组织机构和领导工作。在兵工厂的管理工作中,较好地体现了互相制约和平衡的原则。

②部件储存。这有助于实行装配线作业和精确计算存货,节省时间和劳力,加快了安装船只的速度。

③装配线生产。兵工厂在安装舰船时采用了类似于现代装配线生产的制度,生产效率很高。

④部件标准化。这有利于提高零件的互换性。

⑤会计控制。兵工厂的会计制度使它能追踪并评价所有的费用,进行管理控制。

⑥存货控制。由专人负责检查并由专人记录。
⑦成本控制。兵工厂还利用成本控制和计量方法来帮助做出管理决策。
⑧人事管理。兵工厂有严密的人事管理制度,严格规定上下工和工间休息的时间等等。

2. 工业革命时期的管理

随着工业革命以及工厂制度的发展,不少对管理理论的建立和发展具有重大影响的管理实践和思想应运而生。工业革命初期,蒸汽机发明者詹姆斯·瓦特(James Watt)和其合作者马修·博尔顿(Matthew Bolton)于1800年接管了父辈创办的铸造工厂,并进行了管理改革,主要有:第一,在生产管理和销售方面,根据生产流程的要求,配置机器设备,编制生产计划,对市场进行研究和预测;第二,在成本管理方面,建立起详细的记录和先进的监督制度;第三,在人事管理方面,制订工人和管理人员的培训与发展规划;第四,推行职工福利制度等。空想社会主义的代表人物之一,英国的罗伯特·欧文(Robert Owen)在1800年至1828年间进行了一系列的改进工作条件、改善工人生活状况的试验,开创了在企业中重视人的地位和作用的先河,对以后的行为科学理论产生了很大影响。英国的数学家和机械工程师查尔斯·巴贝奇(Charles Babbage)是科学管理的先驱者,在1832年出版的《机器和制造业经济学》一书中,他对专业化分工、机器与工具使用、时间研究、分配制度等管理思想进行了论述,为后来古典管理理论的形成提供了思想基础。

当管理实践在英国繁荣一时之后,其中心随着工业革命移向美国。当时,美国规模最大的公司是铁路公司,由于开发西部的客观需要,铁路发展非常迅速,但是由于缺乏管理,问题很多,事故不断,效率极低。1841年10月5日,美国马萨诸塞州的两列火车发生对撞事故,造成近20人伤亡。为了平息公众的怒火,在马萨诸塞州议会的推动下,铁路公司不得不进行管理改革,老板交出企业管理权,只拿红利,另外聘请具有管理才能的人员担任企业领导。这是历史上第一次在企业管理中实现所有权和管理权的分离,这种分离使得具有管理才能的人掌握了管理权,直接为科学管理理论的产生创造了条件,为管理学的创立和发展提供了前提,也使社会出现了对职业管理者的需求。为此,学校开始开办管理专业来满足这一日益增长的社会需求。

1853年,美国铁路管理者丹尼尔·麦卡勒姆(Daniel C. McCallum)提出了岗位责任制、工作报告制和考核晋级制度等一系列铁路管理制度。长期担任《美国铁路杂志》编辑的亨利·普尔(Henry Poor)发展了麦卡勒姆的思想,提出建立组织分工系统、汇报通信系统,并制定了严格的规章制度,以便使管理者能及时了解铁路运行情况,采取各种措施避免事故发生。

英国的管理思想集中来源于纺织业,而美国则集中来源于铁路,这充分说明了管理与经济发展的紧密关系。但是这一时期的管理往往是少数先驱者的个人尝试或思想,缺乏上升到理论层面的总结和传播。当时更多的企业是凭借企业主个人的经验和能力进行管理,管理实践还没有上升为一般性的、具有普遍意义的管理理论。

二、工商管理思想的发展

(一)工商管理思想的发展阶段

工商管理思想的形成和发展经历了以下几个阶段:

1. 原始萌芽阶段

原始萌芽阶段是从人类社会产生到18世纪末。人类为了谋求生存自觉或不自觉地进行着管理活动和管理的实践，其范围是极其广泛的。但是人们仅凭经验去管理，尚未对经验进行科学的抽象和概括，没有形成科学的管理理论，只是形成了一些原始的、碎片化的管理实践与管理思想。早期的一些著名的管理实践和管理思想大都散见于埃及、中国、希腊和意大利等国的史籍和许多宗教文献之中。

2. 传统管理阶段

传统管理阶段是从18世纪末到19世纪末。18世纪到19世纪的工业革命使以机器为主的现代意义上的工厂成为现实，工厂以及公司的管理越来越突出，管理方面的问题越来越多地被涉及，管理学开始逐步形成。这一阶段出现了管理职能同体力劳动的分离，管理工作由资本家个人执行，其特点是一切凭个人经验办事。这个时期的代表人物有亚当·斯密（Adam Smith, 1723—1790）、大卫·李嘉图（David Ricardo, 1772—1823）等。

3. 古典管理阶段

从20世纪初到20世纪40年代的古典管理理论阶段又被称为科学管理阶段，是工商管理理论系统形成阶段。在这一阶段，出现了资本家同管理人员的分离，管理人员总结管理经验，使之系统化并加以发展，逐步形成了一套科学的管理理论。这一阶段的理论侧重于从管理职能、组织方式等方面研究企业的效率问题，对人的心理因素考虑很少或根本不去考虑。其间，在美国、法国、德国分别活跃着具有奠基人地位的管理大师，即科学管理之父泰罗（F. W. Taylor, 1856—1915）、管理理论之父法约尔（H. Fayol, 1841—1925）以及组织理论之父马克斯·韦伯（M. Weber, 1864—1920）。

4. 现代管理理论阶段

现代管理理论阶段主要指行为科学学派及管理理论丛林阶段，其时间范围从20世纪50年代到60年代。这一阶段的理论主要研究个体行为、团体行为与组织行为，重视研究人的心理、行为等对高效率地实现组织目标的影响作用。这一阶段的特点是：从经济的定性概念发展为定量分析，采用数理决策方法，并在各项管理中广泛采用电子计算机进行控制。行为科学的主要成果有梅奥（Mayo, 1880—1949）的人群关系理论、马斯洛（A. H. Maslow, 1908—1970）的需求层次理论、赫茨伯格（F. Herzberg, 1923—2000）的双因素理论、麦格雷戈（D. M. McGregor, 1906—1960）的"X-Y理论"等。

5. 当代管理理论阶段

进入20世纪70年代以后，国际环境发生了剧烈变化，尤其是石油危机对国际环境产生了重要的影响。这时的管理理论以战略管理为主，研究企业组织与环境关系，重点研究企业如何适应充满危机和动荡的环境的不断变化。迈克尔·波特（M. E. Porter, 1947— ）所著的《竞争战略》把战略管理的理论推向了高峰，他强调通过对产业演进的说明和各种基本产业环境的分析，得出不同的战略决策。进入21世纪以后，以人本和企业文化管理为主的工商管理理论崭露头角。

（二）工商管理思想的发展特点

当代工商管理发展呈现出以下发展特点：

首先，知识管理上升成为企业的核心管理。现代信息技术革命催生了发达国家工商企业管理变革，这种变革使新的工商企业经营管理理念随之产生。最显著的是知识资本代替金融资本等其他传统的生产要素，成为企业的活力和创造效益的实际推动力。知识管理上升成为企业的核心管理，一是知识管理的实施，催生了有效的企业职员参与以及共享知识机制，如美国通用电气、可口可乐等公司都建立了知识总监；二是知识资本管理、知识资本共享加强了企业间的协作，使企业间的交互更为广泛、频繁，使企业所面临的市场更为宽广，为企业带来更多新的市场机会，同时又改变着企业竞争方式甚至竞争的实质，由市场竞争发展为"竞合"——企业的竞争与合作。知识资本型企业管理，催生了新的企业管理理念与管理模式。

其次，模糊经营管理模式迅速发展。由于商品的开发商、生产制造商、经销商、零售商之间的模糊化，进而产生了企业的模糊经营模式。计算机技术的发展与应用于工商企业经营管理，使开发商、制造商迅速进入终端市场，直接面对用户。如美国的戴尔计算机公司，其计算机用户通过电话和因特网即可向戴尔计算机公司直接订货，并能在一周内完成交易，这就是一种全新的企业生产经营管理模式。这种企业运营模式也使得美国戴尔计算机公司发展速度是同业平均水平的几倍。企业经营管理理念和管理模式的发展，又派生出了以物流为手段进行营销的物流管理商，物流管理承担了工商企业经营管理、业务的后勤工作，承担和完成了制造商、经销商、零售商、用户之间商品储存和运送工作，于是工商企业开始了"即时生产""无库存经营"的理念与实践模式。工商企业模糊模式还体现在商家与消费者的角色方面，如商界普遍采用的仓储式开架经营，使消费者处于主动参与企业活动的角色，又是一种体验经营理念和模式。

再次，重新发现企业价值和学习型企业的出现和发展。企业能否持续发展，取决于企业的价值，过去不论是研究还是实践，大部分企业一直把实现"利润最大化"作为企业目标。随着社会的发展、企业价值的发现的思想升华，工商企业界逐渐认识到"利润最大化"仅仅是企业财务目标或近期目标，而不是企业的最终目标或长远目标。学习型组织是企业未来发展的动力源，学习型组织管理理论是当今世界最前沿的管理理论之一。未来成功的企业必定是学习型企业，一个学习型组织能够保证企业出现源源不断的创新，具备提升企业素质和员工价值的条件，能够充分发挥人力资源、知识资本的作用，能够实现企业满意、客户满意、社会满意的经营理念。学习型组织已成为国内外企业管理界最热门的话题之一。通用公司前总裁韦尔奇说过，企业最终的竞争优势在于一个企业的学习能力及将其迅速转化为行动的能力，发展的动力源就是学习。

最后，企业经营管理国际化。在现代社会，工商企业管理的理念呈现了开放性的国际化趋势。随着现代交通技术手段、通信网络技术设备的迅速发展和应用，世界经济呈现出一体化。市场和企业管理的国界变得模糊，成功的企业管理者清楚地认识到这种市场态势，迅速把企业经营管理放在国际环境中来考虑和布局。

（三）工商管理的发展趋势

在现代经济社会中，管理与科学、技术同为经济发展的重要支柱。工商管理学面向经济中最主要、最广泛的工商领域，是管理学门类中实践性最强、覆盖面最宽的一级学科。作为经济科学、管理科学、人文科学、自然科学、工程技术相互结合和渗透的产物，工商管理学的发展，推动了经济、管理学科的发展。

随着经济社会的发展，工商管理呈现出一定的发展趋势，主要表现为：

①随着科学技术的迅速发展，工商管理中现代数学方法和信息处理及通信技术的应用将日益广泛。

②随着经济发展全球化，工商管理学科的国际化趋势也日益明显。

③随着我国法制建设和社会文化的不断发展，工商管理学与人文社会科学的结合将日趋紧密。

④随着学科的综合、交叉发展，工商管理学的各个分支学科之间及与其他有关学科之间将进一步相互渗透。在管理学门类中，工商管理学和管理科学与工程研究的都是现代管理理论、方法与技术，与其他相邻一级学科的联系表现为均以现代管理理论作为学科的基础理论，不同的是，工商管理的研究密切结合企业管理实践。

（四）工商管理在中国的发展

在中国，虽然"管理"的引入与启蒙很早，如1916年中华书局就出版了穆湘玥（字藕初）先生翻译的"科学管理之父"泰罗的《科学管理原理》一书，但是管理学作为一门科学在中国真正得到发展，并为社会与科学界所承认还是在改革开放以后。中华人民共和国成立后至改革开放前，自然科学家与工程科学家承担了发展我国工商管理的历史责任，我国的工商管理科学是依托于自然科学和工程科学发展的。

20世纪70年代末至80年代末，为第一阶段发展期。这时期管理科学与工程学科的发展独领风骚。正是源于管理科学依托于自然科学与工程科学发展的这一实际，改革开放后，随着20世纪80年代初社会对科学管理巨大需求的出现，作为以管理科学基础理论、管理技术与方法等为主要研究领域的管理科学与工程这一分支学科（学科群）迅速发展起来。

20世纪80年代末至90年代后期，为第二阶段发展期。随着企业改革不断深化，现代企业制度逐步建立与完善，对企业进行工商管理的社会需求日益增大，在管理科学与工程学科持续快速发展的同时，工商管理学科与MBA教育在我国得到快速发展。

21世纪初起，进入第三阶段发展期。我国开始建立公共管理学科与MPA教育，以公共管理为主体的宏观管理与政策学科进入初创发展期。随着第三产业的兴起，社会经济的快速发展，社会对各类管理人才的需求越来越大，管理科学在我国的发展方兴未艾。工商管理都呈现出不断创新的发展趋势，这种发展趋势对工商管理专业建设与学科教育都提出了新的要求，使工商管理的学科建设和高等教育都面临新的挑战，与时俱进，不断改革、创新工商管理学科教育，培养合格的现代化工商管理人才显得十分必要。

第二节 工商管理理论的产生与发展

工业革命以来，管理经验的积累和职业经理层的出现，为管理理论的产生提供了前提条件。在这样的背景下，19世纪末20世纪初，美国出现了持续四五十年的社会性管理研究潮流，很多管理者和工程师认识到管理的重要性及其对经济发展的意义，致力于管理理论、规划和方法的研究，导致了管理理论的出现。从1911年美国工程师泰勒出版《科学管理原理》一书至今，现代工商管理学科在近百年的发展历程中，新体系、新视角、新领域层出不穷。这一对管理重要性的认识,以及由此而产生的对经济发展的重大影响的过程,被人们称为"管理运动"。管理由此走上科学的轨道,发展为影响社会经济生活的完整理论,成为独立的研究领域。工商管理学科有了新的发展,出现了众多的管理学派,管理理论空前繁荣,呈现出了异乎寻常的壮观的知识图景,进入了"管理理论丛林"的阶段。实践证明,工商管理理论是社会进步与企业管理实践不断需求的产物,它的每一个发展阶段都不是偶然的,都与特定的历史条件和社会背景密切相关。

一、古典管理理论

古典管理理论(Classical Theory)的核心是寻找科学地管理劳动和组织的各种方法,包括三个不同的理论学派:以泰罗为代表的科学管理理论、以法约尔为代表的一般管理理论和以韦伯为代表的科层组织理论。

(一)科学管理理论

弗雷德里克·泰罗(Frederick W. Taylor,1856—1915),被称为"科学管理之父",是科学管理理论(Scientific Management Theory)的创始人。他从钢铁厂的学徒工开始,做过技术工人、工长、车间主任、工程师等职位,直至升任总工程师。由于长期在生产一线工作,泰罗对现场管理很熟悉,对当时工厂中普遍存在的生产效率低下、"磨洋工"等现象有切身体会与深刻了解。他认为通过科学的管理可以避免"磨洋工"现象。通过在企业中的大量试验和实践,泰罗在《科学管理原理》一书中提出了科学管理原则。

泰罗的科学管理理论的主要内容可以概括为以下八个方面:

①工作定额。要制定出有科学依据的工人"合理的日工作量",就必须进行时间和动作研究。方法是选择合适且技术熟练的工人,把他们的每一项动作、每一道工序所使用的时间记录下来,加上必要的休息时间和其他延误时间,就得出完成该项工作所需要的总时间,据此制定工人"合理的日工作量",这就是工作定额原理。

②标准化。要使工人掌握标准化的操作方法,使用标准化的工具、机器和材料,并使作业环境标准化,这就是所谓的标准化原理。泰罗认为,必须用科学的方法对工人的操作方法、使用的劳动工具、工作时间的安排、作业环境的布置等进行全面的分析,消除不合理的因素,把各种最好的因素结合起来,形成一种最好的方法,这是管理当局的首要职责。

③差别计件工资制。为了鼓励工人努力工作,完成定额,泰罗提出新的报酬制度——差别计件工资制,即计件工资率随完成定额的程度而上下浮动。例如,如果工人只完成定额的80%,就按正常工资率的80%支付报酬,如果超额完成定额的120%,就按正常工资率的120%支付报酬。根据工人的实际工作表现而不是根据工作类别来支付工资。泰罗认为,这样做能克服消极怠工的现象,更重要的是能调动工人的积极性,从而促使工人大大提高劳动生产率。

④科学地挑选工人。为了提高劳动生产率,必须为工作挑选"第一流的工人"。泰罗认为,每个人都有不同的天赋和才能,只要工作对他合适,都能成为第一流的工人。因此,管理当局要根据每个人的能力把他们分配到相应的工作岗位上并进行培训,教会他们科学的工作方法,激励他们尽最大努力来工作。

⑤计划与执行分开。泰罗认为,应该用科学的工作方法取代经验工作方法。所谓经验

工作法是指每个工人根据经验来决定用什么方法操作，使用什么工具等。泰罗主张明确划分计划职能与执行职能，由专门的计划部门来从事动作时间研究，制定科学的定额和标准化的操作方法及工具。现场的工人则按照计划部门制定的操作方法和指示，使用规定的标准工具，完成要求的定额，不得自行改变。

⑥劳资双方要进行"精神革命"。工人和雇主两方面都必须认识到提高效率对双方都有利，要相互协作，共同努力。雇主可以获得更多的利润，而工人则可以获得更高的工资，双方利益是一致的。泰罗曾指出，"一块经济利益的大饼，它的分享者之所以会不断地发生冲突，是因为其中一个分享者的份额如要有所增加，往往会损害到另一个分享者的份额"，但"如果能更加有效地使用资源使得整个经济物质和服务的供应有所增加，那么，大饼的分享者每个人的份额都可以不用争夺而有所增长"。

⑦实行职能工长制。泰罗主张实行"职能管理"，即将管理的工作予以细分，每个管理者只承担其中的一两项管理工作。他认为，当时通常由1个车间工长完成的工作应该由8个职能工长来承担，其中4个在计划部门，4个在生产现场进行监督，每个职能工长只负责某一方面的工作，在其职能范围内可以直接向工人发布命令。

⑧实行例外原则。泰罗认为，规模较大的企业组织和管理必须应用例外原则。即企业的高层管理者把一般的日常事务授权给下级管理人员去处理，自己只保留对例外事项或重要问题的决策和监督。这一原则实际上为后来的分权化管理和事业部制提供了理论依据。

泰罗以自己在工厂的管理实践和理论探索，冲破了工业革命以来一直沿袭的传统经验管理方法，将科学引入了管理领域，提出系统的管理理论体系，这套体系被后人称为"泰罗制"。泰罗制在实践中取得了显著的效果，使企业的生产效率大幅提高，受到企业主的普遍欢迎。泰罗的科学管理理论在20世纪初得到广泛传播和应用，影响很大。在泰罗同时期，有许多人也积极从事科学管理实践与理论的研究，为科学管理做出了重要的贡献。其中比较著名的有吉尔布雷斯夫妇、亨利·甘特（Henry L. Gantt）、哈林顿·埃默森（Harrington Emerson）等。他们在许多方面不同程度地发展了科学管理理论和方法，被称为"科学管理学派"。

（二）一般管理理论

亨利·法约尔（Henri Fayol，1841—1925），法国人，大学毕业后进入一家大型矿业公司担任工程师，逐渐成为专业管理者，长期担任公司的总经理，在实践中逐步形成了自己的管理思想和管理理论。法约尔生前发表了一系列关于管理的著述，其中代表作是1916年出版的《工业管理和一般管理》，总结了他一生的管理经验和管理思想。法约尔的一般管理理论（General Administrative Theory）的主要内容包括：

①企业的六项基本活动。法约尔指出，任何企业都存在六项基本活动，即技术、商业、财务、安全、会计和管理。在六项活动中，管理处于核心地位，即企业本身需要管理，其他五项属于企业的活动也需要管理。

②管理的五大职能。法约尔首次把管理活动划分为计划、组织、指挥、协调和控制五大职能，揭示了管理的本质，并对五大管理职能进行了详细的论述。后来许多管理学者按照法约尔的研究思路对管理理论深入研究，逐渐形成了管理过程学派，法约尔成为这一学派的创始人。

③管理的14条基本原则。法约尔认为，管理的成功不完全取决于管理者个人的管理

能力，而是要灵活地贯彻管理的一系列基本原则，即劳动分工、权责相当、纪律严明、统一指挥、统一领导、个人利益服务整体利益、报酬、集权、等级制度、秩序、公平、人员稳定、首创精神、人员的团结。

④管理教育。法约尔认为，人的管理能力可以通过教育来获得，当时之所以缺少管理教育是由于没有管理理论。为此，他提出了一套比较全面的管理理论，首次指出管理理论具有普遍性，可以用于各个组织之中。提出在学校设置这门课程，传授管理知识，并在社会各个领域宣传、普及和传授管理知识。

法约尔的贡献在于从理论上概括出一般管理的理论、要素和原则，他对管理五大职能的分析为管理学提供了科学的理论框架，来源于长期实践经验的管理原则给管理者以巨大的帮助。法约尔被认为是第一个概括和阐述一般管理理论的管理学家，为管理学的形成做出了卓越的贡献，因此被称为"经营管理之父"。现代社会中的许多管理实践和思想都可以直接追溯到一般管理理论的思想。

（三）科层组织理论

马克斯·韦伯（Max Weber，1864—1920），是德国著名的社会学家、古典管理理论的代表人物，著有《社会组织与经济组织》《新教伦理和资本主义精神》《一般经济史》等。韦伯在管理理论上的研究主要集中在组织理论方面，主要贡献是提出了所谓理想的科层组织体系理论。科层组织体系（Bureaucracy Theory）通常还被译为官僚组织体系，是一种通过职位或职务，而不是通过"世袭"和"个人魅力"来进行管理的组织制度。

韦伯认为，等级、权力和科层制度是一切社会组织的基础。对于权力，他认为有三种类型：超凡权力、传统权力和法定权力。其中，超凡权力来源于别人的崇拜与追随，所谓的救世主、先知、政治领袖等往往被认为具有超自然、超人的权力。传统权力是传统惯例或世袭得来的。法定权力是一种对由法律确定的职位或地位的权力的服从。韦伯认为，只有法定权力才能成为科层组织的基础。科层组织理论在 20 世纪初得到广泛传播和应用，影响很大。

二、行为科学理论

科学管理理论侧重于生产过程、组织控制方面的研究，较多强调管理的科学性、合理性和纪律性，把人看作是生产的机器。尽管在提高劳动生产率方面取得了显著的成绩，但由于它片面强调对工人进行严格的控制和动作的规范化，忽视了工人的社会需求和感情需求，引起了工人的强烈不满，导致怠工、罢工和劳资关系日益紧张。在这种情况下，科学管理已不能适应新的形势，需要有新的管理理论和方法来进一步调动工人的积极性，激发员工的士气，从而提高劳动生产率。

在这样的背景下，一些学者开始从生理学、心理学和社会学等角度研究企业中有关人的一些问题，如人的工作动机、情绪、行为与工作之间的关系等，以及研究如何按照人的心理发展规律去激发其积极性和创造性，由此产生了行为科学理论（Behavioral Science）。行为科学研究始于 20 世纪 20 年代，早期被称作人际关系学说，后期发展为行为科学，即组织行为理论。

（一）霍桑实验

1924—1932 年，由乔治·埃尔顿·梅奥（George Elton Mayo）负责，在美国西方电气公司所属的霍桑工厂开展了一系列的实验,实验结果引发了对当时管理者许多管理观念的挑战,从而揭开了研究组织中人的行为的序幕,产生了人际关系理论。

最初,在霍桑工厂开展的实验是根据科学管理理论中关于好的工作环境可以提高工人的劳动生产率的假设,进行"照明的亮度同工业中效率的关系"的研究,试图通过照明强弱的变化与产量变化之间的关系来分析工作条件和劳动生产率之间的关系。结果却发现,工作条件和环境的好坏与劳动生产率的提高没有必然联系,反而与人的因素有密切关系。为了证实这一结果,梅奥等人陆续开展了较长时间的研究,结果表明:生产率不仅同物质实体条件有关,而且同工人的心理、态度、动机,同群体中的人际关系以及领导者与被领导者的关系密切相关。梅奥对其领导的霍桑实验进行了总结,于1933年出版了《工业文明中人的问题》,提出了与古典管理理论不同的新观点,主要归纳为以下几个方面:

①工人是"社会人",而不是"经济人"。科学管理学派认为,金钱是刺激工人工作积极性的唯一动力,把人看作单纯追求经济利益的"经济人"。而梅奥认为,除了物质利益外,工人还有社会、心理方面的需求,因此不能忽视社会、心理因素对积极性的影响。

②企业中存在非正式组织。非正式组织是企业成员在共同工作的过程中,由于具有共同的社会感情而形成的非正式团体。这种无形组织有自己的规范、准则和领袖人物,会通过左右工人的工作态度来影响企业的生产效率。因此管理人员应该正视非正式组织的存在,分析其特点,利用非正式组织为正式组织的活动和目标服务。

③新型的领导通过提高工人的满足程度,来达到提高工作效率的目的。生产效率的高低主要取决于工人的士气,而士气则取决于他们所感受到的各种需要得到满足的程度。在这些需要中,金钱与物质方面的需要只占很小的比重,更多的是获取友谊、得到尊重等人际方面的需要。因此,管理人员要善于倾听和与下属进行沟通,了解他们的需求状况,包括心理和思想需求,以采取相应的措施,这样才能合理、充分地激励工人,达到提高劳动生产率的目的。

霍桑实验及其结论对管理理论的演进方向产生了重大而深远的影响,它改变了当时那种认为人与机器没有差别的流行观点,激起了人们重新认识组织中人的因素,使西方管理思想在经历了科学管理理论阶段之后进入了行为科学理论阶段。

(二)人际关系运动

霍桑实验之后,人们从各方面展开了对人的需要、动机、行为、激励以及人性的研究,形成了人际关系研究的热潮。其中,最主要的推动者是马斯洛和麦格雷戈等人。亚伯拉罕·哈罗德·马斯洛(Abraham Harold Maslow,1908—1970)是著名的心理学家和行为科学家,他于1943年在《人的动机理论》一书中提出了需求层次理论,对人际关系运动做出了重大贡献。他认为人有各种各样的需求,管理者可以据此激励员工的行为。在此基础上,人们又提出了各种各样的激励理论。

道格拉斯·麦格雷戈(Douglas McGregor,1906—1964)是美国著名的行为科学家,曾先后在哈佛大学和麻省理工学院从事心理学的教学工作。他在1957年发表的《企业的人性面》一文中提出了著名的"X-Y理论",认为管理者对员工有两种不同的看法,相应地他们会采取两种不同的管理方法。

这些理论向古典管理理论和早期人际关系理论有关人类行为的假设提出了挑战。

(三) 后期的行为科学

1949年美国芝加哥的一次跨学科会议首次提出使用"行为科学"这个名称来囊括有关企业人性方面的研究。1953年，福特基金会、洛克菲勒基金会和卡内基基金会相继拨款支持行为科学方面的研究，并正式创办《行为科学》杂志。自此以后，许多管理学家、社会学家、心理学家从人类行为的特点、行为的环境、行为的过程以及行为的原因等多种角度展开了对人的行为的研究，形成了一系列的理论，使行为科学成为现代西方管理理论的一个重要学派。理论研究的发展反过来又促进了企业管理人员重视人的因素，强调人力资源开发，注意改善人际关系，注意组织的需要与其成员的需要协调一致等。

从行为科学研究对象涉及的范围来看，基本可以分为以下三个层次：

①个体行为理论：有关需求、动机和激励的理论；有关人的特性的理论。

②群体行为理论：有关群体动力的理论；有关信息交流的理论；有关群体及其成员相互关系的理论。

③组织行为理论：有关领导行为的理论；有关组织变革与发展的理论。

行为科学管理的特点在于改变了人们对管理的思考方法，把人看作宝贵的资源，强调从人的作用、需求、动机、相互关系和社会环境等方面研究其对管理活动及其结果的影响，研究如何处理好人与人之间的关系、协调人的目标、激励人的主动性和积极性，以提高工作效率。

三、现代管理流派

第二次世界大战之后，随着科学技术的迅速发展，企业规模不断扩大，生产社会化程度日益提高，环境已经成为管理中不可忽视的重要变量。企业不仅要考虑自身条件的限制，还需要研究环境的特点及要求，提高对外部环境的适应能力。为了应对管理实践的这一变化，许多学者包括数学家、社会学家、心理学家、统计学家等从不同的背景、角度，基于自身的专业，用不同的方法对管理问题开展研究，这一现象带来了管理理论的空前繁荣，形成了众多的管理理论学派。美国著名的管理学家孔茨将这些学派形象地描述为"管理理论的丛林"，具体的一些代表性理论如表2-1所示。

表2-1 现代管理流派

管理理论学派	特征与贡献	局限性	代表人物
经验主义学派	通过案例研究经验，确定成败要素	环境可能不同；目的不在于确定一些原则；发展管理理论的价值不同	彼得·德鲁克、阿尔弗雷德·斯隆等
权变理论学派	管理活动取决于环境	管理人员早已认识到做任何事情都不会有最佳方法	弗雷德·卢桑斯、弗雷德·菲德勒
管理科学学派	管理工作被看成是数学过程、概念、符号和模型，把管理看成是一种纯粹的逻辑过程，用数学符号和数学关系来表示	首先需要建立数学模型；管理工作的许多方面并不能模型化	埃尔伍德·斯潘塞·伯法

续表

管理理论学派	特征与贡献	局限性	代表人物
社会系统学派	把人际关系和群体行为两个方面引导到一个协作系统，把概念扩大到任何一个具有明确目的的协作群体	对于管理研究的范围过于宽泛；忽视了许多管理概念、原则和方法	切斯特·巴纳德
系统管理学派	系统有边界，但与外部环境存在互动关系；认识到研究一个组织和许多子系统内的计划、组织和控制的内部关系的重要性	很难被认为是新的管理方法	弗里蒙特·卡斯特、詹姆斯·罗森茨韦克
决策理论学派	强调决策的制定，做决策的人或群体以及决策过程	管理工作远远超过决策工作量	赫伯特·西蒙

四、当代管理理论

（一）企业文化理论

企业文化理论（Corporate Culture）形成于20世纪80年代，随着信息技术的迅猛发展、知识经济的出现以及国际经济逐步走向一体化，管理环境发生了重大变化，在这样的形势下，出现了一些新的理论与视角。20世纪70年代，遭遇石油输出国组织石油提价的西方国家陷入能源危机，这场危机对美国企业界产生了巨大影响，美国产品竞争力下降，使得国外市场萎缩，企业开工不足，工人失业率提高，国内市场竞争激烈，通胀率提高，经济处于停滞状态，不得不实行贸易保护政策。而大洋彼岸的日本，尽管本国资源奇缺，经济几乎完全依赖国际市场，但能源危机并没有使其国民经济停顿，日本企业界反而发展出节约能源的消费产品，在汽车、电子等行业的飞速发展让西方国家震惊，日本也在20世纪70年代末一跃成为世界第二大经济强国。这种鲜明的对比极大地刺激了美国管理学者和实践界研究日本、反思自我的热情，企业文化理论正是在这种背景下提出的。1981—1984年相继出版了多部研究企业文化的著作，如威廉·大内（William Ouchi）的《Z理论——美国企业如何迎接日本的挑战》、理查德·帕斯卡尔（Richard T. Pascal）和安东尼·阿索斯（Anthony G. Athos）的《日本企业的管理艺术》、特伦斯·迪尔（Terrence E. Deal）和艾伦·肯尼迪（Allan A. Kennedy）的《企业文化》、汤姆·彼得斯（Tom Peters）和小罗伯特·沃特曼（Robert H. Waterman）的《追求卓越》等。

通过对日美企业管理的比较研究，美国学者发现在组织结构、制度、战略等硬要素方面日美企业差异不大，日本企业成功的奥秘在于领导方式、价值观、对人的重视、集体决策等软要素。与欧美企业中企业与员工之间独立平等而在经济上属于单纯交换和雇佣性关系完全不同，日本企业就像一个大家庭，员工如同大家庭的成员，对企业保持着一定的人身依附关系。员工享有终身雇佣、缓慢的晋升和评价、集体决策与集体负责、较平均的分配制度、用职务轮换以培训通才为目标的骨干培养路线、来自组织的全面关怀等做法和政策，都反映了这种文化特色。在比较研究和大量企业调研的基础上，学者们对企业文化理论进行了整理和总结，主要内容如下：

①企业文化是为全体员工共同遵守，但往往是自然约定俗成而非书面的行为规范，并有各种各样的仪式和习俗来宣传、强化这些价值观念。企业文化之间的差异是造成绩效不同的重要原因。

②企业文化包括精神文化、制度文化和物质文化三个层次，其中精神文化是核心。精神文化表现为一系列明确的价值和行为规范、道德准则以及清晰的信念；制度文化表现为组织的结构形态、规章制度、奖惩方式以及信息沟通渠道等内容；物质文化表现为可以观察到的组织环境、员工和管理人员行为等表层形象。

企业文化的功能主要体现在导向功能、凝聚功能、约束功能、激励功能和辐射功能。这五种功能是以文化的形式潜移默化地起着作用，员工在这种文化氛围中自觉地调整自己的行为，表现出符合组织要求的积极行为。正因为如此，企业文化具有其他管理手段难以达到的巨大作用。

（二）组织趋同理论

根据权变理论的观点，组织应该根据所处环境以及内部活动特点来设计和选择适合自己的结构形式。然而，在现代社会中我们却常看到各种组织形式越来越相似的现象。我们可以发现，不同企业，不论其经营领域有何差异，都采用了科层制的等级结构和职能制或事业部制的组织形式，甚至不同类型的社会组织，如学校、基金、社会福利机构等也表现出类似的特征。这不仅与管理学的理论不符，与经济学的效率逻辑也是相悖的。在管理学研究中引用越来越多的社会学中组织研究的新制度学派从制度环境的影响这个角度剖析了组织的趋同现象，并用合法性的逻辑解释了组织趋同现象的生成机制。

1. 组织趋同理论的发展阶段

新制度学派组织研究在组织社会学领域有重要影响。2000年以前的组织趋同研究可分为三个发展阶段：

（1）起源阶段

管理学中的组织研究也是社会学领域的重要课题。社会学中关于组织研究的制度学派源于20世纪40年代。美国社会学家塞尔茨尼克1949年发表的《TVA与基层结构》对美国田纳西大坝水利工程和管理机构进行了研究。塞尔茨尼克在研究中发现，组织的实际运行与其设计目标可能大相径庭，其原因在于组织不是一个封闭的技术体系，不仅要根据技术环境的要求设计理性的程序与方法，而且在运行的过程中要受到外部制度环境的影响。据此，他指出，组织（Organization）是制度化的组织（Institution）。制度化（Institutionalization）是指外部的制度环境（价值判断、文化观念、社会期待等）渗入组织内部并影响内部组织行为的过程。

20世纪70年代梅耶关于教育组织相似性的研究则标志着组织趋同研究的正式开启。70年代开始，组织制度环境和新制度主义组织研究在组织研究领域产生了广泛影响。梅耶和罗恩1977年发表的《制度化的组织：作为神话和仪式的正式结构》是新制度主义组织研究的奠基之作，梅耶文中提出了为什么现代组织具有高度相似性的问题。

（2）发展阶段

20世纪80年代，美国社会学家迪马吉奥、鲍威尔等人关于组织趋同的机制和过程的研究是新制度主义组织研究的第二阶段。1983年迪马吉奥和鲍威尔在《美国社会学评论》上发表的《关于"铁笼"的再思考：组织场域中的制度性同形与集体理性》推动了新制度理论的发展。

(3) 低谷阶段

20世纪90年代到2000年，这一时期组织趋同研究逐渐走向低谷。从第一阶段向第二阶段的转变过程中，迪马吉奥、鲍威尔、斯科特等人的研究过于关注如何建立一个弱化利益要素的制度分析范式，对早期研究中的方法论传统关注不足，这导致后来的组织趋同研究逐渐失去活力。

2. 组织趋同理论的主要观点

(1) 现象观察

根据新制度理论，组织行为的选择受到组织外部环境特点的影响，这个环境不仅是指技术环境，而且包括制度环境。梅耶指出，组织所面临的这两种环境对组织的要求是不同的。技术环境要求组织活动的有效性，即选择与社会技术发展水平相应的恰当方法和程序合理地组织内部的活动，使组织资源尽可能得到有效的利用。制度环境则要求组织内部以符合社会规范或"外界公认或赞许的社会事实"，即"社会制度"的方式进行其内部活动。否则就会出现"合法性"危机，引起社会的非议，不利于组织的社会存在和发展。鲍威尔和迪马吉奥指出，制度就是"能约束行动并提供秩序的共享规则体系，这个规则体系既限制行动主体追求最佳结果的企图和能力，又为一些自身利益受到通行的奖惩体制保护的社会集团提供特权"。这个共享的规则体系不仅包括法律制度，而且包括一个社会共同体的文化观念。存在于一定环境中的组织，在安排其内部活动时，不仅要追求技术约束下的效率，而且要努力使自己的行为选择和行为表现与社会"共享的规则体系"相一致。只有这样，才有可能为外部社会所认同，被认为是"合法的"或"合规的"。"当组织环境对组织提出多重要求或具有多种影响时，组织就会逐渐设立更多的内部管理层次以应对这种多重的影响"，以"仪式性地"遵从外部环境的要求。因此，追求"合法性"的实质是组织努力追求内部活动之内容和形式的外部认同，其结果必然是不同组织虽然其任务性质和活动不尽相同，但组织的结构形式和行为特征表现出很高程度的相近性或相似性，即呈现出组织的结构形式和行为特征的趋同性。

(2) 组织趋同的原因分析："合法性"释义

合法性机制是新制度学派解释组织趋同现象的重要逻辑。追求合法性的过程不仅涉及法律制度的作用，也包括文化、观念、社会期待等制度环境对组织行为的影响。合法性机制是指制度环境诱使或迫使组织采纳被外部认同的组织结构和行为的作用机制。这个机制可以在多层面发挥作用，如可以塑造社会事实，从而对所有社会成员产生影响，也可能只在某一行业、领域中发挥作用。

合法性机制对于组织行为的影响可能表现为"强意义"，也可能表现为"弱意义"。前者强调组织行为和组织形式都是制度所塑造的，组织或个人本身没有自主选择；后者则认为制度通过激励机制来诱导组织及其成员的趋同性选择。

梅耶从强意义上解释了合法性机制的影响。这个观点是人类学家玛丽·道格拉斯在她的《制度如何思考》一书中率先提出的。道格拉斯认为，制度实际上是一种约定俗成的规范，主要用来协调人们之间的关系和行为。这种规范通常是隐含在自然或超自然的世界中，超越了个体的意志。道格拉斯指出，有三种机制促成了制度或者观念的自然化或超自然化：一是制度赋予人们身份，塑造人的思维习惯，即人所扮演角色会影响人们的思维方式和行为方式;二是制度塑造了社会群体记忆和遗忘的功能;三是制度对事物加以分门别类,列入不同的范畴。例如可以根据地区或职业来对人进行分类,不同类别的人思维方式也有所不同。

道格拉斯指出个体利益完全为制度所控制,她认为制度制约了组织或其成员,影响了组织行为,使组织不得不采取为外界环境所认可的合法性机制。

迪马吉奥和鲍威尔则认为,组织或个人之所以选择了某些社会认可的行为不是因为其固有的思维模式,而是因为受到可以更方便地获得稀缺资源等利益的诱惑。他们在1983年发表的文章中讨论了合法性导致组织趋同的三种不同机制:

①强迫性(Coercive)机制。例如,组织必须遵守政府制定的法律、法令,不然就会受到惩罚;法律制度是具有强迫性的,如果不接受便没有办法生存。

②模仿(Mimetic)机制。即各个组织模仿同领域中成功组织的行为和做法。模仿的一个重要条件是环境的不确定性。当环境不确定,各个企业不知道怎么做才是最佳方案时,通过模仿那些成功企业的做法可以减少不确定性。可以说不确定性诱发模仿。当然,模仿的趋同机制有两种:第一种是竞争性的模仿,指在同一个领域中的组织模仿自己的竞争对手,这种模仿源于竞争压力;第二种是制度化模仿,模仿的产生是因为合法性机制的存在,大家都承认某些组织形式或做法是好的、合情合理的,故而如果不采纳这些制度化的形式或做法,则会备受压力。

③社会规范(Normative)机制。社会规范产生一种共享观念、共享行为规范的思维方式。尽管没有人告诉你应该如何做,但是当你在接受专业化训练的过程中会不知不觉地接受这些基本的行为规范。社会规范机制对人们或组织的趋同性有十分重要的作用。

迪马吉奥和鲍威尔指出,组织间的依赖关系以及组织目标的不清晰导致了组织趋同。当组织之间关系越来越紧密时,组织之间的联系和信息交换也随之增多,这时组织之间的结构越相似,资源的交换就越容易,组织之间也越容易对话,从而导致组织趋同。同时,组织目标的不清晰也可能导致组织间的趋同。因为组织如果目标不清晰,就很难解释组织存在的合理性,这时需要利用合法性机制,选择象征性行为和符合社会公德的行为,做社会承认的事,以获得制度环境的认同。此外,目标不清晰可能导致内部矛盾的滋生,组织需要借助外部制度的介入来避免内部矛盾的激化。

技术环境的合理性压力与制度环境的合法性压力对组织活动效率可能产生的影响表面上来看是不同甚至是相反的:合理性压力诱使组织选择了恰当的技术程序与方法,从而有利于提高组织资源利用的效率;合法性压力则驱动企业选择与外部其他组织相似但在逻辑上与本组织的使命与活动可能并不完全适配的结构与行为,从而对资源利用效率的提升并不一定能带来积极的意义。然而,结构和行为的趋同不仅导致了环境对组织的认同,而且有利于组织与外部的沟通,从而可以帮助组织节约与之相关的交易成本。从这个意义上说,制度环境与技术环境对组织活动效率的影响是殊途同归的。

(三)流程再造理论

20世纪80年代以来,信息技术革命使企业的经营环境和运作方式发生了很大的变化,而西方国家经济的长期低增长使得市场竞争日益激烈,企业面临着在低速增长时代增强自身竞争力的严峻挑战。在这种背景下,结合美国企业为应对来自日本、欧洲企业的威胁而展开的实际探索,美国管理学家迈克尔·哈默(Michael Hammer)和詹姆斯·钱皮

（James A. Champy）在 1993 年出版了《企业再造》一书，提出了企业流程再造理论。他们通过对企业的考察发现，在许多公司从事的具体工作中，"有许多是跟满足客户需要——生产的产品质地要优良、供应的价格要公道、提供的服务要优质——风马牛不相及的。他们的许多工作纯粹只是为了满足公司内部的需要"。因此，哈默和钱皮提出，为了能够适应新的充满竞争和变化的环境，企业不适宜根据亚当·斯密（Adam Smith）的劳动分工理论去组织自己的工作，必须摒弃已成惯例的运营模式和工作方法，以工作流程为中心，重新设计企业的经营、管理及运营方式，即进行流程再造。

企业流程再造（Business Process Reengineering）是指为了获取可以用诸如成本、质量、服务和速度等方面的绩效进行衡量的显著的成就，对企业的经营过程进行根本性的再思考和关键性的再设计。其具体实施过程包括以下几项主要工作：

①对现有流程进行全面的功能和效率分析，以发现现有流程中各活动单元及其组合方式上存在的问题。

②改进相关单元的活动方式或单元之间关系的组合方式，设计流程改进的方案。同时，制定与流程改进方案相配套的组织结构、人力资源配置和业务规范等改进计划，形成系统的企业再造方案。

③组织流程改进方案的实施，并在实施过程中根据经营背景的变化组织企业流程的持续改善。企业活动及其环境是动态变化的，因此企业再造或流程重组将是一个持续不断的过程。

企业流程再造理论在欧美企业中得到了高度重视，被迅速推广，带来了显著的经济效益，涌现出大批成功的范例。管理研究领域也相当关注这一理论，相当多的学者加入流程再造的研究中来，论证流程再造与价值创造、经营绩效改进之间的逻辑关系，研究流程再造实例，寻求更好的流程管理方法等。作为组织设计工具，流程再造带来了巨大的收益，但也招致了一些批评，主要由于流程再造使少数人能够完成以前大多数人做的事情，造成了公司削减成本和裁员，妨碍了士气和绩效。后来，流程再造的提出者哈默和钱皮也承认70% 的再造项目由于忽视工作场合中人的影响而失败了。

第三节　工商管理理论的新发展

管理理论和实践随着社会的发展而发展，一定的管理理论反映了当时所处的社会环境的客观要求。环境的变化是永恒不变的真理，而且只要环境在变，管理理论和实践就在不断地创新以适应不断变化的环境。可以预言，在未来管理的发展中，新的管理理论还将会被不断地提出，创新将成为管理理论发展的主旋律。

一、网络型组织

信息技术的发展将冲击传统管理规则。信息技术的发展正在改变着人类的生活方式。信息时代与工业时代不同，它没有带来有形产品，但它带来的是无形的存在物，即用来搜集、分析、传输和综合处理信息的才智和能力，其结果是新公司和新产业，如互联网公司、人工智能、电子商务等的诞生。在工业化时代，企业得以繁荣发展是因为它们能够得到并利用原材料、拥有标准化产品和服务及大批量生产能力。而随着科技的进步，产品变为商品的速度大大加快，新产品一旦问世，几个月甚至几天内具有类似特性的无牌产品立即会出现在市场上。对于生产者来说，只能利用品牌等无形资产，才能将自己与其他竞争者相区别，并以较高的价格出售商品。这意味着，在21世纪最有价值的商品是无形资产，而不是有形资产，有形资产只不过是无形资产的载体而已，无形资产成为现代企业管理的重要内容之一。

信息技术的发展使组织之中以及组织之间的信息处理方式发生了翻天覆地的变化。未来组织的管理模式必然随之发生变化，各种具有适应性的网络型组织可能会替代传统的金字塔形组织。信息社会要求企业必须及时高效地运作，在网络型组织中，企业仅保留具有核心竞争力的部门，大部分工作由其他企业或临时性的职能工作团队完成；决策主要由基层做出，依靠技术手段，基层的知识型员工可以获得丰富的信息，不必再等上级管理者的指示就可以自己做出判断；按照客户的要求提供个性化定制生产或服务，即时生产技术取代以前的批量流水线作业，生产过程将变成公司、合作伙伴与顾客之间同时互动的过程；非正式组织将在网络组织中发挥主导作用，权威的建立更大程度上取决于个人的品质、专长和创造性而不是正式职位。这种结构的最大特点在于它能充分发挥个人的能力，同时组织具备快速反应的能力。

网络式结构使组织具有高度的灵活性和对环境更好的适应性，但同时也带来了个人决策和能力的控制问题，一旦失控，对企业可能会产生灭顶之灾。巴林银行的倒闭就是一个典型的例子，一个证券经纪人就搞垮了一个全球性的大型银行。从这一点来看，网络型组织的管理必然会与传统组织管理有所区别，管理手段和管理职能的内涵都有可能发生变化。

二、学习型组织

20世纪90年代以来，知识经济的到来使信息和知识成为重要的战略资源，相应地诞生了学习型组织理论。1990年，管理学家彼得·圣吉（Peter M. Senge）出版了《第五项修炼——学习型组织的艺术与实务》。在这本著作中，圣吉认为"在全球的竞争风潮下，人们日益发现21世纪成功的关键，与19世纪和20世纪成功的关键有很大的不同。在过去，低廉的天然资源是一个国家经济发展的关键，而传统的管理系统也是被设计用来开发这些资源。然而，这样的时代正离我们而去，发挥人们创造力现在已经成为管理努力的重心"。因此，他提出学习型组织理论，并指出学习型组织是21世纪全球企业组织和管理方式的新趋势。

学习型组织（Learning Organization）是指通过培养弥漫于整个组织的学习气氛，充分发挥员工的创造性思维能力而建立起来的一种有机的、高度柔性的、扁平化的、符合人性和能够持续发展的组织。这种组织具有持续学习的能力，具有高于个人绩效总和的综合绩效。建立学习型组织，需要进行五项修炼，即自我超越、改善心智模式、建立共同愿景、团队学习、系统思考。其中系统思考是五项修炼中的核心。

（一）自我超越

自我超越是学习型组织的精神基础，组织成员必须学会不断厘清并加深个人的真正愿望，集中精力，培养耐心，并客观地观察现实。

（二）改善心智模式

心智模式是指根深蒂固于个人或组织之中，影响人们如何认识周围世界以及如何采取行动的许多假设、成见和印象。改善心智模式就是要学习改变自己多年来养成的思维习惯，强制和约束自己，以开放的心灵容纳别人的想法。

（三）建立共同愿景

共同愿景是指能鼓舞组织成员共同努力的愿望和远景，或者说是共同的目标和理想。建立共同愿景的关键是要能够将组织中个人的愿景整合为组织的共同愿景，这样才能使员工主动而真诚地奉献和投入，形成不断进步的合力。

（四）团队学习

团队学习就是组织化的学习或交互式的学习。通过团队学习，可以充分发挥整体协作的力量，形成高于个人力量之和的团队力量，达到运作上的默契并形成团队意识，唯有团队成员一起学习、成长、超越和进步，才能让组织持续创造佳绩。

（五）系统思考

系统思考是五项修炼的核心，它要求人们运用系统的观点来看待组织的生存和发展。在现有的不少组织中，大多数人把自己的眼光局限于本职工作，固守经验，一旦出现问题就常常归罪于其他部门，缺乏进行整体思考的主动性和积极性。系统思考就是要培养人与组织进行系统观察、系统思考的能力。

学习型组织理论认为，21世纪最成功的企业将是学习型组织，因为未来唯一持久的竞争优势，就是要有能力比你的竞争对手学习得更快。注重学习而且善于学习，可以使我们及时察觉可能发生的变化或迅速了解正在进行的变化，在变化来临之前或在变化过程中做好应变准备，从而适应不断变化的环境并在变化过程中不断增强自己的竞争优势。

三、精益思想

精益思想（Lean Thinking）源于20世纪80年代日本丰田发明的精益生产（Lean Production）方式，精益生产方式造就了日本汽车的质量与成本优势，曾经压得美国汽车工业抬不起头，使世界汽车工业重心向日本倾斜。

（一）产生背景

"二战"结束不久，汽车工业中统治世界的生产模式是以美国"福特制"为代表的大量生产方式，这种生产方式以流水线形式少品种、大批量生产产品。在当时，大批量生产方式代表了先进的管理思想与方法，大量的专用设备、专业化的大批量生产是降低成本、提高生产率的主要方式。与处于绝对优势的美国汽车工业相比，日本的汽车工业则处于相对幼稚的阶段，丰田汽车公司从成立到1950年的十几年间，总产量甚至不及福特公司1950年一天的产量。汽车工业是日本经济倍增计划的重点发展产业，因此日本派出了大量人员前往美国考察。丰田汽车公司在参观美国的几大汽车厂之后发现，采用大批量生产方式降低成本仍有进一步改进的余地，而且日本企业还面临需求不足与技术落后等严重困难；加上战后日本国内的资金严重不足，也难有大量的资金投入以保证日本国内的汽车生产达到有竞争力的规模，因此他们认为在日本进行大批量少品种的生产方式是不可取的，而应考虑一种更能适应日本市场需求的生产组织策略。

以丰田的大野耐一等人为代表的精益生产的创始者们，在不断探索之后，终于找到了一套适合日本国情的汽车生产方式：即时制生产、全面质量管理、并行工程、充分协作的团队工作方式和集成的供应链关系管理，逐步创立了独特的多品种、小批量、高质量和低消耗的精益生产方法。1973 年的石油危机，使日本的汽车工业闪亮登场。由于市场环境发生变化，大批量生产所具有的弱点日趋明显，而丰田公司的业绩却开始上升，与其他汽车制造企业的距离越来越大，精益生产方式开始为世人所瞩目。

（二）精益生产

20 世纪 90 年代美国进行了一系列的对精益生产的研究和实践。其中包括美国军方 1993 年出台的美国"国防制造企业战略""精益航空计划（Lean Aerospace Initiative）"等政府指令性的活动。除了汽车行业又有更多的美国企业如波音、洛克希德·马丁、普惠等投入实施精益生产的大潮中来。在这个过程中，日本人提供了基本的思路和方法，用出色的实践证明了精益生产的强大生命力；美国学者的研究、美国企业乃至美国政府的研究和实践，则证明了精益思想在世界上的普遍意义，并升华为新一代的生产哲理。终于在 1996 年 James Womack 和 Daniel Jones 的《精益思想》（*Lean Thinking*）一书问世，精益生产方式由经验变成为理论，新的生产方式正式诞生。从上述精益思想发展的历程说明，精益思想是人、过程和技术的集成。无论是丰田生产方式，还是后来的精益生产，都是从技术的改变和技术的革新开始的。过程的思想则是丰田生产方式产生的基础。而人则是决定性的因素。精益思想相比于大批量生产的关键性改革是组织结构和分工原则的变化，这是解放被大量生产的分工和等级制度所束缚着的员工积极性的重要进步。

（三）精益思想的核心与实践

在市场竞争中遭受失败的美国汽车工业，在经历了曲折的认识过程后，终于意识到致使其竞争失败的关键是美国汽车制造业的大批量生产方式输给丰田的精益生产方式。1985 年，美国麻省理工学院的 Daniel T. Jones 教授等筹资 500 万美元，用了近 5 年的时间对 90 多家汽车厂进行对比分析，于 1992 年出版了《改变世界的机器》一书，把丰田生产方式定名为精益生产，并对其管理思想的特点与内涵进行了详细的描述。4 年之后，该书的作者出版了它的续篇《精益思想》，进一步从理论的高度归纳了精益生产中所包含的新的管理思维，并将精益方式扩大到制造业以外的所有领域，尤其是第三产业，把精益生产方法外延到企业活动的各个方面，不再局限于生产领域，从而促使管理人员重新思考企业流程，消灭浪费，创造价值。

1. 精益思想的核心

精益思想的核心就是消除浪费，以越来越少的投入——较少的人力、较少的设备、较短的时间和较小的场地创造出尽可能多的价值；同时也越来越接近用户，提供他们确实想要的东西。精确地定义价值是精益思想关键性的第一步；确定每个产品（或在某些情况下确定每一产品系列）的全部价值流是精益思想的第二步；紧接着就是要使保留下来的、创造价值的各个步骤流动起来，使需要若干天才能办完的订货手续，在几小时内办完，使传统的物资生产完成时间由几个月或几周减少到几天或几分钟；随后就要及时跟上不断变化着的顾客需求，因为一旦具备了在用户真正需要的时候就能设计、安排生产和制造出用户真正需要的产品的能力，就意味着可以抛开销售，直接按用户告知的实际要求进行生产，这就是说，可以按用户需要拉动产品，而不是把用户不想要的产品硬推给用户。

2. 精益思想的实践

精益思想包括精益生产、精益管理、精益设计和精益供应等一系列思想，其核心是通过"及时适量""零库存""传票卡"等现场管理手段实现"订货生产"，从而确保产品质量并降低成本。精益思想最初是体现在对产品质量的控制中，即指不追求产品的成本优势和技术领先，而是强调产品的成本与技术的合理匹配、协调。此后，企业界将精益思想逐步引申、延展到企业经营活动的全过程，即追求企业经营投入和经济产出的最大化、价值最大化。从字面意思来看，"精"体现在质量上，追求"尽善尽美""精益求精"；"益"体现在成本上，只有成本低于行业平均成本的企业才能获得收益。因而，精益思想不单纯追求成本最低、企业眼中的质量最优，而是追求用户和企业都满意的质量、追求成本与质量的最佳配置、追求产品性能价格的最优比。

（四）精益思想的五大原则

什么是精益管理？精益企业到底是怎样的面貌呢？詹姆斯·沃麦克（James Womack）和丹尼尔·琼斯（Daniel Jones）在他们的著作《精益思想》中提炼出精益管理五原则：顾客确定价值（Customer Value）、识别价值流（Value Stream Mapping）、价值流动（Value Flow）、拉动（Pulling）、尽善尽美（Perfection）。精益管理的核心思想可概括为消除浪费、创造价值。

精益管理是精益生产理论的扩展，是精益思想在企业各层面的深入应用，精益管理是以精益思想为指导、以持续追求浪费最小、价值最大的生产方式和工作方式为目标的管理模式。

1. 顾客确定价值

顾客确定价值就是以客户的观点来确定企业从设计到生产到交付的全部过程，实现客户需求的最大满足。以客户的观点确定价值必须将生产全过程的多余消耗减至最少，不将额外的花销转嫁给用户。精益价值观将商家和客户的利益统一起来，而不是过去那种对立的观点。以客户为中心的价值观来审视企业的产品设计、制造过程、服务项目就会发现太多的浪费，从不满足客户需求到过分的功能和多余的非增值消耗。当然，消灭这些浪费的直接受益者既是客户也是商家。与之对照的是，企业过去的价值观都是以自己为中心的。完全由商家设计和制造的产品、完全由商家设计好的服务项目，大吹大擂那些目的在于增加赢利的、额外的，甚至是"画蛇添足"的功能，并不一定是用户所需要的或必需的；最后将大量的浪费以成本的方式转嫁给了用户，而用户享受到的仅仅是为实现这个转嫁的殷勤。

2. 识别价值流

价值流是指从原材料转变为成品、并给它赋予价值的全部活动。这些活动包括：从概念到设计和工程、到投产的技术过程，从订单处理、到计划、到送货的信息过程，和从原材料到产品的物质转换过程，以及产品全生命周期的支持和服务过程。精益思想识别价值流的含义是在价值流中找到哪些是真正增值的活动、哪些是可以立即去掉的不增值活动。精益思想将所有业务过程中消耗了资源而不增值的活动叫作浪费。识别价值流就是发现浪费和消灭浪费。识别价值流的方法是"价值流分析（Value Stream Map Analysis）"——首先按产品族为单位画出当前的价值流图，再以客户的观点分析每一个活动的必要性。价值流分析成为实施精益思想最重要的工具。

价值流并不是从自己企业的内部开始的，多数价值流都向前延伸到供应商，向后延长到向客户交付的活动。按照最终用户的观点全面地考察价值流、寻求全过程的整体最佳，特别是推敲部门之间交接的过程，往往存在着更多的浪费。

3. 价值流动

如果正确地确定价值是精益思想的基本观点、识别价值流是精益思想的准备和入门的话，"流动 Flow"和"拉动 Pull"则是精益思想实现价值的中坚。精益思想要求创造价值的各个活动（步骤）流动起来，强调的是不间断地"流动"。"价值流"本身的含义就是"动"的，但是由于根深蒂固的传统观念和做法，如部门的分工（部门间交接和转移时的等待）、大批量生产（机床旁边等待的在制品）等等阻断了本应动起来的价值流。精益将所有的停滞作为企业的浪费，号召"所有的人都必须和部门化的、批量生产的思想做斗争"，用持续改进、准时制生产（JIT）、单件流（One-Piece Flow）等方法在任何批量生产条件下创造价值的连续流动。当然，使价值流流动起来，必须具备必要的环境条件。这些条件是：过失、废品和返工都造成过程的中断、回流。实现连续的流动要求每个过程和每个产品都是正确的。全面质量管理和后来的六西格玛（6σ）都成为精益思想的重要组成部分。环境、设备的完好性是流动的保证。5S［整理（SEIRI）、整顿（SEITON）、清扫（SEISO）、整洁（SEIKETSU）、素养（SHITSUKE），五个日语词汇的罗马标音的开头均为"S"］、TPM（全员生产保全）都是价值流动的前提条件之一。

4. 需求拉动

"拉动"就是按客户的需求投入和产出，使用户精确地在他们需要的时间得到需要的东西。实行拉动以后用户或制造的下游就像在超市的货架上一样地取到他们所需要的东西，而不是把用户不太想要的产品强行推给用户。拉动原则由于生产和需求直接对应，消除了过早、过量的投入，而减少了大量的库存和现场在制品，大量地压缩了提前期。拉动原则更深远的意义在于企业具备了当用户一旦需要，就能立即进行设计、计划和制造出用户真正需要的产品的能力，最后实现抛开预测，直接按用户的实际需要进行生产。

实现拉动的方法是实行准时制生产和单件流。当然，准时制生产和单件流的实现最好采用单元布置，对原有的制造流程做深刻的改造。流动和拉动将使产品开发时间减少50%、订货周期减少75%、生产周期降低90%，这对传统的改进来说简直是个奇迹。

5. 尽善尽美

奇迹的出现是由于上述4个原则相互作用的结果。改进的结果必然是价值流动速度显著的加快。这样就必须不断地用价值流分析方法找出更隐藏的浪费，做进一步的改进。这样的良性循环成为趋于尽善尽美的过程。Womack又反复地阐述了精益制造的目标是："通过尽善尽美的价值创造过程（包括设计、制造和对产品或服务整个生命周期的支持）为用户提供尽善尽美的价值"。"尽善尽美"是永远达不到的，但持续地对尽善尽美的追求，将造就一个永远充满活力、不断进步的企业。

我们认为，精益企业是把精益管理应用于企业所有层面，从管理系统上能有效杜绝浪费，从文化上人人竭力追求持续改善，并实现经营业绩卓越、持续竞争力增强的企业。

(五)国内的精益思想

与世界先进国家相比,我国的企业界和学术界对精益思想尚缺乏系统的和足够高度的认识,在有组织地进行精益思想的普及教育和推广方面存在太大的差距,更大范围应用精益思想几乎还是空白。随着一汽、宝钢对精益运营的成功实施,国内的企业也逐渐意识到了精益运营管理的重要性及其广阔的应用前景,纷纷在抓紧研究应用。

精益生产在20世纪70年代末期由日本引入我国。长春第一汽车制造厂是最早引进精益生产方式的企业。1979年下半年,"一汽"开始边学习,边创造条件边试点,逐步推广应用精益生产模式。1981年,精益生产的创始人之一,丰田公司的大野耐一先生访问了"一汽",帮助推广精益生产方式,内容主要是应用看板系统控制生产现场作业。到1984年,在短短的实行精益生产四年的时间里,在20个专业厂有2 831种汽车零部件实行看板取货,42种协作产品由协作厂直送工位,压缩了流动资金1 830万元,取消中间仓库17个,节约仓库面积1 661平方米。在看板取货的基础上组织了看板生产,全厂10条生产线61种零件实行了看板生产。80年代初,中国企业管理协会组织推广现代管理方法,看板管理被作为推广的现代管理方法之一,在全国范围内进行宣传,并为许多企业所采用。在《改变世界的机器》一书中文版于1991年在中国出版后,中国制造业开始广泛学习和试图导入此先进生产方式。

四、核心能力理论

(一)核心能力的提出

企业核心竞争力思想产生较早,最早可以追溯到古代分工理论的提出。以亚当·斯密以及阿尔弗雷德·马歇尔为代表的学者开始思考企业竞争优势的作用。前者在其著作《国富论》中指出,对于工艺而言,一旦实现劳动分工,其生产效率将会明显提高。在这一理论驱动下,工厂逐渐进行特定领域的生产以及销售,进而在发展过程中形成具有企业特色的优势和能力。

20世纪60年代起,企业战略理论在所有主流企业理论中得到广泛认可。在阿尔弗雷德·D. 钱德勒看来,企业应该时刻保持适应外部市场环境的意识,这是因为企业发展是外部环境、企业战略以及内部组织相互影响的结果,只有建立在发展变化之上的战略,才是更加科学的企业战略。此外,内部组织结构也能伴随市场变化保持动态完善,最终达到提高企业内部运转效率的目的。

20世纪80年代以来,受地缘政治以及石油危机的影响,全球商业竞争日趋白热化,对于企业而言,业务发展面临更加严峻的内外部环境,甚至在多个领域引发了企业生存危机。因此无论是企业管理者还是学术研究人员,都逐渐将企业应对生存危机和培养自身竞争优势作为一项重要研究课题。由于战略理论无法解释企业发展困局,有些企业理论研究人员开始将视角投向企业的特殊能力,开始提出并引入"资源基础论",其研究视角开始聚焦于企业本身,强调应该大规模、深层次整合企业内部资源以及能力,逐渐将企业内部资源视为竞争力优势的重要来源途径,部分研究人员并强调企业需要梳理企业内部资源,从有形资源和无形资源的角度对资源进行区分,此外还应对企业内部资源进行消化、总结以及更新,建立一套行之有效的资源整合以及完善制度,这样才能为提高核心竞争力提供持续不断的信息支持。

1990年，美国学者普拉哈拉德（C. K. Prahalad）和哈默尔（G. Hamel）在《哈佛商业评论》上发表了《企业核心能力》一文，首次提出了核心能力的概念。核心能力又称为"核心竞争能力"，是企业赖以生存和取得竞争优势的能力。普拉哈拉德和哈默尔认为核心能力是"组织中的积累性的学识，特别是企业协调不同的生产技能和有机融合多种核心技术的知识"。它的诞生在企业发展领域中掀起了一轮新的思辨热潮。核心能力理论的形成期间主要吸收了来自经济学中的劳动分工及战略管理等理论中关于企业内部因素的内容，确切说是这些理论相互融合的产物。

（二）核心能力的界定

由于对核心能力的研究尚不够充分和深入，目前尚缺乏关于核心能力的公认一致的定义。从持有"资源观"的经济学家到近年发展出来的"能力观"的学者先后对其提出了许多不同的概念和观点。

1. 基于技术和创新观的核心能力界定

普拉哈拉德和哈默尔是从技术和创新角度研究核心能力理论的代表。他们在《企业核心能力》一文中，从技术与产品创新的角度提出并研究了核心能力思想，认为企业核心能力的积累过程伴随在企业的核心产品核心技术的发展过程中。产品技术平台是需要通过长时期的学习和积累才能建立的。因此，核心能力是企业以往的投资和学习行为所积累的具有企业特定性的专长。作为组织的群体性学习，这种学习过程涉及企业中不同生产技巧的协调、企业不同技术的整合以及组织中价值观的传递。通过学习和核心能力的积累，企业就可能尽早发现产品和市场机会，因而，企业的持续发展是与核心能力紧密联系的，企业必须不断提高其核心能力。

另外，基于技术和创新观的代表还有梅约和厄特巴克。他们认为企业核心能力是指企业的研究开发能力、生产制造能力和市场营销能力，认为核心能力在更大的程度上就是在产品创新的基础上，把产品推向市场的能力。梅约和厄特巴克把企业核心能力分解为四个维度：产品技术能力、对用户需求理解能力、分销渠道能力以及制造能力。他们还发现企业核心能力和市场绩效之间存在因果关系，并且企业所面临的市场竞争状况对其因果关系产生影响。

2. 基于知识观的核心能力界定

巴顿（Leonard-Barton）是基于知识观的核心能力理论的代表。他认为核心能力是使企业独具特色并为企业带来竞争优势的知识系统。它包括四个维度技巧：知识技能、技术系统、管理系统、价值观系统。这四个维度之间存在较强的相互作用。巴顿还认为，核心能力构成了企业的竞争优势，它随时间积累而不易为其他企业所模仿。因此，企业为实现持续自主创新，必须以核心能力的持续积累为条件。麦肯锡咨询公司的凯文·科因、斯蒂芬·霍尔、帕特里夏·克里福德在《公司的核心竞争力是否只是一个幻影》一文中也提出，核心能力是某一组织内部一系列互补的技能和知识的组合，它具有使一项或多项关键业务达到业界一流水平的能力。这一提法强化了核心能力以知识的形式存在于企业各个方面的能力中的观点。

3. 基于资源观的企业核心能力界定

克里斯汀·奥利佛（Christine Oliver）是资源观的核心能力理论的代表。资源观强调资源和能力对企业获取高额利润回报率和持续市场竞争优势的作用。基于这一观点，企业在获取和配置资源和能力的"异质性"决定了其获得高额经济回报率的可能。这些长期的、能获取高于正常利润回报的特性是企业在"有缺陷"和"不完全"的要素市场中获取并开发战略性资产的能力所决定的。因为企业在选择和积累资源上的决策是以在有限的信息、认识偏见等条件下最经济性的合理配置这些资源为特征的。所以，不同企业在获取这些战略性资源时在决策和过程上的"异质性"构成了企业的核心能力。基于这种观点，资源成为保证企业获取超额利润的最基本条件。从资源的类型看，构成核心能力的资源具有稀缺性、独一无二性、持续性、专用性、不可模仿性、非交易性、无形性、非替代性等特征。企业只有拥有了这种资源，才能在同行业中拥有独特的地位。基于资源观点，可以认为核心能力是企业获取并拥有这些特殊资源的独特的能力。

4. 基于组织和系统观的企业核心能力界定

库姆斯（Coombs）是基于组织和系统观的核心能力理论的代表。组织与系统观认为，核心能力是提供企业在特定经营中的竞争能力和竞争优势基础的多方面技能、互补性资产和运行机制的有机融合，体现在这种组织中的核心内涵是企业所专有的知识体系，正是企业的专有知识使核心能力表现得独一无二和难以模仿。核心能力建立在企业战略和结构之上，以具备特殊技能的人为载体，涉及众多层次的人员和组织的全部职能。因而，核心能力必须有沟通、参与和跨越组织边界的共同视野和认同。库姆斯认为企业核心能力包括企业的技术能力以及将技术能力予以有效结合的组织能力。因此，企业核心能力既具有技术特性，又具有组织特性，它包括企业的技术专长和有效配置这些专长的能力。

5. 基于平台观的企业核心能力界定

Meyer 和 Alvin P. Lehnerd 是基于平台观的企业核心能力理论的代表。该观点把企业核心能力表示为用户洞察力、产品技术能力、制造工艺能力以及组织能力。基于平台观的企业核心能力理论通过产品平台连接市场，强调市场的作用。该观点的企业核心能力的四个模块中有两个与市场有关。但是该观点不够全面，对组织文化因素考虑较少。

（三）企业核心能力特征

尽管对于核心能力的界定有各种不同的说法，但它们无一例外地都认为核心能力是企业获取竞争优势的源泉，是在企业资源积累的发展过程中建立起来的企业特有的能力，是企业的最重要的战略资产。归结起来，核心能力具有以下特性：

1. 价值性

核心能力对于提高最终产品的用户价值起着至关重要的作用，是用户价值的来源，应当能为企业创造独特的价值，表现为：第一，核心能力在企业创造价值和降低成本方面具有核心地位，核心能力应当能显著提高企业的运营效率。G. 哈默尔认为，核心能力必须对顾客的期望价值做出贡献。第二，核心能力务必实现顾客所特别注重的价值，一项能力之所以是核心的，它给消费者带来的好处应是核心的。第三，核心能力是一家企业异于竞争对手的原因，核心能力对企业的特质性和竞争优势具有重要的贡献。艾德里安·里恩斯、罗杰·莫尔等指出，核心能力不仅仅集中于企业内部，相反，它能够通过战略创造独特的客户价值。

2. 独特性

企业的核心能力应当是企业所特有的，是"独一无二"的。首先，它是难以替代的。核心能力是与知识相关的，虽然看不见摸不着，但人们可以体会到，类似于无形资产。这种无形资产，有些像技术或管理诀窍是难以买卖的，因而受到替代品的威胁相对较小。其次，它又是不可占用的。核心能力是企业资源、知识、技术和能力的有机结合。它具有与众不同的独到之处，不易为企业中的个人所占有，也不易为企业外他人所占用。最后，具有难以模仿性。由于核心能力是企业特定发展过程的产物，具有路径依赖性和不可还原性，因而原因模糊，其他企业很难模仿。

3. 延展性

核心能力是企业现有业务的共同基石，也是通向未来市场的大门，因此企业的核心能力可以给企业衍生出一系列新的产品、服务，使企业得以扩展到相关的新的业务领域，并在多个市场具有竞争优势。因此，核心能力决定了企业的规模和边界，也决定了企业多元化战略和跨国经营战略的广度和深度。

4. 动态性

企业的核心能力虽是其资源长期积累的结果，但它并非是一成不变的，随着时间与环境的演变和市场需求的变化，以及随之而来的企业战略目标的转移，企业的核心能力必须予以重建和发展。企业的核心能力可以使企业能够很快适应环境的变化，制定相应的竞争策略，建立新的竞争优势。同时，企业核心能力的动态性也要求企业必须不断创新，包括技术创新、观念创新、管理创新等，以保证企业与环境的协调一致。

5. 综合性

核心能力不是一种单一的能力，而是多种能力和技巧的综合。从知识角度来看，它不是单一学科知识的积累，而是多学科知识在长期交叉作用中所累积而成的。正是这一特性决定了核心能力是一种综合性的能力。

本章小结

五千年灿烂的中国文化孕育了许多优秀的管理思想，在浩如烟海的文史资料中蕴含着极其丰富的管理思想。

西方管理思想的大量涌现是伴随着工厂制度的出现而开始的。真正的"企业管理"活动产生于15世纪。

威尼斯兵工厂在成品部件的编号和储存、安装舰只的装配线、人事管理、部件的标准化、会计控制、存货控制、成本控制方面积累了成型的管理经验。

随着工业革命以及工厂制度的发展，不少对管理理论的建立和发展具有重大影响的管理实践和思想应运而生。

管理理论随着社会经济发展和环境的变化而变化，这是近百年来管理理论和实践发展的一般规律。

工商管理理论的形成和发展经历了原始萌芽、传统管理、古典管理、现代管理、当代管理等5个阶段。

当代工商管理发展呈现出知识管理上升成为企业的核心管理、模糊经营管理模式迅速发展、重新发现企业价值和学习型企业的出现和发展、企业经营管理国际化等发展特点。

古典管理理论的核心是寻找科学地管理劳动和组织的各种方法，包括3个不同的理论学派：以泰罗为代表的科学管理理论、以法约尔为代表的一般管理理论和以韦伯为代表的科层组织理论。

科学管理是冲破了工业革命以来一直沿袭的传统经验管理方法，将科学引入了管理领域，提出系统的管理理论体系，标志着管理理论的出现。

行为科学理论是从生理学、心理学和社会学等角度研究企业中有关人的一些问题，目的是提高劳动生产率。

梅耶和罗恩1977年发表的《制度化的组织：作为神话和仪式的正式结构》是新制度主义组织研究的奠基之作。

1983年美国社会学家迪马吉奥和鲍威尔在《美国社会学评论》上发表的《关于"铁笼"的再思考：组织场域中的制度性同形与集体理性》推动了新制度理论的发展。

20世纪80年代以后，随着管理环境的变化，一些新的理论与视角不断涌现，主要包括企业文化理论、流程再造理论和学习型组织理论。

进入21世纪后，信息技术的发展对传统管理规则形成冲击，未来组织形式与管理方式将面临挑战。

企业流程再造是指为了获取可以用诸如成本、质量、服务和速度等方面的绩效进行衡量的显著成就，对企业的经营过程进行根本性的再思考和关键性的再设计。

学习型组织是指通过培养弥漫于整个组织的学习气氛，充分发挥员工的创造性思维能力而建立起来的一种有机的、高度柔性的、扁平化的、符合人性和能够持续发展的组织。

精益思想源于20世纪80年代日本丰田发明的精益生产（Lean Production）方式，精益生产方式造就了日本汽车的质量与成本优势。精益思想进一步从理论的高度归纳了精益生产中所包含的新的管理思维，并将精益方式扩大到制造业以外的所有领域。

精益思想的核心就是消除浪费，以越来越少的投入——较少的人力、较少的设备、较短的时间和较小的场地创造出尽可能多的价值；同时也越来越接近用户，提供他们确实想要的东西。

精益管理五原则主要包括顾客确定价值、识别价值流、价值流动、拉动、尽善尽美。

1990年，美国学者普拉哈拉德（C. K. Prahalad）和哈默尔（G. Hamel）在《哈佛商业评论》上发表了《企业核心能力》一文，首次提出了核心能力的概念。

复习思考题

1. 中国早期管理思想主要表现在哪些方面？
2. 威尼斯兵工厂有哪些成功的管理经验？
3. 工商管理理论的形成和发展经历了哪几个阶段？
4. 当代工商管理发展呈现出哪些特点？
5. 简述泰罗的科学管理理论。

6. 简述法约尔的一般管理理论。
7. 简述韦伯的科层组织理论。
8. 当代管理理论包括哪些理论？具体内容是什么？
9. "管理理论丛林"主要包括哪些理论？
10. 简述组织趋同理论的主要观点。
11. 简述企业流程再造的具体实施过程。
12. 简述学习型组织理论的主要内容。
13. 精益管理的五大原则是什么？
14. 简述核心竞争力的主要内容与思想。

第三章 工商管理专业的人才培养与就业方向

本章学习目标

通过本章的学习，学生能列举工商管理专业的培养目标，能复述工商管理专业的核心课程和实践课程设置，能分辨工商管理专业就业方向，能复述工商管理学科的定义、内涵、学科范围及培养目标。

本章内容框架

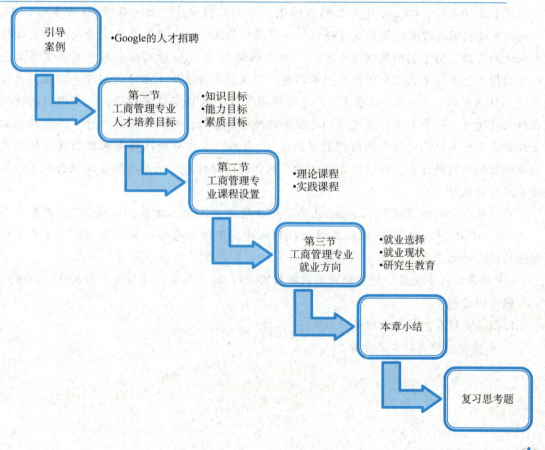

引导案例

Google 的人才招聘

Google 公司是尽人皆知的国际互联网公司，在美国、中国等多国设立了研发中心，凭借其先进充足的研究资源、丰厚的待遇，吸引世界多国的人才前赴后继加入这个团队。Google 公司的招聘面试深受应试者的关注。

在人才招聘上，Google 会投入大量资金。数据显示，Google 在招聘上投入的资金占人力资源预算的比例是所有公司平均水平的两倍。因为 Google 认为，只有在招聘环节投入更多的时间和金钱，才能找到更为优秀的员工。Google 前任首席人才官 Laszlo 曾说，Google 要招聘的员工水平，应超过 90% 的应聘者。正因 Google 公司认为应聘者中最多只有 10% 会成为行业的顶尖人才，因此会花费大量的时间进行简历筛选，并安排多次的面试。

通常，Google 一开始会使用电话面试；成功后，应聘者将在招聘官的安排下，被邀请在一天内与十个不同的人进行五到十次的一系列面试。在多数情况下，应聘者被要求现场编写代码，进行头脑风暴、角色扮演或者解数学方程式，从而来证明他们的高技能和能力。甚至在有些情况下，应聘者会被要求测试他们的营销能力。总的来说，这个过程漫长且具有极大的挑战力，不少应聘者吐槽过 Google 烦琐的招聘面试过程。但对 Google 来讲，这一切都是值得的。

Google 优秀的工作环境、独特的企业文化、较高的薪酬水平和良好的发展前景吸引着全球求职者的关注。Google 每年收到超过 200 万份求职申请。面对每月 10 万多份简历，Google 充分利用其搜索引擎的成功秘诀——计算机算法，建立了一套在大量简历中自动搜索人才的方法。为了描绘高绩效人才的"数字画像"，Google 曾对全公司 1 万多名员工进行了为期 5 个月、共 300 个问题的问卷调查。问卷实体涵盖从生活习惯到学习经验，具体到"养什么宠物""订阅什么杂志""是否出书"等。数据采集完成后，人事部门的数据分析人员建立了一套算法，通过对相关数据的整理和分析，寻找和识别人才，并在此基础上绘制出不同岗位高绩效人才的"数字画像"。最后，数据分析人员会根据招聘岗位的类别制作几份不同的问卷，通过问卷评估对求职者进行分析，从而准确快速地识别人才，自动完成岗位匹配。

有了这个"人才算法"，Google 就有了一块块快速测试人才的"试金石"。当就业率达到 130 : 1 时，Google 可以轻松高效地找到人才，保持每年每个员工近 100 万美元市场价值的惊人的生产力水平。

(资料来源：李晓丽. 新互联网时代招聘实践 [M]. 北京：清华大学出版社，2018)

思考讨论题：
1. Google 的人才招聘流程是什么？
2. 本案例对你有什么启示？

第一节 工商管理专业人才培养目标

工商管理本科专业培养践行社会主义核心价值观，具有社会责任感、公共意识和创新精神，适应国家经济建设需要，具有人文精神与科学素养，掌握现代经济管理理论及管理方法，具有国际视野、本土情怀、创新意识、团队精神和沟通技能，能够在企事业单位、行政部门等机构从事经济管理工作的应用型、复合型、创新型人才。

一、知识目标

（一）基础性知识

学生须熟练掌握数学、统计学、经济学等基础学科的理论和方法。

（二）专业性基础知识

学生须系统掌握管理学、组织行为学、经济学、会计学、财务管理学、市场营销学、创业学等工商管理类专业理论知识与方法，掌握本学科的理论前沿及发展动态。

（三）专业性知识

学生须掌握人力资源管理、公共关系学、消费者行为学、资产经营、企业危机管理、服务营销管理、数字营销、企业战略管理、物流管理、生产计划与控制等理论知识和方法，并熟悉工业企业和商业企业管理的专业特色知识。

（四）通识性知识

学生须选修哲学、社会学、心理学、法学、科学技术、语言文学、健康艺术、职业发展等方面的通识性知识。

二、能力目标

工商管理专业学生的能力结构包括知识获取能力、知识应用能力、创新创业能力以及终身学习能力等方面。

（一）知识获取能力

能够运用科学的方法，通过课堂、文献、网络、实习实践等渠道获取知识；善于学习和吸收他人知识，并构建自己的知识体系。

（二）知识应用能力

能够应用管理理论和方法分析并解决理论与实践问题。

（三）创新创业能力

具有较强的组织沟通能力与探索性、批判性思维能力，不断尝试理论或实践创新。

（四）终身学习能力

具备良好的自主学习和终身学习的意识与能力，熟悉并掌握社会化学习手段，不断更新知识体系和完善知识储备。

三、素质目标

工商管理专业学生的素质结构包括思想道德素质、专业素质、文化素质和身心素质四个方面。

（一）思想道德素质

学习掌握马克思列宁主义、毛泽东思想、邓小平理论、"三个代表"重要思想、科学发展观和习近平新时代中国特色社会主义思想，树立辩证唯物主义和历史唯物主义世界观；拥护党的领导和社会主义制度，具有较强的形势分析和判断能力；具有良好的道德修养和社会责任感、积极向上的人生理想、符合社会进步要求的价值观念和爱国主义的崇高情感。

（二）专业素质

具有国际视野，系统掌握工商管理专业基础知识，具备发现组织管理问题的敏锐性和判断力，掌握创新创业技能，并能够运用管理学理论和方法，系统分析、解决组织的管理问题。

（三）文化素质

具有较高的审美情趣、文化品位、人文素养；具有时代精神和较强的人际交往能力；积极乐观地生活，充满责任感地工作。

（四）身心素质

具有健康的体魄和心理素质，具备稳定、向上、坚强、恒久的情感力、意志力和人格魅力。

第二节 工商管理专业课程设置

工商管理类专业课程体系包括理论教学和实践教学。理论教学课程体系包括思想政治理论课程、公共基础课程、学科基础课程、专业必修课程、专业选修课程和通选课程；实践教学课程体系包括实训课程、实习、社会实践及毕业论文（设计）。

本学科各专业培养方案总学分应控制在160学分。其中理论教学学分比例应不高于85%。

一、理论课程

工商管理课程体系主要由公共基础课、学科基础课、专业方向课和任意选修课4个模块构成。

（一）公共基础课

公共基础课，一般包括大学语文、外语课、数学课、计算机课、体育课和思想政治理论课等。这些课程都属于"基础技能课"，不属于专业课，是任何专业都应具备的基础技能和素养。

（二）学科基础课

学科基础课一般是指工商管理学科的核心基础课程，其设置的目的在于提升工商管理专业人才培养质量，也是类似于 AACSB（国际商学院学会）等国际认证的关键考察要素之一。基于多年来对人才培养经验的凝练，工商管理专业只有借助严格的工商管理学基本训练，才能使学生真正领悟现实商业环境，增强其应用能力。工商管理专业核心课程主要包括管理学、战略管理、会计学、财务管理学、组织行为学、人力资源管理、市场营销学、创业学、公司治理、运营管理等课程。这些课程的设置有助于工商管理专业人才培养目标的实现。

（三）专业方向课

专业方向课一般是按照工商管理学科各专业的要求和特点来设置的，通常又分为专业必修课和专业选修课。工商管理专业需要根据自身办学定位与特色，参照专业核心课程，设置专业必修课程与学分修读要求。同时，可以根据专业必修课程体系，自主设置专业选修课程体系与学分修读要求，根据需要设置课程模块（课程组）供学生选择修读。注重学生均衡知识结构的形成，合理设置通选课。专业选修课及通选课的比例应不低于25%。

对于工商管理专业而言，学生在完成学科基础课的基础上，通过学习专业必修课和选修课，拓宽自己的知识面，同时发现和了解自己的特点和专长，选择一个真正适合自己的专业方向。

（四）任意选修课

任意选修课一般为学校各院系开设的可供学生选修的课程。学生在满足工商管理专业必要的课程学习的基础上，可以依据自己的兴趣爱好来选择任意选修课程，在更多维的层面上提升自身的素质和能力。任意选修课与思想政治理论课和基本技能课程一样，都属于通识教育课的范畴。

所谓通识教育，其实是为了实现一般意义上本科人才培养目标而开展的基础性教育。为了培养和造就有素养的现代文明人，高校需要在人文、社会科学和自然科学等基础学科中开设一些基本的课程，通过较为系统的学习，夯实学生的人文、科学素养。例如，哈佛大学要求本科生的八组通识课程包括审美与解释理解、文化与信仰、道德推理、经验推理、国际社会、世界中的美国、物质科学、生命科学；加州州立大学伯克利分校同样要求了八组，即美国文化、艺术与文学、历史、哲学与价值、社会与行为科学、国际研究、物质科学、生命科学。

同时，提倡高校间课程资源共享，积极吸引社会资源和国外优质教育资源投入人才培养，充分利用网络资源为学生自主学习提供优质课程与便利条件。鼓励开发跨学科专业的新兴交叉课程，探索建立跨院系、跨学科、跨专业交叉培养创新创业人才的新机制，促进人才培养由学科专业单一型向多学科融合型转变。

课堂教学除了运用课堂讲授方式外，还应广泛采用以培养学生能力和提升学生素质为主的其他教学方式，如研讨式教学、问题导向与解决式教学、文献综述、研究报告、组织讨论和主持会议、口头报告与演讲、自查与互查作业等。鼓励教师将国际前沿学术发展、最新研究成果和实践经验融入课堂教学，注重培养学生的批判性和创造性思维，激发创新创业灵感，调动创新创业积极性。

二、实践课程

工商管理专业须在课程体系中设置实践教学内容。本学科各专业应充分利用各类创新创业教育实践平台，积极开展创新创业实践活动。实践教学学分应不低于总学分的15%。

（一）实训实验

工商管理专业教学需要建立充分可用的实验室、实践教育基地、实训基地，开发实验和实训课程。实验和实训课程应按照由基础到高级、由单项到综合、由感性认识到体验创新的方式进行。在实施方式上，应该做到既可以结合相应的课程教学来开设，也可以单独作为一项训练来实施，以保证实验教学的灵活与方便。

（二）实习

工商管理专业的实习可分为认知实习和专业实习。认知实习是指组织低年级学生进行参观实习，以获取各自专业领域的感性知识，巩固所学理论。专业实习是指组织高年级学生在完成大部分专业课教学任务的基础上，进行实际操作练习，使学生了解各自领域管理活动的主要内容和基本规则，运用专业知识对现实问题进行综合性的研究，并试图提出解决方案。

（三）社会实践

各专业应根据培养目标组织社会实践。社会实践包括社会调查、勤工助学、公益活动和创业实践等。鼓励高校积极开展创业实践，丰富学生的创新创业知识和体验，提升学生的创新精神和创业能力。

（四）毕业论文（设计）

工商管理专业应加强毕业论文（设计）的实践性导向，体现专业人才培养的目标要求。鼓励学生采取学术论文、案例分析、调研报告、管理实验、创业模拟等多种形式完成毕业论文（设计）。毕业论文（设计）应遵守学术道德和学术规范，具有学术价值、应用价值或创新意义。

第三节　工商管理专业就业方向

一、就业选择

工商管理学起源于美国。随着当时市场经济的发展，企业的规模日益扩大，经营日趋复杂，迫切需要训练有素的经营管理人才，于是工商管理学科应运而生。首先是宾夕法尼亚大学于1881年创办金融商业学院，设立商业管理学科。19世纪末20世纪初，先进的管理理论的产生推动了工商管理学科的发展。我国工商管理教育始于20年代初，50年代我国实行高度集中的计划经济模式，企业管理体现了计划经济的特征。随着经济体制改革的深入发展，特别是由计划经济向社会主义市场经济的转变，使企业成了社会经济的主体。企业的发展依赖于管理的科学化、现代化，迫切要求培养大量高层次的经营管理人才。于是改革开放以来，我国工商管理人才的培养得到了重视和加强，并于20世纪80年代中期以后走上了快速、健康发展的道路。

工商管理包含的领域很多，下设的二级专业各具特色，主要包括工商管理、市场营销、财务管理、人力资源管理、旅游管理等。作为二级专业的工商管理，是一门基础较宽的学科专业，学科内容范围相对比较广、系统庞杂，既涉及企业经营管理中的计划、组织、领导和控制，又涉及人员、资金和财务的管理。工商管理学学科的理论基础是经济学和管理学，知识构成跨越自然科学、人文科学的不同领域，研究对象涵盖企业经营运作中的财务管理、资金筹措、投资分析、市场营销和资源配置等各个方面。

从目前来看，工商管理专业的学生在毕业后将会面临四种选择：就业、保研、考研和出国。其实无论是保研、考研还是出国，都是继续选择研究生教育；而就业则是直接走上工作岗位，开启人生的职业生涯。

工商管理专业学生毕业后可在各级经济综合管理部门或行业管理部门、大中型工商企业为主的内资企业、政策研究部门、金融（银行、证券、保险）机构和各类中介服务组织中从事营销管理、人力资源管理、财务管理、生产管理、项目管理等方面的分析、预测、规划和管理工作。

（一）营销管理类

营销管理类，如市场分析员、销售员、售后服务工程师、销售主管、销售经理、销售总监等。

市场营销岗位入行要求低，高端营销岗位收入丰厚，而且市场需求量大，每年都吸引了大量的工商管理专业毕业生。相对于其他专业的毕业生，工商管理专业的毕业生在与市场营销相关的市场管理以及项目策划领域更能有出色的表现。面对激烈的行业内竞争，销售人员需要具备更为专业的素质和技能，因此需要毕业生和准毕业生能够根据自身的职业定位和兴趣爱好，选择某一个行业的某个领军公司作为切入点，深入研究其销售模式、销售渠道、促销手段以及经典的营销案例，并且有意识地培养自己的心理承受能力和沟通能力。

（二）行政管理类

行政管理类，如总经理办公室、行政管理、财务人员等。

行政管理类工作岗位主要负责的内容是公司年度运营方案的策划及推进，运行方案实施情况的监控、评价及持续改进。此类岗位要求对公司的总体运作、竞争对手、国内外大的环境的变化等比较熟悉，并具有一定的敏感度。从事该岗位主要对个人的组织能力、沟通能力以及常用的统计分析工具有一定的要求；最好能掌握SWOT（企业战略分析方法）、标杆管理、企业营运等方面的知识。但是对于初入职场的应届毕业生，由于没有技术背景和管理经验，往往难以胜任。为此，很多企业会考虑安排管理专业的新员工下到基层部门接受实践锻炼，以积累进入管理层所需要的经验。作为走向管理岗位的过渡期，这一阶段的工作会比较庞杂、辛苦，作为初入职场的新人，认真观察、踏实办事、不怕辛苦、注重积累，才能为日后的工作积蓄力量。

（三）人力资源管理岗位

人力资源管理岗位，如招聘专员、绩效专员、培训专员等。

一般的大中型企业内部都设有人力资源部，主管企业的招聘、员工培训、绩效考核、薪酬管理、人事调度等具体的工作。工商管理专业下设有人力资源管理方向，而且开设了如人力资源管理、组织行为学等课程，也为工商管理专业的毕业生和准毕业生开辟了一条就业渠道。

具有一定工作经验的人力资源岗位的高级管理人员比一般管理人员更容易成长为职业经理人员，因此对于致力于从事这一岗位的工商管理专业的毕业生和准毕业生，不妨多利用实习机会，尽量争取能够进入大公司的人力资源部，熟悉招聘、培训、考核等日常工作流程，以及一些简单而实用的工作技巧。

（四）质量管理岗位

质量管理岗位，如质量体系工程师、供应商质量工程师、认证工程师等。

一般来说，从事质量管理岗位需要具备一定的技术知识，目前国内该岗位就业前景不错，薪资待遇也还可以。但若要真正从事这一岗位的工作，就需掌握相对丰富的知识，如质量管理体系、3C认证（中国强制性产品认证）、全面质量管理、统计分析学、供应商管理等。因此，致力于从事质量管理岗位工作的工商管理专业毕业生和准毕业生，首先需要认真学习课程内的理论知识，同时多参加一些制造型企业的实习锻炼，不断积累管理经验。

（五）项目管理岗位

项目管理岗位，如项目管理职员、项目经理等。

项目管理是管理学的一个分支学科，所谓项目管理就是在项目活动中运用专门的知识、技能、工具和方法，使项目能够在有限资源限定条件下，实现或超过设定的需求和期望的过程。项目管理是对一些成功达成一系列目标相关的活动（如任务）的整体监测和管控，包括策划、进度计划和维护组成项目的活动的进展。因此，想要成为一名合格的项目管理人员，不仅需要掌握关于财务规划、人事管理、沟通管理、风险管理、质量管理、成本管理等的专业知识，还需要成为一个优秀的资源整合者，将最优秀的工程师、专家、供应商的大小老板、品质的专家、生产线上的专家，甚至于优秀的焊工都变成自己的人脉资源，慢慢地自己的职业道路就会越走越宽，机会也会越来越多。

（六）物流管理类岗位

物流管理岗位，如报关员、跟单员等。

物流是继物资资源、人力资源之后的"第三个利润源"。物流的职能是将产品由其生产地转到消费地，从而创造地点效用。物流管理的好坏将直接影响到企业的产品、服务质量，甚至是企业整体的经济效益。

由于我国物流产业的快速发展，对人才的需求也是急剧上升，物流管理人才已经被列为12类紧缺人才之一，据统计，市场需求量超过600万人。但物流岗位又是一个很注重工作经验的岗位，需要一定的积累。

物流管理的特殊性要求从业人员具备一定的物流、法律、国际贸易等方面的专业知识，对外语的要求也比较高。对于致力于从事物流岗位工作的工商管理专业的毕业生和准毕业生，可以关注一下全国报关员和跟单员的资格认证，有助于熟悉物流流程和提高物流规划意识。

（七）管理咨询类岗位

管理咨询类岗位，如管理咨询师。

一般来说，企业在竞争激烈的环境下很难承担决策失败的风险，所以需要专业的外部独立视角来对企业的管理决策做检验，这也是管理咨询行业存在的需求基础。管理咨询师是一种职业，其价值在于其专业的独立分析判断能力，当然在具体业务中往往是管理咨询团队而非个人。

从事管理咨询工作往往需要较强的调查和分析能力，而且需要对相关行业领域有较为深刻的认识，因此本科毕业生独立从事管理咨询工作的机会相对较少。但目前已经有越来越多的本科生进入管理咨询行业，从基础的助理做起，通过参与服务项目提升自身的能力，最终走上管理咨询师的岗位。因此，对于致力于成为管理咨询师的工商管理专业的毕业生和准毕业生，需要不断加强理论学习，而且要经常进行思维和写作锻炼。

（八）培训岗位

培训岗位，如企业培训师、职业培训师等。

培训师是指能够结合经济发展、技术进步和就业要求，研发针对新职业的培训项目，以及根据企业生产经营需要，掌握并运用现代培训理念和手段，策划开发培训项目，制订实施培训计划，并从事培训咨询和教学活动的人员。

随着改革开放，催生出大量新型产业，行业的发展势必带动岗位人才的需求，这就促使大批在不同行业内有一定从业经验的人从原岗位升职，通过不同方式将自己的技能与经验传授给其他人，成为本行业的专职讲师，从而获得回报。

培训师在市场上主要分为两类：企业培训师（TTT）和职业培训师（PTT）。对于致力于成为培训师的工商管理专业的毕业生和准毕业生，大家需要在特定专长领域内不断学习研究；随着经验的积累，能够根据不同行业、公司的培训需求，有针对性地进行培训课程的开发和调整；最后，要能够灵活运用各种培训方法和培训工具，讲授培训课程，实现培训目的。

二、就业现状

（一）就业地区分布

根据艾媒数据中心显示，2020年工商管理专业就业地区主要分布在北京（12.6%）、上海（11.1%）、广州（5.2%）、深圳（4.9%）、西南地区（4.5%）、华中地区（4.2%）、西北地区（3.4%）、华北地区（3.3%）、华东地区（1.8%）以及其他地区（49.0%），如图3-1所示。

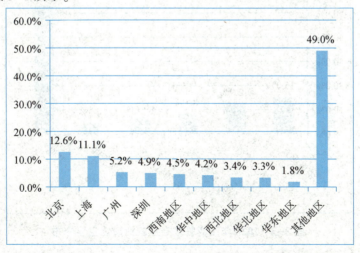

图3-1　2020年工商管理专业就业地区主要分布

（二）就业行业分布

根据艾媒数据中心显示，2020 年工商管理专业就业行业主要分布在房地产（8.33%）、快消（7.46%）、金融投资（5.74%）、批发零售（5.62%）、电子技术（4.65%）、机械重工（4.55%）、服装（4.03%）、教育培训（3.98%）、互联网（3.19%）以及其他行业（52.45%），如图 3-2 所示。

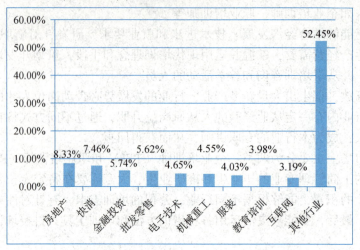

图 3-2　2020 年工商管理专业就业行业主要分布

（三）就业岗位分布

根据艾媒数据中心显示，2020 年工商管理专业就业岗位主要集中在销售业务（15.0%）、人力资源（12.9%）、行政/后勤/文秘（8.1%）、财务/审计/税务（6.7%）、高级管理（4.3%）及其他（53.0%），如图 3-3 所示。

图 3-3　2020 年工商管理专业就业岗位主要分布

三、研究生教育

研究生教育是学生本科毕业之后继续进行深造和学习的一种教育形式，又可分为硕士研究生教育和博士研究生教育。在硕士阶段，考生需要参加国家统一组织的硕士研究生入学考试（含应届本科毕业生的推荐免试和部分高等学校经教育部批准自行组织的单独入学考试），被录取后进行 2～3 年的学习，在毕业时，若课程学习和论文答辩均符合学位条例的规定，可获硕士生毕业证书和硕士学位证书。

（一）工商管理学科定义及学科内涵

1. 学科定义

工商管理学科是一门以社会微观经济组织为研究对象，系统地研究其管理活动的普遍规律和应用方法的学科。具体地说，工商管理学科以企业或经济组织的管理问题为研究对象，以经济学和行为科学为主要理论基础，以统计学、运筹学等数理分析方法和案例分析方法等为主要研究手段，探讨和研究企业或经济组织各项管理行为和管理决策的形成过程、特征和相互关系，以及企业作为一个整体与外部环境之间的相互联系，并从中探索、归纳和总结出旨在获得成效、提高效率的一般理论、规律和方法。

工商管理学科的研究目的是为企业或经济组织的管理决策和管理实践活动提供管理理论指导和科学依据，培养各类专业管理人才，提高企业经营管理效率，推动企业持续发展，从而促进社会经济的发展。

2. 学科内涵

（1）研究对象

工商管理学科的研究对象主要是企业的经营管理活动，活动的效率、效果，以及与此相关的各类问题。这些问题大致包括公司治理、生产运营、物流配送、组织行为与人力资源、财务与会计、市场营销与品牌创建、管理信息系统与互联网技术应用、技术创新管理、战略管理、服务管理等有关管理职能问题；企业产品或服务设计、采购、生产、运营、投资、理财、销售、战略发展等管理决策问题；企业作为一个整体与宏观社会、文化、政治、经济等外部环境之间的关系问题，以及企业创业、成长、危机及衰退等组织演进问题。

（2）学科基础理论

工商管理学科基础理论主要包括经济学理论、管理学理论、行为科学理论、博弈论与决策论等。

首先，企业经营活动和管理决策在很大程度上受到宏观经济的影响，因此，经济学是工商管理学科的基础理论之一。其次，经营管理活动和决策的主体是人，而人的个体或群体心理行为会影响企业的经营活动和管理决策，因此，行为科学同样成为工商管理学科的基础理论之一。最后，本学科研究企业各种职能部门经营管理活动和管理决策，而在企业经营管理中面临复杂的内部代理问题和激烈的外部市场竞争。因此，博弈论和决策论近年来也逐步成为工商管理学科的基础理论之一。

由于工商管理学科内容的复杂性、交叉性和综合性特征，各个专业还有自己一些独特的专业理论系统，主要包括财务与会计、生产运营管理、物流与供应链管理、组织行为与人力资源、技术管理、市场营销、企业战略管理等相关理论体系。

（3）研究方法

从研究方法看，工商管理学科使用了自然科学、工程技术科学和社会科学研究中的主要方法，包括理论研究方法和应用研究方法。理论研究方法包括统计学、运筹学、数学建模和优化技术等数理分析方法；应用研究方法有案例研究、项目研究、行动研究、模拟研究和实验研究等。

此外，随着自然科学、社会科学和信息技术的发展，工商管理还应不断引入其他学科的研究方法，包括心理试验、计算机仿真模拟技术、数据挖掘分析、非线性动力学、小波分析、多元分析技术等。

（二）工商管理学科范围及培养目标

1. 学科范围

工商管理一级学科的范围主要包括企业经营管理活动、管理职能和管理决策等各方面问题。学科培养涵盖本科生、研究生、博士生等领域。从研究生培养的角度来看，工商管理一级学科目前主要包括以下学科方向：会计学、企业管理、旅游管理、技术经济及管理等。

（1）会计学

该学科是以确认、计量和报告为基本职能，收集、整理、披露和分析企业、政府或非营利组织有关经济活动的信息，从而有效反映、监督与控制其经济活动的管理学科。其目的是管理经济实体的财产和各项经济业务并参与经济决策，为投资者、政府及有关部门和内部管理部门提供相关的会计信息。现代会计主要包括企业会计、政府与非营利组织会计、审计三大分支；企业会计又包括财务会计和管理会计两大分支。

（2）企业管理

该学科是以企业活动为研究对象，研究其管理理念、机制和方法的综合性学科。企业管理以经济学、管理学、社会学等为理论基础，运用定量、定性的研究工具和信息技术方法，研究现代企业的各种管理活动、经营管理模式、经营绩效及其影响因素、与社会相互间关系，探讨管理活动的基本准则、经营模式的特征和生存条件等，揭示企业成长及其管理的基本规律。企业管理学科具有综合性、复合性和应用性的特征。企业管理的研究重点在于通过战略决策与管理、企业制度与组织、人力资源管理、财务管理、生产运营管理、物流与供应链管理、市场营销与品牌管理、创业和企业成长等综合分析，研究企业成长的规律和综合管理机制，为企业培养高级管理人才提供一般基础。

（3）旅游管理

该学科是以旅游目的地发展、旅游企业和旅游服务流程为主要研究对象，重点研究旅游管理的理念、机制和方法的应用性学科。旅游管理涉及经济学、管理学、地理学、历史学等多门学科交叉，综合性比较强。旅游管理的研究方向主要包括旅游经济、旅游与酒店管理、旅行社经营管理、旅游规划与开发、旅游心理学、会展服务与管理、旅游市场营销、旅游公共服务管理等。

（4）技术经济及管理

该学科是一门技术管理与经济分析相结合的学科。它以企业、区域、产业和国家层面涉及技术活动的管理和决策为主要研究对象，探讨和分析企业技术发展、技术创新、技术应用和技术扩散的经济与管理问题，涉及工程项目的技术和经济可行性分析，企业、地区、产业和国家等层面的技术发展、技术创新、投资决策、资源利用与环境保护等问题。技术经济及管理学科目前的研究方向主要包括：技术经济评价与项目管理、技术管理、技术创新管理、技术创业管理、可持续发展管理、知识管理与知识产权战略等。

2. 硕士学位的培养目标

（1）培养目标

培养具有比较扎实的经济学和管理学理论基础，具有科研兴趣和严谨的科研作风，掌握定量和定性分析方法及数据处理技术，了解本专业学术前沿和学术动态，善于提炼科学研究问题，具备一定的学术研究创新能力，能够开展本专业学术研究和应用研究的专门人才。

（2）特色

注重培养学生的学术研究视野，了解工商管理学科的学术研究历史、现状、前沿问题和动态趋势，了解管理实践中面临的重大问题以及专业间和学科间的互动关系；注重培养学生规范的学术研究能力，激发其学术的创新能力，善于从文献研究和管理实践中发现和提炼科学研究问题的能力，并扎实地掌握管理研究的定性和定量分析方法和数据处理方法，能独立开展学术研究，成为博士生的后备人才；注重培养学生严谨的学风，在科学研究中养成遵循学术研究准则，崇尚学术研究道德，谨守诚信、独立和相互尊重的学术精神。

（三）工商管理（学术型）专业和 MBA 的区别

在全国硕士研究生统一入学考试中，涉及"工商管理"字样的报考专业共有两种。一种是学术型硕士中在管理学门类下设的工商管理一级学科，专业代码为 120200；另一种是专业学位硕士中的工商管理专业学位，简称"工商管理硕士（Master of Business Administration）"，英文缩写"MBA"，专业代码为 125100。二者区别具体如表 3-1 所示。

表 3-1　工商管理（学术型）专业和 MBA 的区别

区别	工商管理（学术型）专业	工商管理硕士（MBA）
报名条件中对工作年限的要求	无	大学本科毕业后有 3 年或 3 年以上工作经验；或获得高职高专学历后，有 5 年或 5 年以上工作经验；或获得硕士学位或博士学位并有 2 年或 2 年以上工作经验（应届本科毕业生不能直接报考）
初试科目	思想政治理论、外国语、业务课一、业务课二	外国语、管理类联考综合能力（思想政治理论考试由招生单位在复试中进行，成绩计入复试成绩）
培养目标	培养具有比较扎实的经济学和管理学理论基础，具有科研兴趣和严谨的科研作风，掌握定量和定性分析方法及数据处理技术，了解本专业学术前沿和学术动态，善于提炼科学研究问题，具备一定的学术研究创新能力，能够开展本专业学术研究和应用研究的专门人才	工商管理硕士是务实型的管理人才，招生来源主要是在企业或其主管部门工作过几年，有实践经验的现职人员，课程内容密切结合实际，加强实践环节，采用培养过程与企业密切联系或与企业联合培养，毕业后回到企业中去的培养模式。这与主要从应届毕业本科生中招收缺乏实践经验的人才完全不同

本章小结

工商管理本科专业培养践行社会主义核心价值观，具有社会责任感、公共意识和创新精神，适应国家经济建设需要，具有人文精神与科学素养，掌握现代经济管理理论及管理方法，具有国际视野、本土情怀、创新意识、团队精神和沟通技能，能够在企事业单位、行政部门等机构从事经济管理工作的应用型、复合型、创新型人才。

工商管理专业课程体系包括理论教学和实践教学。理论教学课程体系包括思想政治理论课程、公共基础课程、学科基础课程、专业必修课程、专业选修课程和通选课程；实践教学课程体系包括实训课程、实习、社会实践及毕业论文（设计）。

本学科各专业培养方案总学分应控制在160学分。其中理论教学学分比例应不高于85%。

工商管理专业的学生在毕业后将会面临四种选择：就业、保研、考研和出国。其实无论是保研、考研还是出国，都是继续选择研究生教育；而就业则是直接走上工作岗位，开启人生的职业生涯。

工商管理专业学生毕业后可在各级经济综合管理部门或行业管理部门、大中型工商企业为主的内资企业、政策研究部门、金融（银行、证券、保险）机构和各类中介服务组织中从事营销管理、人力资源管理、财务管理、生产管理、项目管理等方面的分析、预测、规划和管理工作。

研究生教育是学生本科毕业之后继续进行深造和学习的一种教育形式，又可分为硕士研究生教育和博士研究生教育。

工商管理学科是一门以社会微观经济组织为研究对象，系统地研究其管理活动的普遍规律和应用方法的学科。

工商管理学科的研究对象主要是企业的经营管理活动，活动的效率、效果，以及与此相关的各类问题。基础理论主要包括经济学理论、管理学理论、行为科学理论、博弈论与决策论等。

从研究生培养的角度来看，工商管理一级学科目前主要包括如下学科方向：会计学、企业管理、旅游管理、技术经济及管理等。

复习思考题

1. 工商管理专业培养的目标是什么？
2. 简要阐述工商管理专业培养的知识目标、能力目标、素质目标的内容。
3. 工商管理专业的核心课程包括哪些？
4. 工商管理专业设置的实践课程包括哪些？设置目的是什么？
5. 试分析工商管理专业的就业方向和前景。
6. 简要阐述工商管理学科的定义和内涵。
7. 简要阐述工商管理学科的范围及培养目标。
8. 试分析工商管理（学术型）专业和MBA的区别。

第二篇 理论篇

第四章　管理学与经济学

🔔 **本章学习目标**

通过本章的学习，学生能梳理管理学和经济学的发展逻辑；能描述管理学和经济学的内容；能列举管理学和经济学的课程特点；能复述管理学和经济学的学习意义。

🔔 **本章内容框架**

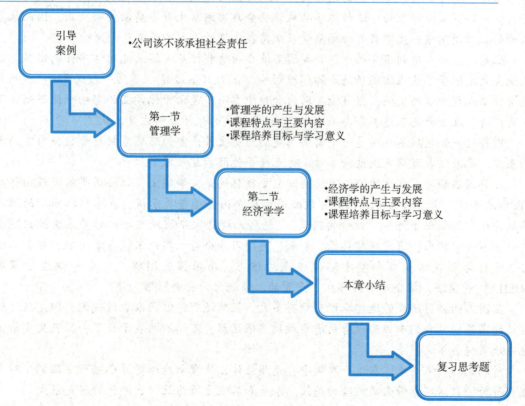

引导案例

公司该不该承担社会责任？

2010年4月20日，英国石油公司位于墨西哥湾的"深水地平线"号石油钻井平台爆炸，导致11位工人丧生，成为美国历史上最为糟糕的石油泄漏事件。

同年5月下旬，英国石油公司试图阻止钻井口泄漏的各种努力都以失败告终了。尽管到了同年6月，公司终于能够开始收回泄漏的石油，但是很显然，该事件对周边环境所造成的损害是巨大的。

不断有报告登载许多令人心碎的照片，展示了全身浸满石油的海鸟和被彻底破坏了的野生动物保护基地。由此付出的经济和人力代价也在不断上升：路易斯安那州渔民的潜在收入一夜之间化为乌有，而美国南部沿海的各个区域早先就已经遭遇到了经济衰退，如今更是因为丧失了大量旅游生意而雪上加霜。在经过几个月试图阻止石油泄漏的努力之后，英国石油公司最终在2010年9月19日将油井堵住了。

对于任何一家公司来说，要处理好这一环境灾难确实是非常困难的，但是英国石油公司对这一事件的回应以及从随着灾难的不断发展人们所逐渐掌握到的信息来看，这一切都表明该公司的价值观存在着巨大的问题。

英国石油公司对于每天可能泄漏的石油数量的预估后来被证明远远少于钻井的实际泄漏数量；该公司的官方数据宣布每天泄漏的原油大约是20万加仑，但是根据第三方科学家的估计，实际泄漏数量可能高达每天50万~100万加仑。最初，英国石油公司使用了一种化学分解剂来分解原油；这种化学品被证明会毒害到水生贝壳类动物的生存，因此很多人开始担心使用这一化学品会给那些受雇来清理海湾的工人们带来负面影响。

但是，最令人感到不安的也许是英国石油公司总裁托尼·海沃德对该事件的回应。海沃德大大地缩小了这次泄漏所造成的环境影响，认为只不过是"非常一般的影响"，并且说清洁工人之所以会生病，更可能是因为食物中毒而不是由于化学品的影响，他还制作了一页广告，在上面充满遗憾和委屈地说："我希望我的生活能够恢复原状。"

所有这一切显然不应该是一个需要对美国历史上最严重的环境危机负责的公司掌门人的表现，他应该表现得充满歉疚才对，也无怪乎他随后就被撤了职。

比英国石油公司在这次泄漏事故的回应更糟糕的是，事实上，该公司早就有理由怀疑"深水地平线"号钻井台会出问题。该公司后来向国会调查员承认，在爆炸和随后的泄漏事故处理中他们犯了许多"致命的错误"，包括无视这次事故发生之前钻井表面就出现过的一些不寻常现象，决定继续钻探。看来，英国石油公司长期以来就劣迹斑斑，经常不顾自己的行为可能给人类和整个环境造成的伤害。而根据美国职业安全和健康管理局（OSHA）的说法，该公司确实存在"严重的、系统化的安全问题"。

英国石油公司造成的这些麻烦究竟有多大，显然还有待时间来告诉我们，但是从这一可怕的事件中，我们确实可以得到很多教训。很显然，石油泄漏展示出了一旦丧失了价值观，后果将会多么严重。

对利润的一味追求，在这一事例中，是指无休止地攫取地球资源已经彻底压倒了对于逐利行为给自然环境带来的风险的关注。人类和其他生物为此付出的代价将是巨大的，而这一切都是因为一个组织的价值观被扭曲了。

（资料来源：约瑟夫·A. 马洽列洛，凯伦·E. 林克莱特. 失落的管理艺术：德鲁克

思想的人文之光 [M]. 顾洁, 王茁, 译. 机械工业出版社, 2018.)

思考讨论题:
1. 当股东利益和社会责任发生冲突的时候, 公司要选择哪个原则?
2. 企业的高管在决策的时候, 需要在多大程度上考虑社会责任?
3. 结合案例请解释, 为什么说"经济增长是资源耗费与技术进步之间的一场竞赛"?

第一节 管理学

一、管理学的产生与发展

人类的管理活动源远流长, 自古有之。

在漫长的历史发展过程中, 管理现象伴随着人类的进化一直存在, 从人类的祖先智人, 到现代化的文明社会, 管理活动一直伴随人们生活的始终, 人们也逐渐积累了丰富的管理智慧、管理经验、管理思想和管理理论。

管理学和其他所有的学科一样, 一定是不断发展的, 而它发展的方向是由人们观念的变迁决定的。

虽然管理现象伴随着人类的出现就已经形成, 但是管理知识体系的正式研究却很晚。假如说500万年前, 人类的第一批祖先为了生存, 尝试着从树上走到陆地, 就有了管理, 那么美国弗雷德里克·泰勒 (Frederick Winslow Taylor, 1856—1915) 在 1911 年发表的《科学管理原理》, 则意味着现代化的管理理论诞生, 距今不过百余年。

管理学在其发展过程中, 形成了诸多流派与分支。

(一) 工业化之前的管理

在历史长河中, 工业化是近代才出现的现象, 在被称为"工业革命"的科技大发展之前, 人类已经存在了数百万年。工业化之前, 组织的形式主要是家庭、部落、教会、军队以及政府。也有部分人参与到了经济生活中, 但其规模远远不能跟工业革命所产生的结果相提并论。

1. 我国高效的官僚集权制度

根据最新的考古证据, 很有可能早在公元前 1000 年, 远远早于孔子所在的时代, 我国的官僚制度就已经全面发展起来了。两千多年前, 在生产青铜器的作坊里, 就已经开始形成了高度专业化的劳动分工, 比如财务的计算, 安全的规定, 以及生产的流程。

我国的万里长城始建于公元前 200 多年, 全长 6 700 公里, 蜿蜒于崇山峻岭和戈壁滩上, 前后总共动用了 40 多万人工, 在当时的条件下完成如此浩大的工程, 堪称人类最伟大的管理实践之一。在这个过程中, 劳动分工、权力架构、时间管理等现代化的理念无一不囊括其中。

我国古代典籍中有大量的有关管理的记载和论述, 比如《韩非子》被称为中国最早的管理学著作, 《孟子》《墨子》《孙子兵法》等书对于今天管理中的职能计划、组织、指挥、协调等, 也有很系统的见解, 放在当下仍然不过时。

秦朝建立以后，更是建立了中央集权制的郡县制，形成了全国统一行动的一整套行政管理机构，其制度的影响一直延续至今。

2. 其他文明古国的制度

公元前 5000 年左右，古代埃及人建造了世界七大奇迹之一的大金字塔。据考察，大金字塔共耗用上万斤重的大石料 230 多万块，动用了 10 万人力，费时 20 年才得以建成。完成这样巨大的工程一定是非常艰难的。其中包含了大量的组织管理工作，例如，组织人力进行计划与设计，在没有先进运输工具的条件下，组织搬运，人力的合理分工，等等。这些工作不但需要技术方面的知识，更重要的是要有许多管理经验。

《圣经》旧约全书的"出埃及记"中记载，希伯来人的领袖摩西在率领希伯来人为摆脱埃及人的奴役而出走的过程中，他的岳父叶忒罗对他处理政务事必躬亲、东奔西走的做法提出了批评：

"你这种做事的方式不对头，你会累垮的。你承担的事情太繁重，光靠你个人是完不成的。现在你听我的，我要给你一个建议……你应当从百姓中挑选出能干的人，封他们为千夫长、百夫长、五十夫长和十夫长，让他们审理百姓的各种案件。凡是大事呈报到你这里，所有的小事由他们去裁决，这样他们会替你分担许多容易处理的琐事。如果你能够这样做事，这是上帝的旨意，那么你就能在位长久，所有的百姓将安居乐业。"

这段话中融合着现代管理中分权、授权和例外原则的思想。

距离今天约 2 500 年前，古希腊哲学家苏格拉底在《对话录》中论述了管理的普遍性。作为苏格拉底学生的柏拉图，对人类的多样性如何导致劳动分工进行了评论：

"我提醒我自己，我们并不完全一样，我们的本性存在多样性，这使得我们适合不同的职业……而且，如果我们能够推断出一个人做一件事最适合他的事情，并且在正确的时间做这件事和放弃其他任务，所有事情都能够更加轻松地完成，被完成得更彻底，完成的质量更好。"

这种观点，就是劳动分工使得生产力最优化的观点，一直持续了 2 000 年，并且为组织工作和决定如何最好地利用人们的不同能力奠定了基础。

（二）管理学：从经验到科学

随着资本主义工业革命的发展，机器大生产和工厂制度开始出现，现代管理便起源于这一经济发展进程之中。在这一过程中，伴随着工厂体制替代家庭作坊制，出现了对高效率和科学管理的诉求。如果说工业革命起源于英国，那么科学管理则起源于美国。美国工程师弗雷德里克·泰勒作为科学管理理论的主要代表，被称为"科学管理之父"。

正是经过泰勒以及与泰勒同时代的企业家、工程师、学者们的共同努力，科学管理成为一支在企业、社会和政治上十分成熟的力量，开创出一个管理的新时代。

1. 工业革命的问题

工业革命预示着一个全新文明的新时代，工业革命让大规模的生产变成一种普遍现象，工业的发展总是与科学和技术的进步紧密联系在一起的。

这场革命的本质是人力、畜力、风力、水力以及其他自然动力资源统统被机械替代。工业社会里，出现了不断增长的人均收入，不断增加的经济增长，对农业的低依赖，劳动专业化分工程度提高，不同地理区域之间的合作，以及不断提升的人均寿命等社会现象。

新兴的工厂体制提出了不同于以往的管理问题，比如教会能够组织和管理财产，是因为教义以及忠诚信徒的虔诚；军队能够通过一种严格的等级纪律和权威来控制大量人员；政府官僚机构能够在无须面对竞争或获取利润的情况下运转。

但是工业革命时期，工厂的管理者没有办法使用上述任何一种办法来确保各种资源的合理使用和配置。

科学、技术、经济、大规模生产对全新的管理模式提出了更高的要求。这种形式需要寻找合格的管理者，早期的文献告诉我们，早期的管理者，通常是从工人队伍中提拔起来的没有受过教育的工人，他们被提拔的原因是拥有较高的技术水平或者具有维持纪律和秩序的能力。

工业革命创造了一种新的文化环境和一系列不同的管理问题，当人们尝试着进行调整，以便适应城市生活和工厂生活时，他们的需求也日益变得非常复杂。对大量资本投入的需求，劳动分工，以及对经济的、可预测的绩效的需要，都在改造着组织。

组织需要在一种市场经济中进行创新和竞争，这就产生了大规模生产对管理者的要求，需要有一支训练有素、纪律严明的劳动力大军，以提升组织生产的效率。

2. 现代管理理论的诞生

早在 18 世纪末的最后 20 年，美国还是强大的大英帝国的殖民地，19 世纪中叶，美国又经历了 5 年残酷的内战，但是到了 19 世纪末，美国已经成为这个世界上最重要的工业力量。

然而在 100 多年前的美国，面临的管理问题一样非常棘手，比如所有的工厂主都不知道怎么管理工人，没有人力资源经理，没有财务管理这些今天看起来稀松平常的基本分工；假如当时的人创业，建设了工厂，购买了设备，请来了工人，却完全不知道该怎么管理这些工人，到底每天能生产多少，该生产多少，完全不知道。

科学管理理论产生的一个主要原因，应归结于当时工业对迫切提高效率的需要。20 世纪初期的美国，大规模的粗放式工业化导致了严重的自然资源浪费，更导致了人力资源的巨大浪费，这主要表现在：工人缺乏训练，工时长、效率低、工资低，劳资关系紧张，工人"磨洋工"的现象极为普遍。因而，如何有效提高劳动生产率，已成为当时企业面对的一个中心问题。

正是基于这种基本情况，一个叫泰勒的人第一次拿起秒表，来计算工人完成一项工作，大概需要多长时间，到底谁在偷懒，到底谁才是一流的工人，把精确的时间管理引入车间管理中，一举解决了人和资源对立的矛盾。

秒表是工业革命的产物，有了秒表，人们的生活习惯、工作习惯才有了质的改变。工业革命提供了推动力，泰勒则把它们综合起来。

科学管理中的"科学"，就是泰勒第一次将工业革命中科学和技术的产物——秒表应用到管理实践中，同时利用了现代化的科学手段，通过做实验的方法，最终得到了管理理论，泰勒做的最著名的实验就是秒表实验、铁锹实验、高速钢实验。

关于搬运生铁实验，他曾说："一个搬运生铁的工人，要学很多窍门才能从事用铲的工作"，"每一个动作、每一件小事都应成为细心地进行科学研究的题目"，"我毫不含糊地讲，搬运生铁中包含的科学之重大，连熟练的日常搬运生铁的工人也不可能了解"。

在高速钢实验中，他前后花了 26 年的时间，搬运切削了 80 万吨钢铁，进行了三万次实验，最后发明了高速钢，还获得了专利，并用专利的收入宣传科学管理。

在泰勒之前，没有人科学地分析过工作的本质，而泰勒把管理从生产中分离出来的做法，成了管理研究走向专业化、职业化的重要标志，并开启了标准化管理的先河。

有人指责科学管理是冷漠的、非人性化的，漠视人的因素，泰勒曾回应："没有任何制度可以脱离真实的人的需求而存在，制度和优秀人员都是必要的，引入最好的制度以后，成功与否将取决于管理层的能力、恒心以及受人尊重的权威。"

到今天为止，对于泰勒的表扬和批评的声音从来没有少过，不管怎样，泰勒和他所在的那个时代都留下来不可磨灭的印记。他对效率的强调仍然是当代管理的一种主流价值观。幸运的是，他的追随者很多，他们不断修改、提炼和传播科学管理的思想。科学管理成为一种追求更高生产率、更高购买力和更高生活水平的工具。

（三）管理思想的现代纪元

在强调把科学作为一种生活方式的时代，科学管理得以诞生并发展成熟。在科学管理时代，泰勒尽管使人们对效率的追求成为时尚，但对组织问题却显得迟钝。

管理和组织理论以两种形式出现，法约尔贡献的管理原则和管理要素，以及韦伯探索的一种理想的科层组织，从不同的背景和视角，提出了管理的方法和思路。法约尔强调了管理教育，而不是技术培训，韦伯尝试用法定权力代替传统权力和超凡魅力的权力，并提出以一种非个人化的、基于价值的标准来选拔、雇用和晋升员工。

1. 霍桑研究和社会人时代

斯图尔特·克雷纳在《管理百年》中这样说：

"泰勒发现了工作，福特探索出大规模生产的工作，斯隆将工作组织起来，但没有人发现是人在工作。而在霍桑实验中，人才得到了公正、体面的对待。"

在西方管理思想史上，把人际关系运动推向前台并明确提出"社会人"主题的，是通过著名的霍桑实验而产生的人际关系学说。人际关系学说的兴起使人们认识到，生产效率不仅受到生理、物理等方面的影响，更与社会环境、社会心理等因素密切相关。这一重要结论的获得，不仅是对传统管理理论的重要修正，更为此后行为科学的发展奠定了基础。

在这个过程中，人们清晰地认识到，金钱并不是工人们的唯一激励因素。个人因素和社会因素在激励员工态度中的重要性得以显现，人们开始意识到，"人"是一个非常重要的资源。

20 世纪 30 年代，资本主义世界爆发的经济危机所带来的大萧条，不仅导致了对政府角色的重新定位，即从自由放任到以"国家干预"为特征的罗斯福新政的转变，也使人们发现了自己的命运以一种不受理性和公正支配的方式同别人的命运交织在一起。

随着人际关系运动的推动，"人"越来越成为管理者的关注焦点，"激励"问题日渐成为人力资源管理的核心要素。

如果说科学管理理论偏重于物质性激励的话，人际关系理论则开始赋予员工在工作中的参与感和重要感，以满足员工的基本社会需要。从 20 世纪 50 年代起，有关激励问题的研究，得到了进一步发展。一些行为科学家从心理学、社会学、生理学等角度来研究人的行为和动机，进一步探寻激励员工提高生产效率的管理方案，从而涌现出一大批关于激励的理论。

2. 行为科学和人性假设

自霍桑实验之后，许多管理学家、社会学家和心理学家从行为的特点、行为和环境、行为的过程及原因等多种角度，进一步拓展了对人类行为的研究。1953 年，在美国福特基金会召开的会议上，有关人际关系方面的研究被正式命名为行为科学。1956 年，美国《行为科学》杂志创刊。如今，行为科学已经成为管理学研究中一个重要领域。

当然，广义地看，诸如心理学、社会学、社会人类学等研究在自然和社会环境中人的行为的科学，也通常被称为行为科学。

故而 20 世纪 60 年代之后，为了与这些广义的行为科学相区别，管理学中的行为科学开始被称为"组织行为学"。

随着人际关系运动和组织行为研究的拓展，以及人们对提高生产效率的动机的探索，人们开始更多地将激励问题的研究深入到对"人性"的探索和挖掘上。自 20 世纪 30 年代之后，对于人的研究开始取得了新的进展，出现了诸多的人性假设。由此，人性假设或人性观，成为构建管理理论或选择管理方式的理论基点。

有麦格雷戈对人性观点的描述完全相反的 X 理论和 Y 理论，有"复杂人"假设和超 Y 理论。只不过，实践层面的人性往往具有历史性、具体性、多面性和动态性，更何况对于管理者而言，要去具体了解每一个员工的个性是困难的、不现实的，因此我们仍然需要了解人性的普遍性，需要从总体上去把握人的"类本性"。

3. 管理理论的丛林

自科学管理理论和人际关系学说发展以来，现代管理学开始表现出一种分散化的发展趋势。尤其是自第二次世界大战以来，随着现代科学与技术的进步、生产力的巨大发展以及企业组织的变革，现代管理理论进入了一个多元发展的高潮期，"一股管理热潮席卷着整个世界"，出现了多个管理学派、多种管理理论共生并存的局面，这被管理学家哈罗德·孔茨称为"管理理论丛林"。

管理过程学派作为当今占据主导地位的管理理论，虽然因秉承了"只有普遍性才属于科学"的近代科学观念而蒙上一层"普遍真理"的色彩，但是在真正解决企业的具体问题时却常常显得无能为力，为此才招致了经验主义者的反叛。

而自 20 世纪 60 年代以来，在西方管理学界，权变学派进一步对管理学的这种"普遍性追求"带来了强烈冲击。与此同时，在各种新兴管理理论和思想蓬勃发展的同时，对管理理论的综合也一直在进行，出现了更具综合性特征的系统管理学派，以及孔茨对整个管理学丛林进行"综合"的尝试。

随着商业社会的发展，质量管理、品牌的力量、营销的演绎、竞争战略的流行、企业文化的盛行，新的管理理论伴随着科学、技术以及经济的发展，出现了更加多元化的特点。

到了 21 世纪，企业的伦理、价值观、社会责任被强调得越来越重要，随着互联网信息技术的快速发展，信息的快速传播、大数据管理都成为商业社会研究的主要课题，更是带来了全新的管理观点和理念。

（四）对管理的科学性和艺术性的思考

20世纪的前25年，是物理学的黄金发展时期，随后出现了先进的数学方法、电子计算机技术以及系统论、信息论和控制论，依托这些现代的自然科学和技术科学的最新成果，将其应用到管理领域，对组织中的资源诸如人力、物力、财力进行定量的分析，并做出最优的规划和决策，从而有了管理科学的理论。

这些理论让科学管理理论从诞生的那一天开始，更是牢牢地贴紧了身上"科学性"的标签。

然而被称为"现代管理学之父"的德鲁克（Peter F. Drucker，1909—2005）未必会同意上述的观点。

德鲁克可以说是当今管理学界首屈一指的人物。如果说泰勒将管理从经验管理提升到科学层次，法约尔使管理具有了一般性的意义，那么德鲁克则从社会、历史的高度，通过分析和预测组织及其管理的变迁，将管理由一项技术性工具，提升到思想性、文化性、战略性与社会性的层次，使人们对管理的本质和作用的理解得以升华，让管理学成为一门学科。

在20世纪80年代，人们普遍认为，管理学就是一门实用的技能，它是和效率、业绩、利润这些词联系在一起的。而人文学科，往往是和道德、信仰、价值观这些词联系在一起的。在商业人士看来，管理学和人文学科完全不搭边。在商言商，商业活动只要不违法就可以，不需要过多考虑道德问题，"善与恶"的问题不需要带进公司的董事会。

并且，不仅是商业界的人士这么认为，商学院的教授们也持同样的观点，此时的商学院越来越强调管理的"科学性"，越来越依赖定量分析和财务控制方法，逐渐把人的因素淡忘了。

在这样的情况下，德鲁克在《管理：使命、责任、实践》这本书的再版中，第一次明确地提出，要把管理学划归为一门人文学科，强调管理学必须处理人性善恶和价值观的问题。

德鲁克说："因为管理的对象是基于工作纽带、拥有共同目标而联结在一起的人组成的社区，因此管理总是避免不了处理人性问题，也正如所有有过实践经验的人所认识的那样，管理还需要处理善与恶的问题。"

21世纪前后，世界先后爆发了亚洲金融危机、美国金融危机、欧洲经济危机。危机期间，那些差点倒闭、靠政府巨额救济才能存活的金融机构，当年他们的高管们仍然拿到了巨额的奖金。这让人们再一次质疑，商业社会中的公司到底要不要承担社会责任，还是一味地执行"股东利益至上"原则。这些事件把管理学的视野重新聚焦到人性和价值观，把对道德和善恶的思考融入管理学中来。

2021年，教育部发布《教育部办公厅关于推荐新文科研究与改革实践项目的通知》，经管类学科成为其中重要的研究领域；人们在经历新冠疫情的情况下，全球化、国家、企业、家庭所有这些因素都给管理学提出了更多的问题。

到今天，人们普遍接受了一种观点，那就是管理有规律，只是无定式。

二、课程特点与主要内容

(一) 管理学的课程特点

管理学是一门系统地研究人类管理活动的普遍规律、基本原理和一般方法的学科。进入20世纪以来,管理学得到了深入的发展,受到了人们普遍重视,在人类的社会生活中发挥着日益重要的作用。

由于研究领域的不同,人们研究管理的侧重点各异,从而形成了许多专业的管理学科,比如企业管理、学校管理、行政管理、公共事务管理、旅游管理、教育管理、医院管理、军队管理、城市管理、应急管理等。这些专门的管理学科总体上可以分为2个大类、4个层次,如表4-1所示。

表4-1 管理学科体系的构成

层次	研究范围	营利性组织	非营利性组织
微观	单个组织或活动	工业企业管理学	社团管理学
中观	一类组织或活动	工业经济管理学	行业管理学
宏观	一群组织或活动	国民经济管理学	非营利性组织管理学
基础	所有组织或活动	管理学	

虽然各个领域、各类组织的管理活动都各有其特殊性,但在这些特殊的管理活动中都蕴含着一些共性的东西,遵循着一定的普遍规律,这些规律不会因为组织类型或者管理领域的不同而不同。

从社会普遍存在的管理活动中概括总结出来的这些基本规律就构成了一般管理学的内容。

管理学作为一门科学,具有以下3个特点:

1. 管理学是一门不精确的科学

管理学不是像物理、数学那样精确的科学,不会像牛顿那样,不管研究伦敦的苹果树,还是北京的苹果树,都会得出万有引力定律。

管理学不然,没有确定性的定律,某个管理现象不会满足了某些条件,就一定能得出来定理。

可以说管理的过程是计划、组织、领导、控制,也可以说使用一定的激励手段,比如金钱,就能调动人的积极性,但是它还是缺乏精确科学中的严密性,是一门不那么精确的科学。

这当然可能是因为影响管理的因素众多,其中最主要的原因则是管理的核心是人,与人打交道,不确定性的因素太多,使得人们只能借助于假定或人为的分析,进行定性或定量相结合的研究。

尽管如此,经过上百年的探索和总结,管理学已经形成了反映管理过程客观规律的管理理论体系,很多活动可以通过实验组、对照组进行观察,很多实验都可以得出相似的结论,并能够预测未来的变化。管理学可以从科学上反映客观事物的本质和规律,只是不像自然科学那么精确。

正因为管理学是一门不那么精确的科学,所以在实际运用的时候,更需要人们具体问题具体分析,注重理论联系实际,根据当下的场景应用相关的理论,不能生搬硬套。

2. 管理学是一门实践性很强的科学

学习理论最重要的是应用到实践中,管理活动、管理对象本身就非常复杂,导致管理现象的多元化,管理理论和知识在应用的时候,就会具有较大的技巧性、创造性和灵活性,很难套用定理和定义,所以管理学具有很强的实践性。

管理学科的实践性特征,也导致学校无法培养出"合格"的管理者。如果想成为一名合格的管理者,除了要掌握管理学的基本知识体系以外,还要不断地在管理实践中磨炼,积累管理经验,将理论与实践相结合才能真正领悟管理学的真谛。

3. 管理学是一门综合性的科学

由于人们迫切希望提高效率,而管理存在于组织中的方方面面,组织中的人、财、物、信息、技术等资源需要合理调配和有效平衡。在这个过程中,管理的现象注定充满了复杂性和动态性的特征,同时管理学的研究领域也必然涉及众多的学科,不仅有自然学科,也包括社会学科,不仅要应用数学、计算机科学、系统科学,还要结合哲学、经济学、社会学、心理学、脑神经科学、人类学、伦理学、政治学、法学等,表现出极强的综合性特征。

管理科学的综合性,决定了人们可以从各种角度出发研究管理现象和问题,管理的详细和对象的多元性,则要求管理者有广博的知识储备,才能应对各种各样的管理问题。

4. 管理学是一门不断发展的科学

相较于物理、数学这些自然学科,管理学非常年轻。由于管理学主要涉及人的管理,就注定会根据不同的文化背景调整观念,这导致管理学在经历不同的历史阶段时,产生各种不同的管理理念,某些理念在某一个历史阶段适用,换个阶段就会完全过时。

管理学的理论不过百年时间,同时,作为一门与社会经济发展紧密连接的学科,不管是现在还是未来,必定处于不断更新和完善的大发展之中。

(二)管理学的主要内容

只要观察管理活动,人们就会发现,各个组织中专门从事管理工作的管理者的工作表现是多种多样的,那么管理学的内容是什么呢?

无论在哪种组织的哪一层面上从事管理工作,管理工作的核心内容都是相同的,就是协调人的工作。

所谓的协调,就是使得多个表面上看似是相互矛盾的事物,诸如长期目标和短期目标,有限资源和远期战略、个人利益和集体利益之间的有机结合、同步和谐。

管理学将这个过程分解为一系列的具体工作,比如管理者需要做决策、做计划、监督、做目标管理等活动,所以管理学的基本内容就是管理职能,即管理者做的工作。目前管理学界普遍接受的观点是,管理具有五大具体职能,即决策、组织、领导、控制和创新。管理学的内容框架如图4-1所示。

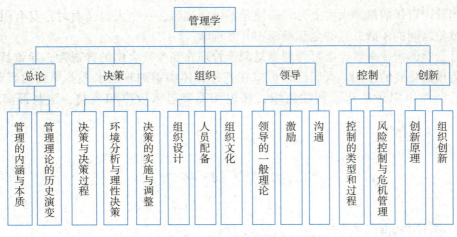

图 4-1　管理学的内容框架

三、课程培养目标与学习意义

（一）管理学的培养目标

管理学主要研究管理的对象和任务、管理学的形成和发展、管理基本职能的基本原理和方法等。本课程是为工商管理、会计学、国际经济与贸易、市场营销、电子商务专业开设的一门学科基础必修课程。

它的主要教学目的是通过各个教学环节，运用多种教学手段和方法，使学生充分认识并学习管理学的重要意义，掌握管理活动的规律、管理的基本过程、管理的原理和管理的基本方法和运用技巧，以提高学生的管理理论水平和实际工作能力；同时还要求学生了解管理科学与实践的最新研究成果与发展动态，为学习后续课程打下基础。在教学过程中，要转变学生的思想观念，使学生树立正确的人生观、价值观、择业观，培养学生的自我认识、自我管理、自我控制能力及正确认识他人、正确处理人际关系的能力（情商）和创新创业能力。

①能描述管理和管理学的基本概念，能解释管理学的学科性质和研究方法。

②能梳理管理学形成和发展的历史逻辑、能区分各个阶段管理理论产生的背景和观点。

③能描述管理学中基本理论的观点，诸如战略与计划、组织与组织结构、组织文化与变革、人员配备、领导与领导力、激励理论、沟通、控制工作与控制的方法等。

④能解释这些观点在实际工作中的应用原则，能利用所学的基本理论分析社会中的某些管理现象。

（二）管理学的学习意义

学习管理，绝不仅仅是为了成为管理者。

人们学习管理学，首先是基于资源的有限性，人们希望能够利用有限的资源满足无限的欲望。

从个人的角度来看，学习管理学是基于这样的事实：人必然会走上社会跟人打交道，一个人不是从事管理，就是被人管理。随着今天组织管理向着项目化和网络化的发展，一个人承担管理责任的概率大大上升，即便是不做管理者，一个人也会面对自身有限的资源和无限欲望之间的矛盾，这些全部都离不开管理学。

从社会学的角度来看，学习管理学是源于管理在当今社会中的普遍性，导致其在社会中占据着极其重要的作用。人们经常可以在各种媒体中看到管理水平差导致的严重后果，不管是营利性组织还是非营利性组织，都迫切需要追求效率和效益，这些都离不开管理学。

第二节 经济学

一、经济学的产生与发展

尤瓦尔·赫拉利在《人类简史》中这样评价经济学："经济学是出了名的复杂"。

经济学是什么？

半个多世纪以来，经济学已经涵盖了形形色色的论题。如何定义这个成长中的学科？若干重要的定义如下：

- 研究金融市场行为，包括利率和股价。
- 探究一些国家或人群保持富裕而另一些国家或人群却持续贫穷的根源，寻求各种提高穷国和穷人的收入的解决办法，而前提条件则是不损害经济本身的成长。
- 研究商业周期，即失业和通货膨胀的上下波动，探讨如何利用货币政策来加以调节。
- 考察国际贸易、国际金融和全球化的经济影响。
- 关注发展中国家的发展，并就资源有效利用的激励方式提出建议。
- 提出并回答政府采用何种政策才能达到既定的重大目标，如加快经济增长、有效利用资源、实现充分就业、稳定价格水平和公平地分配收入等。

显然这是一份不错的清单，也许你还可以将它扩展好多倍。但是，如果将所有这些定义加以提炼的话，我们就会发现其中存在着一个共同的主题：

经济学（Economics）研究的是一个社会如何利用稀缺的资源生产有价值的商品，并将它们在不同的人中间进行分配。

这个定义的背后隐含着经济学的两大核心思想，即物品和资源是稀缺的及社会必须有效地加以利用。事实上，正是由于存在着稀缺性和人们追求效益的愿望，才使得经济学成了一个重要的学科。

不妨考虑一个不存在稀缺的社会。如果能无限量地生产出各种物品，或者如果人类的欲望能够完全得到满足，那么会产生什么样的后果呢？既然人们拥有了自己想要拥有的一切东西，当然也就不必再担心花光其目前有限的收入。而企业也不必为劳动成本和医疗保健问题犯愁；政府则不用再为税收、支出和环境污染等问题而大伤脑筋，因为谁都不再会在乎这些问题。此外，既然我们所有的人都能够随心所欲地得到自己所想要的东西，那么，也就没有任何人会去关心不同的人或不同阶层之间的收入分配是否公平的问题。

在这个丰裕而理想的伊甸园里，所有的物品都实行免费，仿佛沙漠中的沙子和海滩边的海水。所有的价格也都因此变成了"零"，市场也因此而变得可有可无。如果是，则经济学当然也就不再是一个有用的学科。

然而上述的理想描述只是一个"乌托邦"。

(一) 早期的经济思想

和管理学理论非常相似的是,早期的经济学思想出现在工业革命之前,历史同样悠久。这个时期的经济学,都还没有太完整的体系,虽然没有涵盖经济行为的所有领域,却总是试图给出处方。

在西方,在古典时期(古希腊、古罗马)和经院哲学时期,这些关于经济学的论述实际上是道德哲学的一部分,关注的是将伦理原则运用到经济生活中。

在重商主义者那里,经济学的研究几乎都体现在商业资本家所写的著作和手册当中,这些从事长途贸易的商人热切地希望将他们的特殊利益模糊处理为大众的共同利益。他们盼望能得到国家政权的支持,以保护他们的船舶和海外贸易据点。因此,他们大力称颂出口相比那些进口商品具有更大价值,商品的优点将会使得可用于交换的贵重金属填满国王的金库。

1. 古希腊的经济学

人类很早就开始关注经济现象了。为了生存,我们必须消费;同样,为了满足消费,我们必须从事生产。

在4000年前的美索不达米亚的巅峰时期,通向巴比伦的大门的土砖上面刻有当年的谷物收获,以及需要的各种花费的图景,后者也是以谷物计价的。一年当中收获和花费的差额也以当年剩余的谷物产品来代表。这种剩余被用来维持从事农业的家庭、统治者、公务人员和军队等。剩余产品的规模传递了有关福利、经济生产率、社区的政治和军事实力等方面的信息。

这些黏土制的块状物可能是人类历史上最早出现的国民收入统计。

古希腊的柏拉图和他的学生亚里士多德,思考的则是建立在奴隶制以及那些变动非常缓慢的传统和机构基础之上的生产模式。那个时代的哲学家们进行的观察,所围绕的核心问题是何为适当的商业和经济管理,他们的目标是将经济适用性与道德可取性和政治合理性协调起来。

在《理想国》一书中,柏拉图描绘出了完美国家的主要特征,这也是历史上第一个得到充分描绘的社会乌托邦。按照柏拉图的说法,为了使这种分层的等级社会能够自我繁衍,每个人都必须承担自己正确的职责。

亚里士多德显然并不同意老师的所有观点,他的观察主要围绕着自给自足家户经济的组织和管理进行。与柏拉图一样,亚里士多德对不同类型的家庭和人民用以谋生与满足需求和欲望的"挣钱技巧"进行了区分。他将这种自然形式的谋生手段与类似"理财学"(Chrematistics,货币)这种非自然的挣钱技巧进行了对比。

欧洲中世纪的教士们则创建了经院哲学,与其之前的希腊思想家不同,经院哲学学派的重心并非如何获得当世的美好生活,而是如何避免来世堕入地狱。经院主义的核心是关于高利贷的教条。第一个核心论据是认为货币不可繁殖,即"不能自己产生后代"。第二个核心论据是说,既然上帝将时间平均分配给所有人,因此仅仅让时间在获得和偿还贷款之间流逝并不能证明利息是合理的。第三个核心论据是基于中世纪经济的特征,即缺乏持续的增长,这就意味着大多数的贷款是面向消费者而不是生产者。

2. 重商主义

重商主义思想的繁荣期从 16 世纪一直跨越到 18 世纪,并且与欧洲民族国家的创立、兴起,新大陆的发现和远途贸易的扩张相伴随。其思想和经济政策一直影响至今。

重商主义思想持久不衰要归功于古典经济学家亚当·斯密在 1776 年的《国富论》中对它的严格批判,是斯密最先创造出"重商主义"这一词汇来描述这一不同思想的混合体。这一名称被广泛使用,但实际上它并不是一个真正统一的思想体系。

重商主义学者的经济思想缺乏内在一致性、系统性的分类,但其对所有经济领域是全面涵盖的。国家间对于重商主义思想的偏好差异反映了国与国之间经济和政治条件的差别。

在当时正与英国争霸的法国,将贸易战争视为促进国内贵重金属增长的重要来源。17 世纪的法国财政大臣改造了公共行政部门,推动了法国制造业的发展以摆脱对于昂贵的进口品的依赖,创立了法属东印度和西印度公司以推行殖民统治,扩张了法国的基础设施(街道、运河和港口),同时引进了外国科学家、工匠和技能工人以实现法国经济的现代化。

在欧洲大陆的启蒙时期,古典经济学对经济系统进行了第一次完整的考察。

(二) 古典经济学

古典经济学的鼻祖亚当·斯密以"看不见的手"塑造了政治经济学的新领域,德国学者库尔茨在《经济思想简史》中总结了古典经济学的八大特征。

①古典学派思想的第一个特征是关于经济活动遵循其自身规律的概念,而且这种规律能够被人们研究、理解和运用。在古典学派学者看来,他们进行经济学术研究的主题是以不断增长的劳动分工,以及对自然资源和生产方式的私有产权为特征的。同时,大量的"经济人"的行为活动是通过相互连接的市场,以及通过作为交换方式的货币促进的商品和服务交易而进行的。

②古典经济学家特别强调了不同社会阶级之间在经济财产、政治权利,以及信息和知识获取能力上的不对称性。人与人之间是有差异的,他们的经济机会、个人动机和思维方式都是他们社会背景和成长过程的反映。社会对人类的塑造和改变并不会比人类对社会的改造来得少。就像亚当·斯密在《国富论》中写到的,"他们喜欢在从不播种的地方进行收割"。

③古典经济学家坚决反对通过 17 世纪的宗教战争在当时的欧洲大陆形成的那些信念,他们认为如果任由这些信念发展,将不可避免地走向欧洲大陆内战。就像托马斯·霍布斯(Thomas Hobbes,1588—1679)在 1651 年的《利维坦》一书中声称,"一切人对一切人的战争"。古典主义经济学家对此给出了坚决的否定回答:一个大部分经济活动要通过建立在国内外自由贸易基础上的相互依存市场进行协调的社会,在一定条件下是一个自我规制和自我平衡的系统。由此"均衡"的概念在经济学中占据了一席之地。

④古典经济学家的第四个主要的思想,也是他们最重要的经济学理念之一,就是人类行为常常会导致那些既不是个人有意为之也非其计划或者可预见的后果。"经济人"是想要最大化其享乐并且最小化其资源消耗的主体,这是一个困难的任务,要达到这一目标,唯一可能的选项是在给定的另一个水平上,最大化或者最小化其中一个的数量。对于人类而言,仅仅部分知道或者理解其居住的世界而不能获得完全的信息,这是不可改变的先决

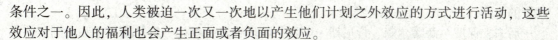

条件之一。因此，人类被迫一次又一次地以产生他们计划之外效应的方式进行活动，这些效应对于他人的福利也会产生正面或者负面的效应。

⑤古典学派经济学家思想的第五个特征是，认为大多数国家拥有大量和不断增长财富的主要源泉既不是对于其他国家的殖民化及剥削他们的资源，也不是通过单方面有利的海外贸易，比如贱买贵卖。

⑥古典经济学家观点的第六个特征，即围绕着自由竞争的概念形成的、走向统一利润率以及相应的市场价格向其"自然"水平回归的趋势。这样就可以解释在一个私有的分散系统中，如何将数以百万计的独立决策和行为的协调工作留给市场机制来完成。

⑦古典经济学思想的第七个特征是将竞争理解为经济人双方的较量，即在供给方和需求方之间。

⑧第八个特征则是与一般利润率概念相伴的是对应的"自然"或"生产"价格的概念。

古典主义经济理论存在于多种多样的形式和结构当中，对于经济学的发展起到了重要的作用。

（三）新时期的经济学研究

根据一个被普遍认同的观点，19世纪最后30年中发生的"边际主义革命"致使古典经济学被抛弃，而且这一领域的发展方向开始转变。

阿尔弗雷德·马歇尔试图将这一新思想与古典经济学家的旧理论进行调和；他讨论的是"经济学"而不是"政治经济学"。最终，"新古典经济学"以及"供给和需求理论"这样的名称在经济思想史的新学派里占据了重要地位。

在19世纪即将逝去的时候，边际主义理论得到了强化和扩展，特别是以其包含的不同形式的功利主义及福利理论进一步发展的形式表现出来。"绝大多数人的最大幸福"或社会成员需求的"最大化满足"长久以来都困扰着经济学家。在边际效用和边际生产率的基础上，经济学家现在开始用新的理论架构再一次对待和分析这一问题。

一个市场经济，如果由其自身的机制来决定，在完全竞争的条件下也会产生最优的社会结果，这是一个在经济学家中获得了强烈认同，并且在很多主流经济学理论中依然普遍存在的思想。在经济学界，斯密关于"垄断的邪恶精神"永不会休止的警告似乎已经被遗忘，虽然也不能忽视其在真实世界中的发展。其他思想家将自己放在与这种完全竞争视角相对的观点上，批评他们的"自由市场主义"的同侪对市场效率怀着一种时常是天真且容易受骗的有趣态度，同时忽视了这种存在于传说中的最优性赖以适用的高度限制性条件。

熊彼特在他1912年出版的《经济发展理论》一书中写道："创新是资本主义社会经济历史中突出的事实。"他将"创新"定义为在经济和社会当中"实施的新组合"——开发新产品，提高产品质量和改进生产方式，占领新的销售市场，以及对企业和整个产业进行重组。

作为20世纪最有影响力的经济学家凯恩斯来说，他相信只有政府干预和规制才能保护在市场经济基础上保持资本主义的秩序。在凯恩斯所有作品中都流淌着对理性指导下的经济政策的关注，以及对于一个更有生产力和更平等的社会的渴望。

不管怎样，凯恩斯的研究获得了众多的拥趸，但"凯恩斯主义"的确切含义是什么？他的伟大作品《通论》存有不少模糊之处和局限性，为后来的学者提供不同的解释留下了大量的空间。

后来，保罗·萨缪尔森、肯尼斯·阿罗、阿玛蒂亚·森将一般均衡理论和福利经济学往前推动了一大步。今天，资本理论、博弈论、增长理论、城市经济学、发展经济学、新制度经济学、行为经济学、实验经济学等都在各自的特定领域取得了长足的进展，各个经济学派更是多到数不过来的程度，导致很多经济学的观点互相对立，经济学家们都说服不了彼此。

所有这些领域和学派，谁的观点更有道理呢？

经济学家巴斯夏曾经写过一篇文章《看得见的和看不见的》，他在文章的开头，就斩钉截铁地说：好经济学家和坏经济学家的区别只有一个，那就是坏的经济学家，仅仅能看到那些可以看到的后果，而好的经济学家，不仅能考虑到这些看得见的后果，还能通过推测，看到那些看不见的后果，比如某些经济政策，虽然眼下能刺激经济发展，但可能会对未来几年，甚至是几十年的经济产生不良影响。

斯密之后的历代经济学者，有很多人坚信人类经济体系或经济行为必定拥有类似物理世界那样内在的、客观的规律，经济学必定能够达到堪与物理学相媲美的"硬科学"地位。

2008年爆发的全球金融危机，让经济学家们束手无策，就连英国女王伊丽莎白二世访问大名鼎鼎的伦敦政治经济学院时，也禁不住问那些世界知名的经济学家：为什么没有人觉察到危机呢？台下鸦雀无声，没有人能接得上话。

这个问题，没有任何一个经济学家能给出确定性的答案。

二、课程特点与主要内容

(一) 经济学的课程特点

经济生活是由一系列活动所组成的复杂的集合，包括购买、销售、讨价还价、投资、劝说等。经济科学的最终目的就是要理解这些复杂的活动。

综合来看，经济学的课程特点主要表现以下3个方面：

1. 理论体系抽象

经济学是由众多经济学派中占主流地位的经济理论和学术观点构成的，按其对市场机制作用认识上的不同可分为新旧古典经济学派和新旧凯恩斯学派；按其研究对象的不同可将经济学分为微观经济学和宏观经济学。微观经济学以价格理论为核心，以单个消费者和单个生产者为研究对象，主要由价格理论、消费者行为理论、生产者理论、市场理论、分配理论等构成；宏观经济学以凯恩斯的宏观经济理论为核心，以整个国民经济的活动整体作为研究对象，其主要理论有总需求与总供给理论、凯恩斯的有效需求理论、经济政策理论、通货膨胀与失业理论、经济增长理论等。

经济学中的众多学派，产生了繁杂的经济学著作、代表人物及主要观点。有些经济学理论是相互补充，相互完善的，也有一些经济理论则相互排斥，相互对立。这些理论不能像自然科学那样可以在实验室内再现，学生由于缺乏社会实践经验，理解起来有困难，整体的经济学理论体系抽象而难以理解。

2. 研究方法具有多样性

经济学的分析方法以实证分析为主，广泛运用数学推导和数学模型来论证经济变量之间的相互关系,如需求函数、供给函数、生产函数、洛伦兹曲线、菲力普斯曲线等。在基本理论的论述中,多将语言逻辑分析与数学分析相结合,既有抽象的概念,又有形象的图像;既有定性分析,又有定量分析,特别是边际分析法和均衡分析法是常用的分析方法。这导致研究经济学的方法很多,不容易掌握。但经济学的研究方法具有可借鉴性。

3. 研究对象及内容具有普遍性

如何利用和配置稀缺的社会资源进行生产,以满足人们多方面的需求是一切经济制度共同面临的问题,不同的经济制度只是以不同的生产方式和分配方式来解决这些问题,价格机制对资源的配置作用是市场经济体制下所普遍存在的,因此,经济学中的价格理论、生产理论、市场理论等具有普遍的指导意义。

(二)经济学的主要内容

由于资源是稀缺的,社会资源的管理就显得尤为重要。稀缺性指的是社会拥有的资源是有限的,不能生产人们希望拥有的所有物品和服务。

经济学研究社会如何管理自己的稀缺资源。在绝大多数社会中,资源并不是由一个全权的统治者来配置,而是通过千百万家庭和企业的共同行动来配置的。因为,经济学家研究人们如何做出决策,诸如他们做多少工作,人们购买什么,储蓄多少钱,以及如何把储蓄用于投资;此外,经济学家还研究人们如何相互交易,分析影响整个经济的力量和趋势,包括平均收入的增长、找不到工作的人占总人口的比例,以及价格上升的速度。经济学包含了微观经济学和宏观经济学,研究作为单个实体的市场、企业、家庭的行为,就是微观经济学;研究经济的总体运行规律的,就是宏观经济学。微观经济学与宏观经济学两大分支共同构成现代经济学的核心。经济学的内容框架如图4-2所示。

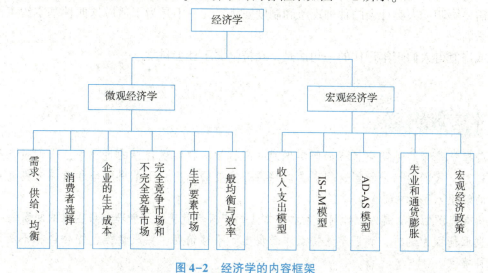

图4-2 经济学的内容框架

三、课程培养目标与学习意义

(一)经济学的学习目标

经济学主要研究人类经济活动的规律即价值的创造、转化、实现的规律,分为微观经济学宏观经济学两大部分。本课程是为电子商务、工商管理、市场营销和公共管理专业开设的一门学科基础必修课。

它的主要教学目的是通过学习，使学生比较系统地掌握现代经济学的基本概念、原理和主要方法，了解现代经济学发展的最新动态。能够将经济学的视角和本专业相结合，培养学生联系实际运用所学理论和方法分析现实经济问题的能力。

①能复述经济和经济学的含义，能解释经济学的分析方法，能分析供给需求如何决定并影响市场均衡理论。

②能套用消费者行为理论、生产理论、厂商均衡理论分析某些经济活动。

③能解释不同的市场形态下厂商的短期均衡与长期均衡的实现，能描述市场失灵的表现。

④能识别国民收入的决定理论，能解释 IS-LM 曲线。

⑤能评价宏观经济政策，能解释失业与通货膨胀理论。

(二) 经济学的学习意义

为什么要学习经济学？人们往往会有各种各样的理由。

一些人学经济学是为了赚钱。另一些人则出于某种担心：如果不懂供求规律，则势必将成为现代的文盲。还有一些人是出于对某些问题有着强烈的兴趣，如计算机和信息革命如何改变我们的社会，或者美国近年的收入分配为何变得如此悬殊等。

然而，我们学习经济学不仅在于理解我们生活于其间的现实世界，而且在于理解那些改革者们不断倡导的拥有多种可能性的世界，从而获得一种经济学思维。理解怎样才能将经济学强有力的思想用于人类社会核心问题的分析，这是我们学习经济学最根本的理由。

无论如何，人类始终面临着四大基本约束，那就是：东西不够、生命有限、互相依赖、需要协调。人类社会的种种现象和制度安排，无一不是为了适应这四种基本约束而衍生出来的。

或许值得人们牢牢记住的一句话是，经济学属于社会科学。

本章小结

管理学是系统地研究目标如何实现的一门科学，在实现目标的过程中，人们投入了很多的资源，人们迫切地希望这些资源能够得以有效的利用，于是用效率和效益来衡量一个组织的管理水平。

所有资源的核心是人，如何调动和发挥人的积极性就变成了管理学最重要的问题之一。也正是因为这样，管理学的特点才表现出了不够精确、实践性强、综合性和不断发展的学科特点。

不能奢望学完一门课就掌握了管理学的精髓，获得管理能力需要不断地实践，不停地学习，不断地更新认知。

经济学和管理学都在研究资源的稀缺性，只是一个解决的是普遍的问题，一个解决的是具体的问题。经济学利用科学技术和统计工具得出了一般的规律，越来越数学化的同时，也诞生了全新的经济学学派和研究领域。

经济学表现出理论抽象、方法多元、现象普遍的特点。

学习经济学，绝不是让人们变得更富有，而是获得一种经济学思维，来解释社会经济生活中的现象。

 复习思考题

1. 科学管理中的"科学"到底指的是什么？
2. 管理学和经济学的共同点是什么？
3. 管理学的主要内容是什么？
4. 为什么"人"是所有资源中最重要的？
5. 经济学的主要内容是什么？
6. 你如何理解经济学的学习意义？

第五章　运营管理与质量管理

🔔 **本章学习目标**

通过本章的学习，学生能梳理运营管理和质量管理的产生与发展过程，能阐释运营管理和质量管理的特点与主要内容，能复述运营管理和质量管理的培养目标与学习意义。

🔔 **本章内容框架**

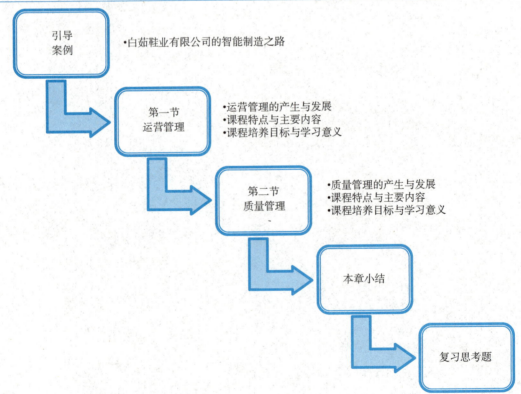

引导案例

白茹鞋业有限公司的智能制造之路

白茹鞋业有限公司成立于1998年。在成立20周年之际，该公司正式入驻渝成国际制鞋产业园。2016年，该公司实现了从品牌批发到品牌零售的销售模式转换，成为一家集设计、研发、零售为一体的时尚女鞋品牌企业。公司以打造曼妙风姿、时尚生活为使命，致力于成为中国时尚女鞋第一品牌。

目前，公司拥有12条国际水准的生产线。经过5年多的建设，公司的PCS（过程控制系统）、MES（生产信息化管理系统）、ERP（企业资源规划系统）相继上线运行，并于2017年建成了三层六级管控一体化系统。通过技术创新和管理优化，白茹鞋业有限公司在供应商关系管理、客户关系管理、物料与运输管理、仓储管理、工单管理、工艺管理、计划与调度管理、设备管理、质量管理等专业管理方面都达到了国内一流水平，实现了精益生产。

随着移动互联网时代的到来，以及IoT（物联网）、大数据、云计算、人工智能在许多传统行业的成功应用，"互联网+鞋业"的前景越来越清晰，那就是制鞋产业的智能制造。从标准化与规模化到定制化，再到智能化，已经是制鞋产业的必然选择。

理想很美好，现实很残酷！公司未来智能制造的场景如何？公司如何走好这条充满变数的智能制造之路？这在总裁江心茹的心中都还是渺若烟云。

是的，生产运营智能化、装备设施智能化、产品服务智能化是智能制造的基本要素。

但是，就生产运营智能化而言，各项专业管理，特别是更为具体的下游订单履行、上游来料管理、物料建仓、接单与报工、作业排程、混流作业方案制定与下达、调度、异常事件报警与处置、质量在线监控等，在智能制造场景下要完成什么样的功能都是未知的。

就装备设施智能化而言，设备运行监控、故障预警与修复、工艺参数优化等智能管理方案又是什么呢？

相比生产运营智能化与装备设施智能化，产品服务智能化就更加模糊了。的确，智能化的产品应该能够通过传感器采集客户量体数据，并通过移动互联网上传至行业平台。另外，智能化的产品还应该能够实时感知环境以推送穿着建议方案。但是，需要什么样的管理机制和技术集成才能实现这些功能都还是未知的。

除了上述困惑，智能制造的网络化、平台化、可视化以及开放性、移动性所带来的鞋业智能制造的安全性问题也时不时影响着江总的心绪。生产运营系统的安全性与客户信息的安全性都是不得不认真对待的问题。先不说智能制造场景下公司生产运营系统的安全性，仅仅是客户信息的丢失、泄露、篡改，不仅对客户是极大的侵害，对公司的信誉以及公司的生存与发展也有致命的影响。

（资料来源：马风才. 运营管理 [M]. 6版. 北京：机械工业出版社，2021）

思考讨论题：

1. 展望制鞋行业智能制造的场景。
2. 简述白茹鞋业有限公司生产运营智能化应该实现的功能。
3. 给出白茹鞋业有限公司装备设施智能化的管理方案。
4. 给出白茹鞋业有限公司产品服务智能化的设想与实现条件。
5. 分析智能制造可能带给企业的安全风险及防控思路。

第一节 运营管理

一、运营管理的产生与发展

运营管理这门课程是由很多理论和方法构成的,这些理论和方法是如何产生的,对现在有何影响,可以从四个阶段来理解。

首先是科学生产管理雏形形成时期,即 20 世纪初至 30 年代。然后是复杂数学方法应用时期,即第二次世界大战至 20 世纪 60 年代中期。第三个时期是计算机应用时期,计算机出现得比较早,但具体应用是在 20 世纪 60 年代至 70 年代。第四个时期是从 20 世纪 80 年代开始到现在,现代理论普及的时期。

(一) 科学生产管理雏形形成时期

20 世纪初至 30 年代,泰勒、吉尔布雷斯、福特、哈里斯、休哈特、道奇和梅奥等管理大师对科学生产管理进行了开创性的研究。

1. 泰勒的科学管理

泰勒主要是研究方法的,研究怎么干,主要是工作研究。而且,往往是针对个人进行研究。他最著名的是四个实验。泰勒在大量试验的基础上,逐渐形成了他的科学管理思想。其代表作是 1903 年出版的《工场管理》和 1911 年出版的《科学管理原理》。

泰勒的贡献主要体现在以下几方面:首先,从研究内容上来看,他主要聚焦于工厂内部的生产管理,或者叫作业管理;其次,研究目的是为了提高劳动生产率;最后,研究重点是工作方法、工作条件和工作定额的标准化和科学化。由此,我们认为,泰勒在历史上是第一位将管理从经验上升为科学的大师,注重效率的优化思想和调查研究的科学方法。

2. 吉尔布雷斯夫妇的动作研究

弗兰克·吉尔布雷斯是一位工程师和管理学家,是科学管理运动的先驱者之一,在动作研究方面有突出的成就,被称为"动作研究之父"。莉莲·吉尔布雷斯是弗兰克的妻子,是一位心理学女博士,她把心理学的成果应用于动作研究,关心工作中人的因素,被誉为美国"管理学的第一夫人"。吉尔布雷斯夫妇将研究聚焦于工人疲劳方面,提出了节约动作的 10 个原则,这些原则至今仍用于操作和动作的改进与优化。

3. 福特的装配流水线

1913 年亨利·福特在自己的汽车工厂内安装了第一条汽车组装流水线。由于采用了专业化分工和流水作业,使生产率大幅提高,同时又由于汽车零部件的标准化,使生产成本大幅降低。福特首创的流水线生产方式,代表了一种大批量的、规模经济的生产模式,至今这种生产方式仍以高效率、标准化,以及低库存在制品的优点被广泛应用于汽车工业、电子行业和家用电器等行业。

4. 哈里斯的经济订货批量

1915 年,美国的 F. W. 哈里斯在研究物资采购批量与费用关系时,提出了库存管理的数学模型，发现两类费用与其有关：第一类是存储费，包括存货所占用的资金的利息、占用仓库费用、库存耗损等与订货批量有关的费用，且批量越大，存储费越高。第二类是购置费，包括订货的手续费、采购人员差旅费、通信费等与订货次数有关的费用。订货次数增加，购置费增加。而在年物资需求稳定的条件下，订货次数与订货批量成反比关系。这两类费用一个与批量成正比关系，一个成反比关系，这两类费用叠加，总费用存在一个最低点。该点即是经济订货批量。

5. 休哈特的控制图与道奇的抽样检验

这是将数学方法应用在质量管理中，控制图开辟了质量管理的第二个时代。由于这种方法使用的是数理统计和概率论的知识，提出这个图之后，由于使用比较复杂，现场员工不会使用，因此也叫专家管理，实际上并没有得到普及使用。控制图真正普及是在"二战"期间，美国国防部为保证军火质量和可靠性，先后制定和颁布了《美国战时质量管理标准》，军火商必须严格按此标准组织生产和开展质量控制，否则取消供货资格，其核心就是使用控制图。同时代提出将数理统计方法应用到质量管理领域的还有贝尔电话研究所的道奇和罗米格，他们一起提出了在破坏性检验情况下采用"抽样检验表"和最早的抽样检验方案。这三人成为统计质量管理理论的奠基人，将质量管理理论带入了统计质量控制阶段。

6. 梅奥的霍桑实验

1929 年美国哈佛大学教授梅奥率领一个研究小组到美国西屋电气公司的霍桑工厂进行了一系列的试验和观察。霍桑工厂的娱乐设施、医疗制度和养老金制度都比较完善，但生产率却不高。为查找原因，开展了四个阶段的实验，即照明实验、福利实验、访谈实验、群体实验。这些研究得出三个重要结论：

①工人是"社会人"，而不是"经济人"。
②社会和心理因素对工作效率有更大的影响。
③组织应重视工作团体中非正式组织的存在及其作用。

梅奥的这些研究奠定了一个新的理论体系——人际关系学说，即后来的行为科学，也为运营管理注入了新的元素。

（二）复杂数学方法应用时期

第二次世界大战至 20 世纪 60 年中期，复杂的数学方法应用到生产管理中，最典型的就是运筹学的应用，同时，这期间行为学派也有了进一步的发展。

1. 运筹学的诞生

以美国和欧洲学者为代表，包括众多数学家、心理学家和经济学家，相继提出了各种数量模型，如数学规划、对策论、排队论、库存模型等，促成了运筹学的创立与发展。这些数量模型为第二次世界大战的后勤组织和武器系统设计提供了有效的解决方案，也在工业生产组织中获得了广泛应用。战后，研究和改进数量方法的工作仍在进行，人们相继提出了预测技术、项目管理中的计划评审技术和关键路线法、MRP 等。

2. 行为学派的发展

行为学派在此期间得到了进一步发展，早期称为人际关系学派，到这个时候才正式命名为行为学派。具体来说，它主要是从人的需要、欲望、动机、目的等心理因素的角度研究人的行为规律，特别是研究人与人之间的关系、个人与集体之间的关系，并借助于这种规律性的认识来预测和控制人的行为，以实现提高工作效率，达到组织的目标。这个时候有很多人做出了贡献，例如马斯洛的需求层次理论，指出主管人员都必须因地制宜地对待人们的各种需求，著有《人类动机的理论》。赫兹伯格的双因素理论，强调主管人员必须抓住能促使职工满意的因素，著有《工作的激励因素》。还有麦格雷戈的"X-Y理论"，X理论是对"经济人"假设的概括，而Y理论的根据是"社会人""自我实现人"的假设。

（三）计算机应用时期

1. 物料需求计划（MRP）

我们知道，第一台电子计算机于1946年2月10日在美国问世，而真正的计算机商用是在20世纪60年代，这个时候，物料需求计划（MRP）就得以实现了。20世纪70年代制造业的重大突破就是在生产计划与控制中运用了物料需求计划，即通过计算机软硬件将企业的各部门联系在一起，共同完成复杂产品的制造。

2. 服务业中的大量生产

服务业通常是直接面对不同的顾客，提供一对一的个性化服务，如同制造业中的单件小批生产。所谓单件小批生产是指企业生产的产品品种繁多，每个品种的产量小，生产具有非重复性特点，企业以通用设备为主，采用工艺原则的设备布局，员工的生产效率低，生产计划与组织工作复杂，经济性差。而与之相对应的是大量生产，其特点是：品种少，每个品种的产量大，采用对象原则的流水线或生产线的设备布局，多功能高效的专用设备居多，生产效率高，生产计划编制简单，经济性好。

从20世纪70年代开始，国外的某些服务业采用制造业的大量生产模式，提供少项目、标准化的快速服务，最典型是快餐业，如麦当劳、肯德基等。他们提供的食品种类少，物美价廉，实行统一的标准化服务，就是追求快速、经济。

（四）现代理论普及的时代

进入20世纪80年代，计算机的应用逐渐普及，互联网的出现改变了人们的工作、学习和生活方式。许多新理论和方法，诸如MRPII到ERP、ISO 9000、丰田生产方式（TPS）、威廉·大内的Z理论、高德拉特的约束理论、供应链管理、Internet与电子商务及计算机集成制造系统等不断涌现，丰富了运营管理理论体系。运营管理大事记如表5-1所示。

表5-1 运营管理大事记

时间	内容	代表人物	国别
1776年	国富论	亚当·斯密	英国
1790年	零件互换性	埃尔·惠特尼	美国
1832年	机器和制造业经济学	查尔斯·巴贝奇	英国
1911年	科学管理原理	泰勒	美国
1911年	动作研究、工业心理学的应用	弗兰克·吉尔布雷斯 莉莲·吉尔布雷斯	美国

续表

时间	内容	代表人物	国别
1912 年	活动进度图（甘特图）	甘特	美国
1913 年	移动流水装配线	福特	美国
1915 年	库存管理的数学模型	哈里斯	美国
1924—1930 年	霍桑实验	梅奥	美国
1931—1934 年	抽样检测和统计技术在质量控制中的应用	道奇·罗米格 休哈特·蒂皮特	美国、英国
1940 年	运动研究在战争上的应用	运动研究小组	英国
1947 年	线性规划	乔治·丹齐克	美国
1950—1960 年	模拟技术、排队论、决策论、计划评审技术（PERT）、关键路线方法（CPM）、计算机软硬件技术等		美国、西欧
1975 年	制造战略	W. 斯金纳	美国
20 世纪 80 年代	准时制生产（JIT）、全面质量控制（TQM）、计算机集成制造系统（CIMS）、柔性制造系统（FMS）、计算机辅助设计（CAD）等		美国、日本、西欧
20 世纪 90 年代	ISO90000、业务流程重组（BPR）、企业资源规划（ERP）、供应链管理（SCM）、精益生产（LP）、敏捷制造（AM）、价值工程（VE）等		美国、日本、西欧
21 世纪	应用服务供应商和业务外包		美国、日本、西欧

（五）运营管理的新发展

运营管理的新发展主要表现在企业社会责任归位、运营战略正在并越来越受重视、工业互联网及其对运营管理的重构等几个方面。

1. 企业社会责任归位

企业社会责任是指企业在创造利润、对股东和员工承担法律责任的同时，还要承担对消费者、社区和环境的责任。企业社会责任涉及方面较广泛，例如环境污染和资源破坏、非法食品添加剂等都属于社会责任问题。如今，越来越多的企业开始关注到公众和社会的利益，认真履行社会责任。

像惠普这样的世界顶尖公司已经把对全球公民责任的承诺与公司运营联系起来。在全球范围内，惠普根据对业务、技术和社会的重要性确定了其社会责任的三个战略重点：环境可持续性、隐私和社会投资。每年，惠普都会评估客户需要和发展趋势，据此制定全球社会责任战略。创新、管理、社会责任、产品与服务构成了惠普这一品牌的四大支柱，企业社会责任已经转化为企业的竞争力。

2. 运营战略正在并越来越受重视

20 世纪 70 年代初，哈佛商学院的威克姆·斯金纳（Wickham Skinner）提出了运营战略的概念。运营战略可总结为如何通过运营管理赢得组织的竞争优势。其构成要素包括低成本、高质量、准时交货。现在，越来越多的组织认识到了运营战略对其生存和发展的重要性，认识到了运营战略对企业发展战略的支撑作用和对运营策略的引领作用。可以预见，在 21 世纪以后的年代里，运营战略将越来越受到管理层的重视。

通用电气是世界上最大的多元化服务性公司，同时也是高质量、高科技工业和消费产品的提供者。通用电气致力于通过多项技术和服务为顾客创造"更美好的生活"。众所周知，通用电气通过四大战略获得了数十年的高速增长：全球化战略、服务战略、6σ 质量要求和电子商务。这四大战略有的涉及服务管理，有的涉及质量控制，有的涉及流程变革。通用电气已经把运营战略提升到公司战略的层次。从这点上足见其对运营战略的重视。

3. 工业互联网及其对运营管理的重构

"工业互联网"的概念最早由通用电气于 2012 年提出。随后，通用电气、IBM、思科、英特尔、AT&T 五家行业龙头联手组建了工业互联网联盟（Industrial Internet Consortium, IIC）。经过 IIC 的努力，工业互联网这一概念被逐渐推广开来。工业互联网是指主体、设施和产品互联互通，以共享工业生产全流程的各种资源要素，实现全流程的数字化、网络化、智能化的一种开放的通信网络。

如果说第一次工业革命是蒸汽机时代，第二次工业革命是电气化时代，第三次工业革命是信息化时代。那么，第四次工业革命就是智能化时代。人们普遍认为第四次工业革命发端于 2012—2013 年。2012 年，通用电气发布《工业互联网：打破智能与机器的边界》白皮书。2013 年 4 月，在德国汉诺威举行了规模空前的工业博览会，为期 5 天的展会中，"工业 4.0"的概念受到了特别关注。

带有智能化的标志，第四次工业革命目前还没有到来。不过，工业互联网和工业 4.0 的构建、发展和应用，确实在加速第四次工业革命的到来。传统产业正在被重新定义，人工智能、清洁能源、量子信息、移动互联、物联网、大数据、云计算等新兴产业的真实应用场景越来越多地呈现在我们面前。

以工业互联网为基础，企业价值取向的重新定位就有了可能，组织结构的重构变得更为现实，企业运营体系的重构就有了保障，产品研发方式的创新变得更为容易，生产过程控制、物流配送与顾客服务等创新解决方案可以更快地被提出。

事实上，以下运营管理正在或将要实现。

① 顾客个性化需求的满足。能够直接从顾客那里获取个性化需求，并通过设计与制造的大规模定制予以实现。

② 柔性化的制造。能够更好地响应来自内外部的各种变化。需求管理、设计变更、过程管理、维护更新等变得更灵活。

③ 智能化的运营管理。实现人、设备、产品的互联互通，对价值链节点企业数据以及市场数据、销售数据、采购数据、研发数据、工艺技术数据、设备数据、生产过程实时数据产品与服务数据、物流配送数据等进行深度挖掘，以给出更加科学的运营管理方案。

二、课程特点与主要内容

（一）运营管理的特点

1. 范围广

运营管理作为工商管理专业主干课程之一，其涵盖范围较广，既包括制造型企业的生产管理，又包括服务型企业的运作管理，涉及企业管理领域较多。且运营管理还是一门实践性、应用性很强的课程，强调理论和实践的结合，具有一定的深度和广度。

2. 柔性化

运营管理的多样化和高效率是相矛盾的，因此，在生产管理运营多样化前提下，努力搞好专业化生产管理运营，实现多样化和专业化的有机统一，也是现代运营追求的方向，供应链管理成为运营管理的重要内容。

3. 信息化

由信息技术引起的一系列管理模式和管理方法上的变革，成为运营的重要研究内容。近30年来出现的计算机辅助设计（CAD）、计算机辅助制造（CAM）、计算机集成制造系统（CIMS）、物料需求计划（MRP）、制造资源计划（MRPII）以及企业资源计划（ERP）等，在企业生产运营中得到广泛应用。

（二）运营管理的主要内容

运营管理的主要内容包括运营管理战略的制定、运营系统的设计、运营系统的运行、运营系统的改善。

1. 运营管理战略的制定

企业战略是企业为求得生存和发展，在较长时期内生产经营活动的发展方向和关系全局问题的谋划。这种谋划包括企业的宗旨、目标、总体战略、经营战略和职能策略。运营管理过程决定了企业的产品和服务的成本、质量、多样性、交付时间和对环境的影响，这将对企业竞争力产生直接的影响。运营管理战略是在企业战略指导下制定的，它是企业总体战略成功的保证。

2. 运营系统的设计

在运营管理战略确定后，就要分步实施。首先要设计和构建运营系统，涉及生产力三要素，即劳动工具、劳动对象和劳动者，具体讲就是：企业选址、设施布局、产品和服务设计、工作设计。

3. 运营系统的运行

运营系统构建后，随之就是系统的运行、以实现企业的生产运作战略和生产经营目标。这主要包括不同层次的生产运作计划编制、作业排序、物料采购与库存控制等。

4. 运营系统的改善

伴随着运营系统的运行，涉及很多与之相关的工作，诸如质量和设备管理等。另外，很多新的理论与方法的出现，如丰田生产方式、约束理论等，也在不断地改进和完善现有的运营系统。

运营管理的内容框架如图 5-1 所示。

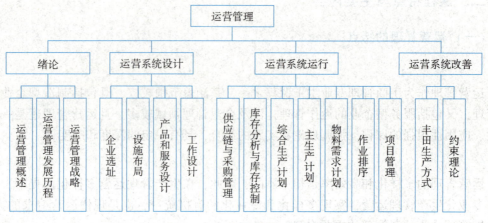

图 5-1 运营管理的内容框架

三、课程培养目标与学习意义

（一）运营管理的培养目标

课程主要讲授运营管理的经典理论和应用，也结合运营管理的新热点，讲授运营管理的新技术、新发展、新成果。具体来说，从通过运营管理赢得竞争优势到运营系统的规划与设计、运营系统的运行与控制、再到运营系统的更新与改善，构成一个产品生产和服务提供的完整运营系统。通过本课程学习，学生将全面、完整了解产品生产和服务提供系统的构成与运作流程，了解企业如何制定运营战略并获得市场竞争优势，掌握企业运营管理的理论和方法，建立持续改进的管理理念，灵活运用运营管理改善的工具，不断提高企业运营的效率与效益。

（二）学习运营管理的意义

对于企业来说，其竞争优势固然是企业综合实力和整体素质的集中体现，但是这些优势一旦失去高效的运营系统和先进的运营管理做支持，也只能是一种瞬间或者非常脆弱的"优势"，其结果必然使企业很快陷入竞争的劣势。因此，运营管理是现代企业发展的重要基石。因此，对于工商管理专业的学生，无论未来身处哪一技能岗位、专业特长是什么，学习运营管理的基本知识都是职业发展道路不可缺少的一部分。

第二节　质量管理

一、质量管理的产生与发展

人类自从有了生产活动，也就有了质量问题。因为不论物品多么简单，生产方式多么原始，都存在一个能否满足特定用途的问题。随着人类对产品需求的多样化和生产力的发展，人类的质量意识逐渐苏醒。质量的优劣慢慢成为商品交换中的一个重要因素。为了保证质量，就需要对生产原材料、劳动工具、生产者的劳动技巧等提出相应的要求。从某种意义上说，这就是质量管理。质量管理相对于其他学科来说，历史比较短。真正科学意义上的质量管理是从20世纪初才开始的，它也是工业革命的一个产物。质量管理发展阶段的划分，不同的专家有不同的看法。一般来看，质量管理经历了3个发展阶段：第一个阶段是质量检验阶段；第二个阶段是统计质量控制阶段；第三个阶段是全面质量管理阶段。

（一）质量检验阶段

第一个阶段，是质量检验阶段。从20世纪初到20世纪30年代，代表人物是科学管理之父泰勒。这个阶段显著特点是专职检验、三权分立。

20世纪以前，生产方式主要是小作坊形式，手工艺人参与工艺品生产的全过程。那时的手工艺人既是操作者又是检验者，制造和检验的职能都集中在操作者身上，由于他们对自己制作的工艺品的自豪感和对自己名声的看重，所以通常以目视为主要方式来检查工艺品。这个时期被称为"操作者的质量管理"。

到了20世纪初的时候，科学管理的奠基人泰勒提出了在生产中应该将计划与执行、生产与检验分开的主张。于是，在一些工厂中建立了"工长制"，将产品质量检验的职能从操作者身上分离出来，转交由工长行使对产品质量的检验权。这个转变强化了质量检验的职能，形成了所谓的"工长的质量管理"。

随着科学技术和生产力的发展，企业的生产规模不断扩大，管理分工的概念就被提了出来。在管理分工概念的影响下，一些工厂设立了专职的检验部门并配备专职的检验人员来对产品质量进行检验。也就是说，在工厂里，要有一个专人或者一个专门的部门来负责检验。不论是出厂的，还是在每个生产零部件的车间里，都要有这样的人或部门来检验，负责把关质量。这个在以前是没有的，以前是计划与职能分开，把工人管的事情，转交给工长。可是工长管的事很多，一旦忙起来，就不管检验，只管生产了。随着生产规模不断扩大，这种做法显然已行不通，所以需要设立一个专人，或是设立一个专职的检验部门，对生产出来的产品进行质量检验，鉴别合格品或废次品。这样一来，不管有多忙，都不会忽视质量检验。因此就能保证生产的零部件进入下一道工序之前，都是合格的。质量检验的职能从工长转移给了质量检验员，称为"检验员的质量管理"。

所以，质量检验阶段最终实现了设计、制造、检验的"三权分立"。有人制定质量标准（立法），有人按照事先制定的标准进行生产（行政），还有人专门负责鉴定所制造的产品是否符合质量标准（司法）。

这个阶段的主要特征是事后把关。专门的质量检验部门和专职的质量检验员，使用专门的检验工具，对产品进行检验，这对保证产品质量起到了把关的作用。

然而，它也存在着许多不足，主要表现在：

①对产品质量的检验只有检验部门负责，没有其他管理部门和全体员工的参与，尤其是直接操作者不参与质量检验和管理，就容易与检验人员产生矛盾，不利于产品质量的提高。

②主要采取全数检验，不仅检验工作量大，检验周期长，而且检验费用高。

③由于是事后检验，没有在制造过程中起到预防和控制作用，即使检验出废品，也已是"既成事实"，质量问题造成的损失很难挽回。也就是说，产品都造完了，再去检验它，合格就合格了，不合格就不合格了。完全没有控制的意思在里面。

④全数检验在技术上有时是不可能的，如破坏性检验，判断质量与保留产品之间发生

了矛盾。

"事后检验"存在的不足，使得这种质量管理方式逐渐不能适应经济发展的要求，促使人们不断探索新的检验方法。

（二）统计质量控制阶段

第二个阶段，是统计质量控制阶段，这个阶段产生于20世纪30年代。代表人物是休哈特。主要特点是从单纯靠质量检验把关，发展到工序控制，突出了质量的预防控制与事后检验相结合的管理方式。

早在20世纪20年代，一些发达国家就相继制定并发布了公差标准，以保证批量产品的互换性和质量的一致性。同时，一些著名的统计学家和质量管理专家注意到质量检验的缺点，并开始设法运用概率论和数理统计的方法去解决这些问题。

1924年，美国贝尔电话研究所的工程师休哈特提出了统计过程控制理论，并首创了质量控制图，用于解决事后把关的不足。后来，他应西屋电气公司的要求，加入霍桑工厂关于加强和改善检验工作的调查研究，提出用六西格玛的方法预防废品。1931年，贝尔研究所成立了一个检验工厂小组，休哈特和美国学者道奇、罗米格、戴明都在这个小组，这个小组的成果之一，就是提出统计抽样检验法，并设计了可以运用的抽样检验表，解决了全数检验和破坏性检验所带来的问题。但是，由于30年代资本主义国家爆发了严重的经济危机，而运用这些数理统计方法需要大量的计算工作，所以，这些新方法和新理论并没有得到足够的重视和应用。

直到第二次世界大战期间，由于战时的需要，美国大批民用公司改为生产军需品。当时面临的问题是，因为不能预防废品的发生，而且受民用公司技术和生产能力的限制，生产出来的军需品不仅合格率低，而且质量很不稳定。这就严重地影响了战时军用物资的供给。为了解决这个问题，美国政府和国防部先后制定了三个战时质量控制标准，AWSZ1.1-1941：质量管理指南；AWSZ1.2-1941：数据分析用控制图法；AWSZ1.3-1942：工序控制图法。这3个标准是世界上最早的质量管理标准。这些标准的提出和应用，标志着质量管理开始进入统计质量管理阶段。后来因为这些标准的应用，确实提高了产品的质量，于是就普及到飞机、通信、电子、军工等行业。

相比质量检验阶段，统计质量控制阶段无论是在理论上，还是实践上，都发生了一次飞跃。首先，在这个阶段树立了"事先控制，预防废品"的质量理念，把事后把关变为预先控制，在很大程度上提高了产品的出厂合格率；其次，采用抽样检验的方法，很好地解决了全数检验和破坏性检验无法实施的问题。最后，由日本提出的易于普及的"质量控制七工具"具有大众化、通俗化和简单化的特点，结合组织管理工作，效果更好。

虽然统计质量控制减少了不合格品的数量，降低了生产费用，但是也存在一些不足：

①仍然以满足产品标准为目的，而不是以满足用户的需要为目的。

②偏重于工序管理，而没有对产品质量形成的整个过程进行控制。

③统计技术难度较大，主要靠专家和技术人员，难以调动广大工人参与质量管理的积极性。

④质量管理与组织管理未密切结合起来，质量管理仅限于数学方法，常被领导人员忽视。

由于这些问题，统计质量控制也无法适应现代工业生产发展的需要，而且，在这个过程中，人们已逐渐认识到，产品质量的形成不仅和生产制造过程有关，还与其他许多过程、环节和因素有关。只有把影响质量的所有因素统统纳入质量管理的范畴，并保持系统、协调的运作，才能确保产品的质量。

所以，在新的社会历史背景和经济发展形势的推动下，全面质量管理的理论应运而生。

（三）全面质量管理阶段

第三个阶段，全面质量管理阶段。主要产生于 20 世纪 60 年代。20 世纪 50 年代以后，科学技术蓬勃发展，市场竞争越来越激烈，产品结构也越来越复杂，人们对于质量要求更高了，而且越来越重视人的因素。保护消费者权益运动也逐渐兴起。仅仅依赖质量检验的统计技术无法保证并提高产品的质量，仅仅把质量职能完全交给专门的质量控制工程师和技术人员，难以适应市场的竞争和变化。在此背景之下，我们就进入了全面质量管理阶段。代表人物比较多，有美国的戴明、朱兰、费根堡姆、克劳斯比，以及日本的石川馨等。

这个阶段的显著特点是"三全一多样"。就是全面的质量管理、全过程的质量管理和全员的质量管理。所谓全面的质量管理，是说组织的方方面面都存在质量问题，必须进行质量管理。比如，有人说，人力资源管理部门与产品质量没有什么关系，表面看，好像是没有什么直接关系，但是，人力资源管理部门的职责是员工招聘，员工质量不行，就不会有好的产品质量。这就是全面，每一个方面都有质量责任，都需要进行相应的质量管理。所谓全过程的质量管理，是指产品是过程的结果，这个过程有大过程、有小过程，是多个过程的联动，所以每个过程都必须进行质量的管控，这就全过程的质量管理。还有全员的，每一位员工都有自己的质量责任，都必须尽职尽责把控好自己岗位上的质量。这就是全员的质量管理。这是"三全"。"一多样"，就是我们采取的方式方法多种多样，只要它是有效的，能够把质量控制住，那就是最好的。这就是"三全一多样"。

以上是质量管理发展的三个阶段，也是普遍的一种分法。在宋明顺第三版的《质量管理学》中，他又给出了第四个阶段，质量治理阶段。

（四）质量治理阶段

进入 20 世纪 80 年代，随着全球经济一体化的快速发展，产生了一些新的质量管理方法和模式。以 ISO 9001 标准为代表的质量管理体系认证的兴起，致使质量认证蓬勃发展，有许多专家声称质量管理已进入"质量认证"阶段；基于对消费者质量安全的保护和国家经济利益的保护，许多国家政府加大了对产品质量的监管力度，创新了一些质量监管方法和质量监管制度，有部分学者认为质量管理进入了"质量监管"阶段；随着瑞典、美国推行国家顾客满意度调查和评价，全球兴起了从企业到国家层面开展以顾客满意为中心的质量管理活动，有些学者认为质量管理进入了"顾客管理"阶段；1987 年美国国家质量奖设立，许多国家政府纷纷效仿，设立的省、州、市、县、区级政府质量奖更是不计其数，有的学者认为质量管理进入了"质量促进"阶段。无论是"质量认证"阶段、"质量监管"阶段、"顾客管理"阶段还是"质量促进"阶段，所涉及的质量管理方法和模式的实施主体不再是企业自己，而主要是企业之外的组织和机构，这表明质量提升和保证活动正从由企业独自为主的质量管理阶段发展到多元主体共治的质量治理阶段，质量认证、质量监管、顾客满意、政府质量奖等，都是质量治理的方法和手段。质量管理百年历程如表 5-2 所示。

表 5-2　质量管理百年历程

年份	成果
1875	（美）泰勒制诞生——科学管理的开端 检验活动与其他职能分离，出现了专职的检验员和独立的检验部门
1911	（美）泰勒出版《科学管理原理》
1924	（美）休哈特提出世界上第一张控制图——p 控制图，并应用于生产工程
1925	（美）休哈特提出统计过程控制（SPC）理论——应用统计技术对生产过程进行监控，以减少对检验的依赖，并最早发表关于质量管理的论文 （英）费希尔出版《研究工作者的统计方法》
1929	（美）道奇和罗米格发表挑选型抽样检查方案
1931	休哈特的《制造中的产品质量经济控制》出版
1935	（英）费希尔出版《实验设计》 （英）皮尔逊出版《统计方法在工业标准化和质量管理中的应用》（后成为 BS600）
1939	（美）休哈特出版《质量管理观点的统计方法》
1940	美国贝尔电话公司应用统计质量控制技术取得成效
1941	美国标准协会（ASA）制定出"Z1.1 质量管理指南""Z1.2 分析数据的质量管理图法"标准
1942	美国标准协会（ASA）制定出"Z1.3 在生产中控制质量的管理图法"标准
1946	（美）格兰特出版《统计质量管理》
1950	形成了对质量管理产生重大影响的"戴明十四法" 开始开发提高可靠性的专门方法——可靠性工程开始形成 美国制定"MIL-STD-105A 计数调整型抽样检查程序和表"标准
1951	日本科学技术联盟（JUSE）设立日本戴明奖 （日）田口玄一在《品质管理》杂志上连载实验设计法 （美）朱兰推荐主次分析法 （美）朱兰的《质量控制手册》出版
1953	（日）石川馨提出因果分析图
1956	刘源张教授成立中国第一个质量管理研究组
1958	美国军方制定了 MIL-Q-9858A 等系列军用质量管理标准，在 MIL-Q-9858A 中提出了"质量保证"的概念
1960	朱兰、费根堡姆提出全面质量管理的概念 日本学者提出了全面质量控制（TQC）的质量管理方法，特别是因果图、流程图、直方图、检查表、散布图、排列图、控制图等被称为"老七种工具"的方法，被普遍用于质量改进
1961	（美）费根堡姆的《全面质量管理》出版
1963	北大西洋公约组织（NATO）制定了质量保证联合出版物（AQAP）质量管理系列标准，引入了设计质量控制的要求。日本科学技术联盟设置质量管理小组总部，在仙台召开第一次质量管理小组大会

续表

年份	成果
1966	（日）田口玄一的《统计分析》中介绍信噪（SN）比，提出"质量工程学"
1969	世界首次质量管理会议（ICQC69—Tokyo）在东京召开
1970	日本质量管理学者提出的管理方法和技术，包括 JIT（准时化生产）、Kanban（看板生产）、Kaizen（质量改进）、QFD（质量功能展开）、质量工程学、"新七种工具"
1974	制定 ISO 2859《计数抽样检查程序和表》（采用 MIL-STD-105D）标准
1978	北京内燃机总厂开办日本小松制作所专家讲授的课程，引进了全面质量管理
1979	英国制定了国家质量管理标准 BS 5750，成为 1987 版 ISO 9000 标准的基础 菲利浦·哥斯比提出"零缺陷"的概念，并编写了《质量免费》一书 我国政府派出了第一个质量管理代表团到日本考察"质量月"活动和全面质量管理 8月31日中国质量管理协会成立
1980	我国经济贸易委员会颁发了《工业企业全面质量管理暂行办法》
1982	我国张公绪教授提出"两种质量诊断理论" 戴明在其著作《转危为安》中提出"管理十四法"
1983	应中国质量管理协会之邀，朱兰博士来华讲学
1987	ISO/TC176 委员会提出 ISO 9000《质量管理与质量保证》系列标准 摩托罗拉公司建立了"六西格玛"管理
1988	美国建立了鲍德里奇奖，其依据为《1987 年马尔科姆·鲍德里奇国家质量提高法》（又称《101-107 公共法》），提倡"追求卓越"的质量理念
1991	2月国务院以国发〔1991〕6号文发布了《关于开展"质量、品种、效益年"活动的通知》
1992	欧洲质量基金会设立了欧洲质量奖 7月中国在第一次全国认证工作会议上，决定等同采用 ISO 9000 标准
1993	9月1日正式实施《中华人民共和国产品质量法》 正式发布 GB/T 19000—ISO 9000 标准
1994	ISO 9000 系列标准第一次改版 朱兰博士提出"21 世纪是质量的世纪"的论点 4月成立了中国质量体系认证机构国家认可委员会（CNACR）
1995	7月中国认证人员国家注册委员会（CNRBA）以创始成员的身份参加了国际审核员与培训认证协会（LATCA）并当选执委会成员
1996	12月24日国务院以国发（1996）51号文发布了《印发〈质量振兴纲要（1996—2010年）〉的通知》
1998	1月22日 CNACR 首批签署了国际认可论坛多边承认协议（IAF/MLA），成为 IAF/MLA 集团创始成员
2000	ISO 9000 系列标准改版，出版 ISO 9000：2000 标准，标志着质量管理进入不断创新的时期

二、课程特点与主要内容

(一) 质量管理的特点

1. 综合性

质量管理是系统工程、行为科学、控制论、数学、计算机技术、哲学等自然科学和社会科学相互渗透形成的一门学科,它也就先天地带有综合性的特点。一是研究对象十分广泛、复杂。包括微观质量管理和宏观质量管理,微观质量管理主要从企业角度研究组织如何保证和提高质量;宏观质量管理主要从国民经济和全社会的角度,研究政府和社会如何对企业的产品质量、服务质量进行有效的统筹管理和监督控制。研究对象的复杂性和广泛性决定了质量管理的内容体系必然具有综合性特征。二是理论依据和基础具有多元性、广泛性和交叉性。质量管理是管理科学与自然科学、技术科学结合的一门科学,是一门涉及面广泛的交叉学科。

2. 实践性

质量管理的一个重要特点就是实用性和可操作性。无论是新老 7 种工具、实验设计、抽样检验、过程控制等技术管理方法,还是全面质量管理、质量管理体系认证、六西格玛管理和顾客满意度测评等软管理方法,都具有相应的实施步骤。

3. 二重性

质量管理是一门管理科学,因此也具有管理的二重性,具有自然属性和社会属性。自然属性就是质量管理的一般规律;由于制度不同,地区和行业不同,各企业情况不同,质量管理又有所差别,这就是质量管理的社会属性。

(二) 质量管理的主要内容

1. 质量管理的研究对象

质量管理的直接研究对象从大的方面来讲,主要分为硬件产品(如汽车、家电等)、软件、流程性材料(如水泥、化纤、润滑油等)、服务(如宾馆和饭店的服务)。目前,人们将这些统称为产品。从另一方面可分为:有形产品(如软硬件产品)、服务、系统(如经济系统、发电与供电系统、管理系统等)。质量管理工作就是为了提高或改进产品、服务和系统运行的质量,以使顾客满意,为顾客创造价值,因此,质量管理也研究与此目标有关的人、系统、环境等方面的内容。具体来讲,质量管理的研究对象包括:

①影响产品、服务和系统运行质量的相关因素的识别与分析。

②人的行为、心理、特点和素质对产品、服务与系统的影响程度、影响方式、影响途径。

③产品、服务与系统的形成过程和流程。

④分析、评价、预测、设计、控制、改进质量的方法与工具。

⑤质量的度量、评价和预测。

⑥质量的形成规律、过程和发展趋势。

⑦质量文化的建立、质量管理体系、质量管理制度、质量管理运行机制等方面的研究。

2. 质量管理的主要内容

质量管理的主要内容，包含五个部分：

①基础知识部分：基本概念和术语、质量的产生、形成实现过程、质量管理大师们以及他们的贡献、质量管理发展历程、质量管理体系。

②质量管理职能部分：包括质量策划、质量评价、质量控制和质量改进。

③质量管理方法与工具部分：包括"老七种工具""新七种工具"、质量功能展开、质量统计技术。

④卓越质量管理部分：包括卓越质量、质量成本管理、六西格玛管理、顾客满意管理等。

质量管理的内容框架如图 5-2 所示。

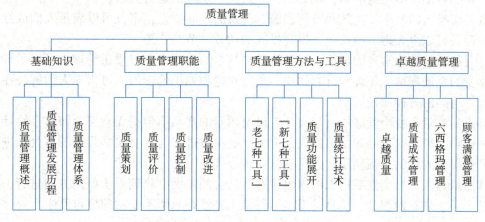

图 5-2　质量管理的内容框架

三、课程培养目标与学习意义

（一）质量管理的培养目标

通过本课程的学习，使得学生理解现代质量管理观点，掌握和应用质量管理领域里行之有效的常用工具和分析方法，具体包括：

①理解质量管理和质量管理体系的基本术语、基本原理，正确认识现代质量观点和质量管理活动。

②熟悉质量大师们的贡献。

③熟悉质量管理职能，熟练掌握和应用质量策划、评价、控制和改进，并能够应用。

④理解抽样检验理论、统计质量控制原理，掌握统计质量管理的"老七种工具""新七种工具"和质量功能展开，并能结合管理实践灵活运用。

⑤正确认识卓越质量管理，掌握六西格玛管理的原理、理解顾客满意度理论，熟悉质量成本管理理论方法，熟练掌握和应用基于成本的质量经济学分析和基于田口质量损失函数的质量经济性分析。

（二）学习质量管理的意义

质量与我们的生活、学习和工作都有着密切的关系，质量管理的发展，如供应链中的质量管理、客户满意度、追求卓越、质量信用等级评定、质量的信息化和个性化质量等新的质量管理理念的出现，对质量管理这门学科的建设有着重要的现实与理论意义。概括起来，学习质量管理有以下重要意义：

①满足社会发展的需求。一方面，人类的发展、社会的进步使产品变得越来越复杂，功能多样化，但如果没有优良的质量，再好的产品也发挥不出其应有的功能。另一方面，随着社会分工的细化，服务领域已成为人们不可避免地要接触的方面，服务质量的高低将直接影响到人们的生活质量与社会的稳定。

②促进科技的进步、社会的发展。一方面，科技的进步、社会的发展离不开优质的质量管理与环境。只有进行优质的质量管理工作，才可造就优良的工作与生活环境，而且科技的进步只有建立在优质的基础工作上才可行。另一方面，庞大的系统只要一个方面，甚至一个小的方面的不足或缺陷，都必然会导致整个系统的运行失败。

③提高投入的效率、功效和节约资源。优质的产品质量，不仅可以满足人们或社会的需求，而且可以大大地节约投入、提高投入的功效、节约资源。

④寻找质量管理本身的规律，指导科学与技术的发展。学习质量管理，可以了解质量管理本身的发展规律、原理和已有知识，通过对这些知识的学习，可指导人们解决在生活与工作中遇到的各种质量问题。

⑤提高质量是社会发展的百年大计。没有质量的产品不但毫无意义，而且会给社会带来负面影响。优质的产品质量可使人们充分享受科技进步与社会发展带来的好处，进而节约资源和提高人们的生活质量，这是造福子孙万代的工作。

⑥质量是人类社会发展追求的永恒主题。社会的发展必将朝着美好的方向进行，追求优质的产品、满意的服务、优良的系统运行状态必然是永恒不变的理想与目标。

本章小结

运营管理可定义为对提供产品或服务的运营系统进行规划、设计、组织与控制。具体从通过运营管理赢得竞争优势到运营系统的规划与设计、运营系统的运行与控制、再到运营系统的更新与改善，构成一个产品生产和服务提供的完整运营系统。一个典型的企业组织由多种职能相互配合来实现其目标。其中，运营管理是核心。运营管理旨在实现"输入—转换—输出"过程的增值，这就决定了其核心地位。企业组织的3个基本职能是运营管理、市场营销和财务管理。此外，还有其他一些辅助职能，如人力资源、法律事务、公共关系、后勤保障等。

运营管理具有范围广、柔性化、信息化等特点。运营管理的主要内容包括运营管理战略的制定、运营系统的设计、运营系统的运行、运营系统的改善。

运营管理主要讲授运营管理的经典理论和应用，也结合运营管理的新热点、讲授运营管理的新技术、新发展、新成果。通过本课程学习，学生将全面、完整了解产品生产和服务提供系统的构成与运作流程，企业如何制定运营战略并获得市场竞争优势，掌握企业运营管理的理论和方法、建立持续改进的管理理念，灵活运用运营管理改善的工具，不断提高企业运营的效率与效益。

质量管理，即"在质量方面指挥和控制组织的协调的活动"。质量管理是组织为使产品能够满足不断更新的质量要求、达到顾客满意而开展的策划、组织、实施、控制、检查、审核和改进等所有相关管理活动的总和。概括起来，质量管理主要包括基础知识、质量管理职能、质量管理方法与工具，以及卓越质量管理。质量管理具有综合性、实践性和二重性等特点。

质量管理的研究对象是有形产品、服务和系统。质量管理工作就是为了提高或改进产品、服务和系统运行的质量，以使顾客满意，为顾客创造价值，因此，质量管理也研究与此目标有关的人、系统、环境等方面的内容。

质量管理经历了四个发展阶段，分别是质量检验阶段、统计质量控制阶段、全面质量管理阶段和质量治理阶段。

 复习思考题

1. 运营管理的含义及特点是什么？
2. 运营管理的主要内容包括哪些？
3. 学习运营管理的意义有哪些？
4. 运营管理的发展历程是什么？
5. 质量管理的研究对象是什么？
6. 质量管理的主要内容是什么？
7. 质量管理的发展历程是什么？

第六章　市场调查与市场营销学

🔔 **本章学习目标**

通过本章的学习，学生能说明市场调查和市场营销学的产生与发展，能阐释市场调查和市场营销学的特点与主要内容，能复述市场调查和市场营销学的培养目标与学习意义。

🔔 **本章内容框架**

```
引导案例 ── •海尔洗衣机"无所不洗"

    第一节       •市场调查的产生与发展
    市场调查     •课程特点与主要内容
                •课程培养目标与学习意义

        第二节        •市场营销学的产生与发展
        市场营销学    •课程特点与主要内容
                     •课程培养目标与研究方法

            本章小结

                复习思考题
```

引导案例

海尔洗衣机"无所不洗"

创立于1984年的海尔集团，经过20多年的持续发展，现已成为享誉海内外的大型国际化企业集团。1984年海尔只生产单一的电冰箱，而目前它拥有白色家电、黑色家电、米色家电在内的96大门类15 100多个规格的产品群。作为在白色家电领域最具核心竞争力的企业之一，海尔有许多令人感慨和感动的营销故事。

1996年，海尔营销人员调查四川农民使用洗衣机的状况时发现，在盛产红薯的成都平原，每当红薯大丰收的时节，许多农民除了卖掉一部分新鲜红薯，还要将大量的红薯洗净后加工成薯条。但红薯上沾带的泥土洗起来费时费力，于是农民就动用了洗衣机。更深一步的调查发现，在四川农村有不少洗衣机用过一段时间后，电机转速减弱、电机壳体发烫。向农民一打听，才知道他们冬天用洗衣机洗红薯，夏天用它来洗衣服。这令张瑞敏萌生一个大胆的想法：发明一种洗红薯的洗衣机。1997年海尔为该洗衣机立项，1998年4月投入批量生产，该洗衣机不仅具有一般双桶洗衣机的全部功能，还可以洗地瓜、水果甚至蛤蜊，价格仅为848元。首次生产了1万台投放农村，立刻被一抢而空。

一般来讲，每年的6—8月是洗衣机销售的淡季。每到这段时间，很多厂家就把促销员从商场里撤回去了。张瑞敏纳闷儿：难道天气越热，出汗越多，老百姓越不洗衣裳？调查发现，不是老百姓不洗衣裳，而是夏天里5公斤的洗衣机不实用，既浪费水又浪费电。于是，海尔的科研人员很快设计出一种洗衣量只有1.5公斤的洗衣机——小小神童。小小神童投产后先在上海试销，结果上海人马上认可了这种世界上最小的洗衣机。该产品在上海热销之后，很快又风靡全国。张瑞敏告诫员工说："只有淡季的思想，没有淡季的市场。"

在西藏，海尔洗衣机甚至可以合格地打酥油。2000年7月，海尔集团研制开发的一种既可洗衣又可打酥油的高原型"小小神童"洗衣机在西藏市场一上市，便受到消费者欢迎，从而开辟出自己独有的市场。这种洗衣机3个小时打制的酥油，相当于一名藏族妇女3天的工作量。藏族同胞购买这种洗衣机后，从此可以告别手工打酥油的繁重家务劳动。

在2002年举办的第一届合肥"龙虾节"上，海尔推出的一款"洗虾机"引发了难得一见的抢购热潮，上百台"洗虾机"不到一天就被当地消费者抢购一空，更有许多龙虾店经营者纷纷交定金预约购买。过去洗2公斤龙虾一个人需要10~15分钟，现在用"龙虾机"只需3分钟就可以搞定。

2003年海尔洗衣机公司在接到用户需求后，仅用了24小时，就在已有的洗衣机模块技术上，创新地推出了一款可洗荞麦皮枕头的洗衣机，受到用户的极力称赞，更成为继海尔洗地瓜机、打酥油机、洗龙虾机之后，在满足市场个性化需求上的又一经典之作。

（资料来源：根据百度文库http://wenku.baidu.com/view/ef76483567ec102de2bd892f.html相关内容改编）

思考讨论题：
1. 从本案例可以窥视到的海尔市场营销管理哲学内涵包括哪些重要内容？
2. 张瑞敏说："只有淡季的思想，没有淡季的市场。"请谈谈你对这句话的理解。
3. 有人认为海尔是一个"机会主义者"，你对此有何评论？

第一节 市场调查

一、市场调查的产生与发展

市场营销中的市场,是指由一切具有特定需求并且愿意和可能进行交换来使需求得到满足的现实顾客与潜在顾客所组成的消费者总体。

市场调查(Marketing Research)可以译为市场营销调查、市场营销调研、市场调研、营销调研、市场研究、销售研究等。市场调查就是为了满足市场营销需要而进行的调查活动,有狭义和广义两种理解。狭义的市场调查仅指对消费者的调查,了解购买、消费等各种事实、动机和偏好。广义的市场调查是指针对营销过程的每一阶段,运用科学的方法,有目的、有计划,系统地收集、整理和分析研究有关市场营销方面的信息,提出解决问题的建议,供营销管理人员了解营销环境,发现机会与问题,并将其作为市场预测和营销决策的依据。

(一)西方市场调查的产生与发展

市场调查是随着商品生产和商品交换的发展而产生和发展起来的。西方市场调查的产生与发展大体上经历了以下四个阶段:

1. 萌芽期(1900年以前)

进行民意测验可以视为市场调查的萌芽。1824年,美国《宾夕法尼亚人报》和《明星报》首先以"卡片法"进行,即通过随报印发非正式的"假选票"预测当时的总统选举结果。

2. 早期发展(1900—1920年)

20世纪初,国外一些大企业纷纷成立市场调查机构,对市场从事系统的研究,市场调查的观念和理论也随之出现。1911年,美国当时最大的柯迪斯出版公司率先设立了市场调查部门,帕林任经理。他们先后对农具销售渠道、纺织品销售渠道和百货公司进行了系统的调查,编写了《销售机会》一书。这是第一本有关市场研究的专著,内容包括美国各大城市的人口、地图和各地区的人口密度、收入水平及相关资料,被推崇为市场调查学科的先驱。

3. 成长期(1920—1950年)

这一时期,市场调查方法得到广泛应用。到了20世纪20年代,其他一些公司也先后设立了类似的市场调查机构,它们的主要工作是搜集、整理市场统计资料,但这种调查是比较零散和不系统的。1929年,在美国政府的主持下,在全美进行了一次分销普查,内容涉及市场结构、商品销售通路、中间商和分配渠道、中间商的经营成本等,为企业提供了较为系统和准确的市场活动资料,这次普查被视为美国市场调查的一个里程碑。在此之后,此种调查改称为商业普查,内容更加广泛,并规定每隔5年定期举行一次,以观察市场变动的规律。30年代是市场调查发展的重要时期。这一时期,美国市场营销协会宣告成立,并出版了《市场调研技术》等书,对市场调查这门学科的形成和发展做了重要的阐述。同时，由于在市场调查中引入了心理学和统计学，从而提高了市场调查的科学性，使市场调查逐步受到社会各界的重视，并在理论上得到了较大的发展。第二次世界大战以后，市场调查得到了迅速发展。1948年，全美专门从事市场调研的公司多达两百多家。

4. 成熟期（1950年至今）

这一时期，定性定量市场调查方法的推广应用，统计模型应用，计算机技术发展，新型调查方式出现，市场调查成为一个行业，开始建立起行业标准与规范。进入70年代，随着科学技术的进步和生产力的发展，新的观念、技术、方法不断应用于市场调查。特别是计算机的出现及其在市场调查中的应用，使市场调查形成了一个以计算机为中心的信息网络系统，从而使动态分析、计算机模拟、运筹学的应用、计量经济学等学科在理论和实践方面都得到了重大的发展。市场调查逐步成为信息产业的重要组成部分，发挥着越来越重要的作用。

西方发达国家市场调查业表现出如下特点：第一，市场调查业兴旺发达。主要表现为调查机构数量多，从业人员专业化程度高，营业额逐年稳步增长。第二，调查设备和技术已发展到一个新水平，现代市场调查的效果大大提高。采用纸和笔的调查方式已很少见，多采用先进的设备和手段。第三，调查研究的行业活动、学术活动和出版活动活跃，使调查业的规范化和标准化得到了较好的保证。

西方市场调查发展大事记如表6-1所示。

表6-1 西方市场调查发展大事记

序号	时间	活动内容
1	1824年8月	美国的《宾夕法尼亚哈里斯堡报》进行选举投票调查
2	1879年	N. W. Ayer广告公司进行最早有记载的以营销决策为目的的市场调查活动
3	20世纪初	杜邦公司利用推销人员进行顾客特征调查
4	1895年左右	明尼苏达大学的心理学教授哈洛·盖尔的邮寄调查和美国西北大学的W. D. 斯考特的实验法和心理测量法应用
5	1905年	美国宾州大学首先开设了一门"产品的销售"课程
6	1911年	柯蒂斯出版公司针对汽车业，建立了第一家正式的调查机构
7	1911年开始	美国佩林首先对农具销售和纺织品批发/零售渠道进行了研究，并著《销售机会》一书，成为"市场调研"的先驱
8	20世纪30年代	问卷调查法得到广泛采用，30年代末期，市场调查成为大学校园普及性的课程

（二）中国市场调查的发展

我国市场调查业从20世纪80年代中期起步，经历了20世纪90年代中期的快速发展后，在21世纪步入了平稳发展的成熟期。

中国第一次现代市场研究个案——1983年上海广告公司为瑞士雀巢公司通过市场调查创造了"味道好极了"这一中国本土化的广告语。

1988年，中国第一家商业性的市场调查机构——广州市场研究公司在广州成立；1998年9月，设立在中国信息协会之下的市场调查分会筹备委员会成立；2001年4月，全国市场研究行业协会在广州正式成立。

我国的市场调查业主要由以下4类机构组成：

第一类，是从传统媒介组织的读者或观众或听众服务部门转变和分离、壮大起来的机构。

第二类，是国外公司在我国开辟的分支机构或外方在管理上和投资上有支配权的合资公司。

第三类，是国内改革开放后通过自身努力发展起来的本土化调查咨询机构。

第四类，是由过去计划经济专司统计功能的各级统计行政部门通过业务延伸或重新组合形成的面向市场的调查机构。

中国市场调查行业潜力巨大。中国作为世界第二大经济体，全球市场调研第五大市场，发展潜力无穷。2018年中国的市场调查业营业额达24.18亿美元，占全球份额的5%。中国的市场调研份额近年来不断增加，增速平稳，推动亚太乃至全球调研行业的发展。

新技术将在市场调查行业中发挥更加重要的作用。国内领先的市场调研公司，依托强大的技术支持可以实现"大数据+小数据"的市场洞察；并以其拥有的巨量消费者调查样本库，实现精准抽样。

随着时代的进步，科技的发展，市场调查行业也会不断更新，与时俱进。"大数据+人工智能"的高新科技的运用，实现数据分析的优化升级，从而为客户提供更加真实有效的数据，助力客户实现科学决策。

二、课程特点与主要内容

（一）市场调查的特点

市场调查具有如下显著的特点：

1. 目的性

市场调查必须有明确的目的，必须紧紧围绕企业营销决策内容收集消费者等各方面信息，并向营销管理者提供改善决策与行动方案的有关信息。

2. 客观性

市场调查必须以事实为依据，客观地分析问题和提出解决问题的建议。切忌违背客观规律的主观主义，避免先有领导意图后有论证的唯领导意志论式的市场调查。

3. 计划性

开展市场调查首先要制订一个较为详尽的调查计划，以便有计划、有目的、有秩序地开展能反映客观实际的调查工作，减少市场调查工作的盲目性和人力、物力、财力的浪费。

4. 时效性

有两层含义：第一，由于市场信息随着市场活动的变化在不断地发生着内容或程度上的变化，因此，市场调查工作不可能一劳永逸，而必须经常、全面、不间断地进行，从而保证市场信息是最新、最近的；第二，市场调查工作应该按照工作计划要求，按质按时完成，否则会直接影响企业营销决策的时机。

5. 准确性

可以从两个方面提高准确性：一是力求市场调查收集的信息资料是经过验证的、可靠的和适用的；二是尽可能减少市场调查和分析的误差。

（二）市场调查的主要内容

市场调查的主要内容包括市场基本环境调查、市场需求调查、市场供给调查、市场营销调查四大方面。

1. 市场基本环境调查

市场基本环境调查主要包括政治法律环境调查、经济环境调查、社会文化环境调查、技术环境调查、自然地理环境调查等内容。

2. 市场需求调查

市场需求调查主要包括消费需求量调查、消费结构调查、消费者购买动机调查等内容。

3. 市场供给调查

市场供给调查主要包括商品供给来源调查、商品供给能力调查、商品供给范围调查等内容。

4. 市场营销调查

市场营销调查主要包括竞争对手状况调查、产品调查、价格调查、销售渠道调查、促销调查等内容。

市场调查的内容框架如图 6-1 所示。

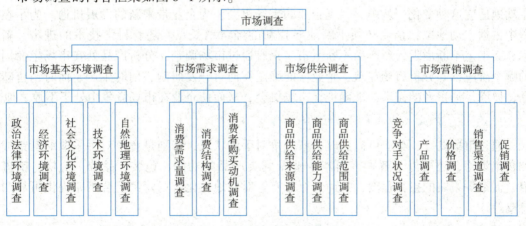

图 6-1 市场调查的内容框架

三、课程培养目标与学习意义

（一）市场调查的培养目标

学生学习市场调查之后，应能达到以下培养目标：

①掌握市场调查的基本概念、基本理论、基本方法与技术，如市场调查的概念、特点、作用，市场基本环境调查，市场需求调查，市场供给调查，市场营销调查等。

②了解市场调查技术的新进展，了解大数据与人工智能等高新技术在市场调查领域的运用。

③通过案例分析、项目模拟等方式，培养学生理论联系实际、运用市场调查理论和方法解决实际问题的实操能力，以及组织协调、团队协作与沟通能力。

(二) 学习市场调查的意义

1. 有利于企业提高对市场环境的适应能力

通过市场调查，能够使企业对市场环境变化有较深刻的认识，从而提高企业对市场环境的适应能力，增强企业对市场环境变化的承受力。市场环境的变化具有两个显著的特点：一是因素多，即造成市场环境变化的原因十分复杂，既有宏观因素，也有微观因素。政治法律环境、经济环境等宏观环境因素，市场供求矛盾、价格升降、消费者购买动机和行为变化等微观环境因素，都是导致市场变化的直接或间接原因。二是市场环境变化波及面广，不仅影响生产，还影响流通和消费，使企业的商品销售额出现大起大落，造成企业经营稳定性差，经营风险大幅增加。因此，从宏观角度看，只有重视市场调查，才能认识市场变化的深层原因，及时地向政府及有关部门提出建议，为制定一系列政策措施、加强市场调控提供可靠的依据；从微观角度看，作为企业经营决策者，必须以市场环境变化及其趋势为依据，根据市场需求有针对性地组织生产和供应，以增强企业自身的实力和抗御突发性市场风险的能力。

2. 有利于企业发现市场机会

随着经济发展和社会进步，人们的观念及需求也在不断发生变化。对企业来说，环境变化意味着新的市场机会。通过市场调查，企业可以及时掌握市场环境的变化，并且积极主动地适应这种变化，从中寻找到企业的市场机会，为企业带来新的发展机遇。为了在竞争中占据主动地位，企业必须不断地寻找新的经济增长点。随着科学技术的进步，新技术、新工艺不断涌现，新产品不断上市。只有通过市场调查，分析产品处在市场生命周期的哪个阶段，并分析市场空缺，企业才能确定在何时开发研制、何时生产、何时销售新产品，以满足消费者的需求，准确把握市场机会，从而使企业在市场竞争中处于不败之地。

3. 有利于企业优化市场营销组合策略

通过市场调查，企业可以及时了解竞争对手的状况，特别是竞争对手采取的营销战略和营销策略，还可以了解顾客对本企业及同类产品的功能、包装、品牌、价格、销售渠道、促销等策略的接受程度，从而为企业有针对性地优化市场营销组合策略提供可靠的信息支持。

4. 有利于企业完善市场信息系统，为市场预测和管理决策奠定基础

市场信息系统反映着整个市场的变化，包括商品供求、消费心理、价格、竞争及营销活动等诸多内容。市场信息系统可为企业提供必要的市场信息，同时把各地区、部门和企业在市场调查中所得到的信息反馈到市场信息系统中，使之不断充实和完善。由于目前多数企业市场信息系统尚不完善，致使企业预见能力差，并导致定位困难。管理决策的前提是市场预测，市场预测的前提是要有一个完整的市场信息系统，而市场信息系统中的信息则主要来自市场调查。因此，市场调查在整个市场预测和管理决策过程中，起着十分重要的基础作用。

5. 有利于企业提高市场竞争力

当今市场已由卖方市场转变为买方市场，消费者成为市场的主体，市场竞争十分激烈。企业要想在竞争中取胜，就要比竞争者更好地满足目标消费者的需求。消费者的需求多种多样，而且还会发生变化。企业只有通过市场调查，才能真正了解和把握消费者的需求变化情况并进行准确的市场定位，提供消费者所需要的产品和服务，才能真正满足消费者的需求，提高企业的市场竞争力。

第二节 市场营销学

一、市场营销学的产生与发展

（一）市场营销学产生的历史背景

市场营销是通过创造和交换产品及价值，从而使个人或群体满足欲望和需要的社会过程和管理过程。市场营销学是一门建立在经济科学、行为科学和现代管理理论基础之上的应用科学，研究以满足消费者需求为中心的企业市场营销活动过程及其规律性。

市场营销理论于20世纪初诞生在美国。它的产生是美国社会经济环境发展变化的产物。19世纪末20世纪初，美国开始从自由资本主义向垄断资本主义过渡，社会环境发生了深刻的变化。工业生产飞速发展，专业化程度日益提高，人口急剧增长，个人收入增加，日益扩大的新市场为创新提供了良好的机会，人们对市场的态度开始发生变化。所有这些因素的变化都有力地促进了市场营销思想的产生和市场营销理论的发展。

市场营销思想最初的产生是自发的，是人们在解决各种市场问题的过程中逐渐形成的。直到20世纪30年代，人们才开始从科学的角度来解释这门学科。市场营销思想的出现，对美国社会和经济产生了重大影响。它给成千上万的企业主以指导，为企业市场营销计划的制订提供了依据，还有力地推动了中间商社会地位的提高。商学院把那些反映市场营销新思想的著作用作教科书，并将市场营销思想理论化，进而使之成为一门独立的学科即市场营销学，该学科成为当时商业大学培养方案的中心课程。市场营销思想还改变了人们对社会、市场和消费的看法，形成了人们新的价值观念和行为准则。

（二）市场营销学界的先驱与学派

市场营销学自产生至今已有逾一百年的发展历史。深入研究美国早期市场营销思想形成与发展的主要影响因素，全面考察各主要学术流派及其代表人物的学术思想，对于建立具有中国特色的市场营销理论不无裨益。

1. 美国市场营销学界的主要先驱

在美国市场营销学界，对市场营销思想发展作出贡献的最早的4个人是爱德华·D. 琼斯、西蒙·李特曼、乔治·M. 费斯克和詹姆斯·E. 海杰蒂。他们于1902—1905年间分别在密执安、加利福尼亚、伊利诺伊和俄亥俄等大学开设了市场营销课程。

2. 美国早期市场营销学界的主要学术流派

尽管上述4所大学首先开设了市场营销课，但对早期的市场营销思想做出主要贡献的人却来自其他地方。20年代以前的著名市场营销学者并不是这些教师指导出来的,具有市场营销思想的学者也与这些机构没有关系。对市场营销的兴趣并非来自具体课程,而是来源于对经济学的深入研究。因此,一些专门研究市场营销的人很自然地被一些经济学科发达的名牌大学所吸引,这些大学中最重要的当属威斯康星大学和哈佛大学。

(1) 威斯康星学派

20世纪初,威斯康星大学成为激进的自由经济思想的论坛。在市场营销思想发展史上,威斯康星大学扮演着开路先锋的角色。它吸引了许多早期市场营销先驱,诸如琼斯、海杰蒂、希巴德、麦克林、尼斯托姆、巴特勒、康沃斯、考米什和瓦汉。由于他们中很多人都住得很近,所以彼此之间经常相互探讨、辩论、激励和影响。

(2) 纽约学派

尽管哥伦比亚大学和纽约大学对早期市场营销文献没什么突出贡献,但也做了一定的奠基工作。1920年,休·安格纽去了纽约大学。在此之前,他已具有多年的教学经验,并成为日后该地区最早的市场营销思想家。20年代,尼斯托姆和亚历山大也到纽约地区教学。他们与当地其他市场营销学者的主要区别在于,其成就是从科学研究机构取得的。

(3) 哈佛学派

对早期市场营销思想发展起到了重要影响的是哈佛大学商学院和经济学系。哈佛大学不仅培养了自己学校的人才,也为去那里暂时就读的学生的日后发展助益甚大,该校对市场营销的贡献是杰出而又独特的。早期在哈佛大学对市场营销思想做出贡献的先驱有:切林顿、肖、科普兰、托斯德、威德勒、梅纳德、麦克纳尔、博顿和韦尔等人。

哈佛大学相较于威斯康星大学,后者的市场营销学者往往是完成学业后又到其他地方任教的人,而哈佛大学的大部分是在那里学习后又继续任教的人。哈佛大学的学者们是市场营销理论早期发展的重要参与者,但他们主要的贡献是对市场营销问题(包括一般性问题和专业化问题)的编辑整理。

(4) 中西部学派

中西部学派对美国早期市场营销思想的发展贡献巨大。其主要贡献在于在1920年左右掀起了市场营销理论研究的第二次浪潮。第一次浪潮,是在此之前的8~10年里,以巴特勒、切林顿、肖和尼斯托姆等为代表人物掀起的市场营销理论研究浪潮,即在1910—1920年间上述学者开展了大量的开拓性工作,如对市场营销定义的确定、扩展和研究等,最终完成了市场营销思想的早期形成与发展。然而,早期的研究主要限于就一些市场营销新概念开展切磋。从此,市场营销一词开始流行起来。20世纪初的市场营销学者是从总体上探索市场营销实践的。这10年间主要强调了市场营销的商品研究法,尤其是在威斯康星大学,"二战"结束以来,学者们开始注重对市场营销职能的研究。因而,中西部学派的主要贡献在于对市场营销理论的集成与提炼,并开展了市场营销职能和原理的研究。他们将这门学科加以定型,并不断丰富了市场营销理论体系。

美国早期市场营销思想的发展也受到其他环境因素的影响,而不是仅限于学校所讲授的经济学课程。在农业领域工作的学者主要从事农业市场营销研究,而来自各大城市的学者则偏重成品的市场营销和市场营销惯例、技巧的研究。早期学者主要发展了商品市场营销理论,而后来的学者则注重市场营销职能、实践及问题的研究,教学工作的特性和需要刺激了市场营销论著的大量涌现。

(三) 市场营销学的发展

市场营销学是在19世纪末20世纪初自由竞争资本主义向垄断资本主义过渡，资本主义基本矛盾日益尖锐化的基础上产生的，迄今已逾一百年的历史，其发展大体经历了以下4个阶段：

1. 形成阶段

19世纪末到20世纪初，随着垄断资本主义的出现，以及"科学管理"的实施，企业的生产效率大大提高，生产能力大大增强，一些产品的销售遇到了困难。站在卖方基础上解决产品的销售问题，一些经济学家和企业就根据企业销售活动的需要，开始研究销售的技巧，研究各种推销方法。1905年，美国宾夕法尼亚大学开设了名为"产品的市场营销"的课程。1912年，第一本以分销和广告为主要内容的《市场营销学》教科书在美国哈佛大学问世，这是市场营销学从经济学中分离出来的起点。但这时的市场营销学主要研究有关推销术、分销及广告等方面的问题，而且仅限于某些大学的课堂中，并未引起社会的重视，也未应用于企业营销活动。

2. 应用阶段

从20世纪30年代到第二次世界大战结束，是市场营销学逐步应用于社会实践的阶段。在1929—1933年，资本主义国家爆发了严重的经济危机，生产过剩，产品大量积压，因而，企业产品如何转移到消费者手中就很自然地成了企业和市场学家们认真思考和研究的课题，市场营销学也因此从课堂走向了社会实践，并初步形成体系。这期间，美国相继成立了全国市场营销学和广告学教师协会、美国市场营销学学会。理论与实践的结合促进了企业营销活动的发展，同时，也促进了市场营销学的发展。但这一阶段的市场营销仍局限于产品的推销、广告宣传、推销策略等，仅处于流通领域。

3. 变革阶段

这是从传统的市场营销学转变为现代市场营销学的阶段。20世纪50年代后，随着第三次科技革命的发展，劳动生产率空前提高，社会产品数量剧增，花色品种不断翻新，市场供过于求的矛盾进一步激化，原有的只研究在产品生产出来后如何推销的市场营销学，显然不能适应新形势的需求。许多市场学者纷纷提出了生产者的产品或劳务要适合消费者的需求与欲望，以及营销活动的实质就是企业对于动态环境的创造性的适应的观点，并通过他们的著作予以论述。从而，使市场营销学发生了一次变革，企业的经营观点从"以生产为中心"转为"以消费者为中心"，市场也就成了生产过程的起点而不仅仅是终点，营销也就突破了流通领域，延伸到生产过程及售后过程；市场营销活动不仅是推销已经生产出来的产品，而是通过对消费者的需要与欲望的调查、分析和判断，通过企业整体协调活动来满足消费者的需求。

营销从流通领域扩展到消费领域，领域更加广泛，成为一门指导企业营销决策的实用性经济的新兴学科，主要代表学者如下：《营销管理：分析和决策》的作者霍华德、《基础营销学》的作者麦卡锡、《营销管理：分析、计划与控制》的作者菲利普·科特勒。

4. 发展阶段

进入20世纪70年代，市场营销学更紧密地结合经济学、哲学、心理学、社会学、数学及统计学学科，而成为一门综合性的边缘应用科学，并且出现了许多分支，例如，消费心理学、工业企业市场营销学、商业企业市场营销学等。现在，市场营销学无论在国外还是国内都得到了广泛的应用。

20世纪70年代是现代营销的成熟阶段，现代营销的核心是"以消费者需求为中心"，以此来开展营销活动。80年代营销学界面临许多新课题，1984年科特勒提出了"大市场营销理论"，"6P'S"取代"4P'S"，90年代又提出"10P'S"的理论、绿色营销、关系营销、整合营销、网络营销、电子商务等新理论。

（四）市场营销学在中国的发展

中国历史上出现过许多非常著名的商人如范蠡、子贡及白圭等，他们的思想与今天的市场营销观念有一定的相似之处，但是没有成为一门较系统的学科理论，而且这些思想产生的经济背景和今天的也有很大的区别。

中华人民共和国成立之前，20世纪30年代就有营销方面的著作被介绍进来，最早的教材是丁馨伯于1933年编译并由复旦大学出版社出版的《市场学》。我国虽曾对市场营销学有过一些研究，当时称"销售学"，但也仅限于几所设有商科或管理专业的高等院校，没有应用到企业的经营管理中去。

在1949—1978年间，除了台湾和港澳地区的学术界、企业界对这门学科已有广泛的研究和应用外，在整个中国内地，市场营销学的研究一度中断。在这长达三十多年的时间里，国内学术界对国外市场营销学的发展情况知之甚少。党的十一届三中全会以后，党中央提出了对外开放、对内搞活的总方针，从而为我国重新引进和研究市场营销学创造了有利的环境和条件：经济体制发生了变化：计划—市场；企业的经营机制发生变化：单一的行政手段—行政、法律、经济的综合手段，直接调控—间接调控（自主经营、自负盈亏、自我约束、自我发展）；市场态势的变化是营销在我国广为发展和传播的催化剂：卖方市场—买方市场。

1978年，北京、上海、广州的部分学者和专家开始着手市场营销学的引进研究工作。虽然当时还局限在很小的范围内，而且在名称上还称为"外国商业概论"或"销售学原理"，但毕竟在市场营销学的引进上迈出了第一步。经过十几年的时间，我国对于市场营销学的研究、应用和发展已取得了可喜的成绩。从整个发展过程来看，大致经历了以下几个阶段：

1. 引进时期（1978—1982年）

在此期间，通过对国外市场营销学著作、杂志和国外学者讲课的内容进行翻译介绍，选派学者、专家到国外访问、考察、学习，邀请外国专家和学者来国内讲学等方式，系统介绍和引进了国外市场营销理论。但是，当时该学科的研究还局限于部分大专院校和研究机构，从事该学科引进和研究工作的人数还很有限，对于西方市场营销理论的许多基本观点的认识也比较肤浅，大多数企业对于该学科还比较陌生。然而，这一时期的努力毕竟为我国市场营销学的进一步发展打下了基础。

2. 传播时期（1983—1985年）

经过前一时期的努力，全国各地从事市场营销学研究、教学的专家和学者开始意识到，要使市场营销学在中国得到进一步的应用和发展，必须成立各地的市场营销学研究团体，以便相互交流和切磋研究成果，并利用团体的力量扩大市场营销学的影响，推进市场营销学研究的进一步发展。1984年1月，全国高等综合大学、财经院校市场学教学研究会成立。在以后的几年时间里，全国各地各种类型的市场营销学研究团体如雨后春笋般纷纷成立。各团体在做好学术研究和学术交流的同时，还做了大量的传播工作。例如，广东市场营销学会定期出版了会刊《营销管理》，全国高等综合大学、财经院校市场学教学研究会在每届年会后都向会员印发了各种类型的简报。各团体分别举办了各种类型的培训班、讲习班。有些还通过当地电视台、广播电台举办了市场营销学的电视讲座和广播讲座。通过这些活动，既推广、传播了市场营销学知识，又扩大了学术团体的影响。在此期间，市场营销学在学校教学中也开始受到重视，有关市场营销学的著作、教材、论文在数量上和质量上都有很大的提高。

3. 应用时期（1986—1988年）

1985年以后，我国经济体制改革的步伐进一步加快，市场环境的改善为企业应用现代市场营销原理指导经营管理实践提供了有利条件，但各地区、各行业的应用情况又不尽相同，具体表现为：第一，以生产经营指令性计划产品为主的企业应用得较少，以生产经营指导性计划产品或以市场调节为主的产品的企业应用得较多、较成功；第二，重工业、交通业、原材料工业等和以经营生产资料为主的行业所属的企业应用得较少，而轻工业、食品工业、纺织业、服装业等以生产经营消费品为主的行业所属的企业应用得较多、较成功；第三，经营自主权小、经营机制僵化的企业应用得较少，而经营自主权较大、经营机制灵活的企业应用得较多、较成功；第四，商品经济发展较快的地区（尤其是深圳、珠海等经济特区）的企业应用市场营销原理的自觉性较高，应用得也比较好。在此期间，多数企业应用市场营销原理时，偏重于分销渠道、促销、市场细分和市场营销调研部分。

4. 扩展时期（1988—1994年）

在此期间，无论是市场营销教学研究队伍，还是市场营销教学、研究和应用的内容，都有了极大的扩展。全国各地的市场营销学术团体，改变了过去只有学术界、教育界人士参加的状况，开始吸收企业界人士参加。其研究重点也由过去的单纯教学研究，改为结合企业的市场营销实践进行研究。全国高等综合大学、财经院校市场学教学研究会也于1987年8月更名为"中国高等院校市场学研究会"。学者们已不满足于仅仅对市场营销一般原理的教学研究，而对其各分支学科的研究日益深入，并取得了一定的研究成果。在此期间，市场营销理论的国际研讨活动进一步发展，这极大地开阔了学者们的眼界。1992年春，邓小平南方谈话以后，学者们还对市场经济体制的市场营销管理，中国市场营销的现状与未来，跨世纪中国市场营销面临的挑战、机遇与对策等重大理论课题展开了研究，这也有力地扩展了市场营销学的研究领域。

5. 国际化时期（1995—2000年）

1995年6月，由中国人民大学、加拿大麦吉尔大学和康克迪亚大学联合举办的第五届市场营销与社会发展国际会议在北京召开。中国高等院校市场学研究会等学术组织作为协办单位，为会议的召开做出了重要的贡献。来自46个国家和地区的135名外国学者和142名国内学者出席了会议。25名国内学者的论文被收入《第五届市场营销与社会发展国际会议论文集》（英文版），6名中国学者的论文荣获国际优秀论文奖。从此，中国市场营销学者开始全方位、大团队地登上国际舞台，与国际学术界、企业界的合作进一步加强。

6. 探索创新时期（2001年至今）

进入21世纪后，中国的市场营销学界结合西方营销理论、技术趋势和中国文化、市场、企业的实际状况，在以下三个方面做出积极的探索和大胆的创建：第一，创建中国不成熟市场环境下的营销理念和体系；第二，创建结合中国实践的微观营销实务技术；第三，创建具有中国文化特点的全新的营销思路和方法。中国的市场营销学界已经并正在积极地对市场营销学理论和实践做出新的贡献。

二、课程特点与主要内容

（一）市场营销学的特点

市场营销学是一门建立在经济科学、行为科学和现代管理理论基础之上的应用科学。市场营销学的研究对象是以满足消费者需求为中心的企业市场营销活动过程及其规律性，即在特定的市场营销环境中，企业以市场营销研究为基础，为满足消费者现实和潜在的需要，所实施的以产品（Product）、定价（Price）、地点（Place）、促销（Promotion）为主要内容的市场营销活动过程及其客观规律性。

市场营销学具有三个显著特点：

（1）全程性

市场营销学的研究范围不断扩大，已突破了商品流通领域，上延到生产领域的产前活动，下伸到消费领域的售后服务。

（2）综合性

市场营销学利用了相邻学科的科学成果，把这些科学成果所获得的科学结论和概念运用于市场营销的策略方法和技巧的研究之中。菲利普·科特勒在1987年5月美国市场营销协会成立50周年暨世界营销学大会上指出："营销学的父亲是经济学，母亲是行为科学；数学乃是营销学的祖父，哲学乃是营销学的祖母。"

（3）实践性

市场营销学的一切理论都来源于实践，在实践中不断充实、丰富和发展，反过来又有效地指导实践。因此说，市场营销学就是研究如何"赚钱"的学问，是企业的"生意经"。

（二）市场营销学的主要内容

1. 市场营销学的研究对象

市场营销学的研究对象是市场营销活动及其规律，即研究企业如何识别、分析评价、选择和利用市场机会，从满足目标市场顾客需求出发，有计划地组织企业的整体活动，通过交换，将产品从生产者手中转移到消费者手中，以实现企业营销目标。

2. 市场营销学的主要内容

市场营销学是以市场营销及其规律性为研究对象的科学。根据市场营销活动的主要内容和目的，市场营销学的主要内容包括以下五个部分：

第一部分是营销基础理论，包括市场营销的内涵、市场营销学的产生与发展、市场营销学的研究内容及方法、市场营销管理哲学、营销战略规划与市场营销管理等。

第二部分着重分析企业与市场的关系，分析影响和制约企业营销活动的各种环境因素并分析各类购买者的行为。

第三部分是企业营销活动与营销策略研究，是市场营销学的核心内容。提出企业进行市场细分和选择目标市场的理论和方法，营销活动研究四大支柱：产品、定价、分销及促销四大策略，保证从整体上满足顾客的需求。

第四部分是关于市场营销计划、组织与控制的研究，主要阐述了企业为保证营销活动的成功而应在计划、组织、控制等方面采用的措施与方法。

第五部分是关于营销创新的研究，主要对当代市场营销研究的新课题（营销伦理等）、国际市场营销、服务营销、绿色营销、关系营销等相关方面的内容进行研究。

市场营销学的内容框架如图6-2所示。

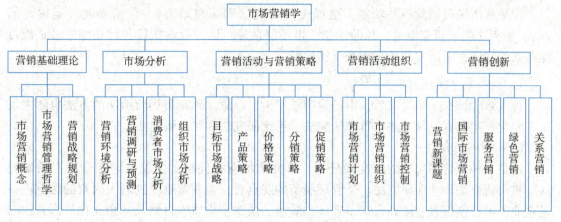

图 6-2 市场营销学的内容框架

三、课程培养目标与研究方法

（一）市场营销学的培养目标

学生学习市场营销学之后，应能达到以下培养目标：

①系统掌握市场营销学的基本概念、基本理论、基本策略和方法，如市场营销的概念、营销环境分析、目标市场战略、营销组合策略等。

②了解市场营销学研究的新成果、营销理论的新领域和新观念，如国际市场营销、服务营销、整合营销、绿色营销、网络营销、体验营销、战略联盟、关系营销、绩效营销、社会责任营销、营销伦理与道德的理论和理念等。

③具有较强的分析问题、解决问题的能力，能够将理论与实践相结合，针对营销案例或营销实践正确运用营销理论和方法给出基本解决方案。

（二）市场营销学的研究方法

市场营销学的研究方法是随着市场营销学的发展而变化的。在20世纪50年代前，对市场营销学的研究主要采用传统的研究方法，包括产品研究法、机构研究法、功能研究法。50年代以后，市场营销学从传统市场营销学演变为现代市场营销学，研究方法主要是现代科学方法，包括管理研究方法、系统研究方法及社会研究方法。

1. 传统研究方法

（1）产品研究法

这是以产品为中心的研究方法。以产品为主体，对某类产品诸如农产品、工业品、矿产品、消费品及劳务等进行分别研究。主要研究这些产品的设计、包装、厂牌、商标、定价、分销、广告及各类产品的市场开拓。这种研究方法可详细地分析研究各类产品市场营销中遇到的具体问题，但需耗费大量的人力、物力和财力，而且重复性很大。

（2）机构研究法

机构研究法是一种以人为中心的研究方法。这种方法以研究市场营销制度为出发点，即研究渠道制度中各个环节及各种类型的市场营销机构，诸如代理商、批发商、零售商等市场营销问题。

（3）功能研究法

这是从市场营销的各种功能，诸如交换功能（购买与销售）、供给功能（运输与储存）、便利功能（资金融通、风险承担、市场信息等）以及企业执行各种功能中必定或可能遇到的问题，来研究和认识市场营销问题。

2. 现代市场营销的研究方法

进入20世纪50年代以后，市场营销学发生了革命，研究市场营销学的方法也随之发生了变化，主要有三种方法：管理研究法、系统研究法和社会研究法。

（1）管理研究法

这是一种从管理决策的角度来分析、研究市场营销问题的方法，它综合了产品研究法、机构研究法和功能研究法。从管理决策的观点看，企业营销受到两大因素的影响：一是企业不可控制因素，诸如人口、经济、政治、法律、物质、自然及社会文化等因素；二是企业可控因素，即产品、价格、分销及促销。企业营销管理的任务在于全面分析外部不可控制因素的作用，针对目标市场需求特点，结合企业目标和资源，制定出最佳的营销组合策略，实现企业赢利目标。

（2）系统研究法

这是系统理论具体应用的一种研究方法，是从企业内部系统、外部系统，以及内部和外部系统如何协调来研究市场营销学的。企业内部系统主要是研究企业内部各职能部门，诸如生产部门、财务部门、人事部门、销售部门等如何协调，以及企业内部系统同外部系统的关系如何协调。后者主要研究企业同目标顾客外部环境的关系。内部与外部系统又是通过商品流程、货币流程、信息流程联结起来的。只有市场营销系统的各组成部分相互协调，才能产生较好的营销效果。

（3）社会研究法

社会研究法主要是研究企业营销活动对社会利益的影响。市场营销活动，一方面带来了社会经济繁荣，提高了社会及广大居民的福利；另一方面造成了某些负面效应，诸如污染社会及自然环境，破坏社会生态平衡等。因此，有必要通过社会研究方法，寻求使市场营销的负面效应减少到最低限度的途径。

本章小结

市场调查是指针对营销过程的每一阶段，运用科学的方法，有目的、有计划、系统地收集、整理和分析研究有关市场营销方面的信息，提出解决问题的建议，供营销管理人员了解营销环境，发现机会与问题，并将其作为市场预测和营销决策的依据。

市场调查具有目的性、客观性、计划性、时效性、准确性等特点。

市场调查的主要内容包括市场基本环境调查、市场需求调查、市场供给调查、市场营销调查四大方面。

市场调查有利于企业提高对市场环境的适应能力；有利于企业发现市场机会；有利于企业优化市场营销组合策略；有利于企业完善市场信息系统，为市场预测和管理决策奠定基础；有利于企业提高市场竞争力。

市场营销是通过创造和交换产品及价值，从而使个人或群体满足欲望和需要的社会过程和管理过程。市场营销学是一门建立在经济科学、行为科学和现代管理理论基础之上的应用科学，研究以满足消费者需求为中心的企业市场营销活动过程及其规律性。

市场营销学经历了四个发展阶段：市场营销的形成阶段、应用阶段、变革阶段和发展阶段。

市场营销学具有全程性、综合性、实践性等特点。

市场营销学的研究对象是市场营销活动及其规律，即研究企业如何识别、分析评价、选择和利用市场机会，从满足目标市场顾客需求出发，有计划地组织企业的整体活动，通过交换，将产品从生产者手中转移到消费者手中，以实现企业营销目标。

市场营销学的主要内容包括营销基础理论、市场分析、营销活动与营销策略、营销活动组织、营销创新等。

市场营销学的研究方法包括产品研究法、机构研究法、功能研究法、管理研究方法、系统研究方法及社会研究方法等。

复习思考题

1. 市场调查的含义及特点是什么？
2. 市场调查的主要内容包括哪些？
3. 学习市场调查的意义有哪些？
4. 什么是市场营销和市场营销学？
5. 市场营销学的研究对象是什么？
6. 市场营销学的主要内容是什么？
7. 现代市场营销的研究方法有哪些？

第七章 组织行为学与人力资源管理

本章学习目标

通过本章的学习，学生能描述组织行为学与人力资源管理的产生与发展，能阐释组织行为学与人力资源管理课程特点及主要内容，能复述组织行为学与人力资源管理课程目标及学习的意义。

本章内容框架

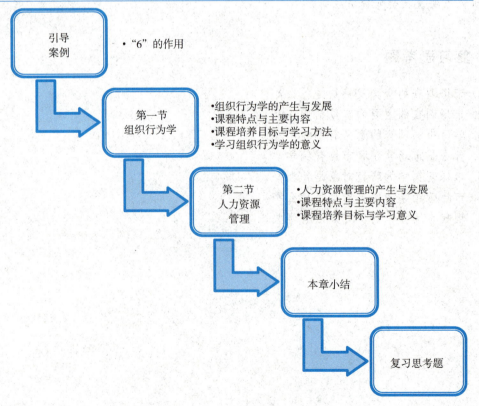

引导案例

"6"的作用

在美国，有一个老板叫作杰克。他经营了很多工厂，但是有一家铸造厂的效益始终徘徊不前，差强人意。同时，杰克也发现这个厂的员工很没干劲，不是缺席，就是迟到早退，交货总是延误。而该厂产品质量低劣，使客户抱怨不迭。虽然杰克指责过现场管理人员，也想尽了办法，然而始终不见效果。

有一天，杰克发现，他交代给这个厂的一名现场管理员办的事，一直没有解决，于是他就亲自出马了。这个工厂采用昼夜两班轮流制，他在夜班要下班的时候，在工厂门口拦住一个工人，问："你们的铸造流程一天可做几次？"这个工人答道："6次。"

杰克听完后一句话也不说，就用粉笔在地上写下"6"。

紧接着，早班工人进入工厂上班，他们看了这个数字后，竟改变了"6"的标准，做了七次铸造流程，并在地面上重新写上"7"。到了晚上，夜班的工人为了刷新纪录，就做了10次铸造流程，而且也在地面上写上"10"。

过了一个月之后，奇迹发生了，这个工厂变成了杰克所经营的厂中业绩最高的。

（资料来源：根据http://www.hrsee.com相关内容改编）

思考讨论题：
1. 本案例中杰克是如何提高员工的工作效率的？
2. 本案例对你有什么启示？

第一节 组织行为学

一、组织行为学的产生与发展

组织行为学是研究组织中人的心理和行为表现及其客观规律，提高管理人员预测、引导和控制人的行为的能力，以实现组织既定目标的科学。组织行为学是研究在组织中以及组织与环境相互作用，人们从事工作的心理活动和行为反应规律性的科学。它采用系统分析的方法，综合运用心理学、社会学、人类学、生理学、生物学、经济学和政治学等知识，研究一定组织中人的心理和行为的规律性，从而提高各级领导者和管理者对人的行为预测和引导能力，以便更有效地实现组织预定的目标。

经过一百多年的发展，组织行为学理论大体上可以分为5个学派，也有人将其作为5个发展阶段：早期的工业心理学派、古典管理学派、行为学派、权变学派、系统学派。

（一）早期的工业心理学派

组织行为学的产生与发展起源于心理学在管理实践或工业界的应用。20世纪初，工业心理学的萌芽与发展为组织行为学乃至整个行为科学学派的产生与发展奠定了基础。

其代表人物和事件可以概括如下：

1901年，德国心理学家斯特恩将心理学相关知识应用于企业，并首次提出"心理技术学"这个概念。1913年，德国心理学家雨果·芒斯特伯格在《心理学与工业效率》一书中首次指出，只有对人的行为进行科学的研究才能鉴别一般模式和解释人的个体差异。将心理学运用到工业中，主要为了发现以下问题：第一，如何将工人的能力与从事的工作相匹配；第二，工人在什么样的心理下，工作产出才会最大；第三，企业如何影响工人以获得最大工作产出。芒斯特伯格建议运用心理测验来提高甄选雇员的准确性；强调学习理论在培训开发中的价值，提倡通过研究人的行为来了解什么是最有效的激励方式。

美国管理学家莉莲·吉尔布莱斯发展了芒斯特伯格的思想，首次提出了"管理心理学"的概念，在1914年出版了《管理心理学》一书。吉尔布莱斯强调工人的个性与需求是运用科学管理原理的前提。在管理实践中企业需要运用心理学的相关概念与原理。

第一次世界大战（以下简称"一战"）推动了工业心理学尤其是人员测评研究的发展。"一战"期间，大量的美国心理学家被征召从事兵源选拔的人事测评工作。"一战"之后，人事测评的技术与方法被广泛地运用于工业界，成为企业选拔工人的有力工具。从20世纪20年代开始，心理学在工作环境中的作用得到越来越多人的认可，工业心理学开始全面兴起。

（二）古典管理学派

管理学界一般把古典管理学派作为管理科学诞生的标志，是人类系统研究组织管理问题的早期探索，也称为古典理论时期。这一时期，几位学者通过对管理实践的观察、探索和总结，形成了相对系统的逻辑表述和多种有影响的理论，包括美国的弗雷德里克·泰勒、法国的亨利·法约尔、德国的马科斯·韦伯等。

1. 科学管理理论

弗雷德里克·泰勒在20世纪初期所做的系统研究，关注的重点在于生产车间的计划、标准化和作业质量，以便以最小的投入获得最大的产出。他精心设计了生铁块搬运实验，依据实验结果制定出了标准的操作方法，并用这种方法对全体工人进行训练，据以制定较高的定额，这就是工作定额原理。同时，他还对工人使用的工具、机械、材料以及作业环境加以标准化，这就是标准化原理。科学管理通过最大限度地提高每个工人的生产效率，能为劳资双方赚取最大的收益。因此，一切视劳资关系为"零和游戏"的消极情绪及矛盾冲突可经科学管理而解决。

泰勒通过明确界定提高效率的原则，致力于在工人和管理者当中引发一场心理革命。他指出，遵循这些原则将会使管理者和工人同时受益，工人会获得更多的收入，管理者会获得更多的利润。

泰勒确认的科学管理原则不仅对美国，而且对欧洲的工业实践活动都产生了巨大的影响，它不仅对工人完成工作任务的方法产生了影响，而且也为工业组织结构方面带来了很多变革。他的《科学管理原理》是影响极为深远的管理学著作之一。

2. 行政管理理论

科学管理理论主要针对生产车间和操作工人，没有涉及正式组织结构与一般管理的基本过程。法国工业学家亨利·法约尔的行政管理理论界定了管理者所发挥的基本职能，明确了组成有效管理实践的基本原理。1916年，法约尔发表了《工业管理与一般管理》，他把管理分为五个环节或五项职能：计划、组织、指挥、协调、控制。直至今日，这五个管理环节和职能仍然是研究管理职能的基础,几乎所有的管理学教材仍然使用这5项职能(或者压缩后的四项职能)作为描述管理者工作的基本框架,无论是企业还是政府组织,在管理原理上是一样的。后来,他进一步归纳了劳动分工、权力和责任、纪律、统一指挥、统一领导、个人利益服从整体利益、人员报酬、集中、等级制度、秩序、公平、人员稳定、首创精神和人员的团结14条管理原则,成为教材中的必备内容。

3. 科层结构理论

社会学家马科斯·韦伯出生在德国一个有着广泛社会和政治联系的富裕家庭,他是一位博学的知识分子,对社会学、宗教、经济学和政治学都有着广泛的兴趣。韦伯提出了职权结构理论,该理论试图为权力建立一个合理合法的基础,并且为挑选人员和进行各种活动做出有秩序的安排。韦伯将组织活动描述为建立在职权关系基础上的活动,从结构化的角度分析组织和管理活动。

被韦伯称为官僚模型(也被翻译成科层结构)的理想组织结构有以下特点:第一,劳动分工;第二,明确界定的等级制度;第三,详细的规章制度;第四,非人格化的人际关系。韦伯承认这种理想的官僚模型在现实生活中并不存在,但是它代表了一种对现实世界有选择性的重组,在大型组织中,可以作为对工作以及如何完成工作进行推理的基础。他的理论成为大型组织的设计依据。

4. "社会人"理论

古典管理学派基本以一家独大的姿态主宰了那个时代,尽管他们也受到了批判。相对而言,同时诞生在那个时代但后来才引起人们关注的两个理论家,对组织行为学的发展也功不可没。

玛丽·帕克·福利特是最早承认应该从个体和群体行为两个角度来看待组织的学者之一。作为一位社会哲学家,她提倡以人为本的观点;组织应建立在团体道德而不是个人主义的基础之上;个人潜力除非在群体交往中得以释放,否则依然是个人潜力,管理者的工作就是协调群体努力激发个人潜力;管理人员与工人应将对方视为合作伙伴——双方都是共同群体中的一个组成部分;管理者领导下属,不仅要依靠正式职权,更要靠他们的专业技能和知识,等等。福利特的思想被后人冠以"人本主义"的观点,今天还在影响我们看待激励、领导行为、权力和职权的方式。

切斯特·巴纳德对组织的性质和目的有独到的见解。在其1938年出版的《经理的职能》一书中,巴纳德系统表达了他对组织和管理的观点。

巴纳德认为,社会活动大多通过正式组织来完成,组织是人们自觉的、有意的、有目的的一种协作,由具有相互作用的社会关系的人所组成。管理者的主要作用是进行沟通,激励下属付出更大的努力。有三种普遍的要素会影响这种努力:

(1)协作意愿。协作意愿是各种组织不可缺少的首要的普遍要素。人们必须愿意为一个系统的目标做出贡献,但这种意愿的强度和实践安排却是变动的,因为它是以组织成员所感受或预计的满足或不满足为基础的。

(2)共同目标。组织动机和个人动机是不同的。个人之所以愿意为组织做出贡献,并不是因为组织动机就是他们的个人动机,而是因为他们感到,通过组织目标的实现,可以获得个人的满足。作为管理者,必须让所有的组织成员看到共同目标对于整个组织所具有的意义。

（3）信息交流。协作意愿、共同目标的实现等活动都是以信息交流为依据，通过沟通来实现的。良好的信息交流能够将组织的共同目标传递给个人，通过赢得他们的协作来实现组织目标和个人满足。所以，一个组织的成功主要依赖于沟通并从其成员中所获得的合作程度。

巴纳德也承认非正式组织的作用。他把非正式组织定义为：不属于正式组织，且与正式组织管辖的人以及有关的人们、团队没有接触和相互作用，然而却存在于正式组织中的一部分。

福利特和巴纳德对人的重视，超越了他们所处的时代。但他们强调的不是作为个体的人，而是通过合作的团体努力来实现自己的个人；两人都强调协调和统一，得出了同样的结论：只有专职的、有道德的领导者才能提高组织的效率和人们的福利。

（三）行为学派

1. 前期的思想和实践准备

作为对20世纪初工会化运动发展的回应，西方国家的一些企业纷纷设立了"福利秘书"职位，也就是现在的人力资源管理经理的前身。他们的作用是协调组织与雇员的关系。20世纪20年代末期的经济大萧条，迫使西方社会特别是美国政府颁布了一系列法律来协调工人、工会与雇主的关系，企业管理者开始更开放地寻求新的方式与雇员打交道，开始改善工作环境并谋求与劳动者建立良好的关系，这就为人际关系运动的兴起提供了社会基础。

芒斯特伯格和吉尔布莱斯等人从心理学角度对组织管理问题的研究，为行为科学学派的兴起提供了一定的理论基础。

2. 人际关系理论

人际关系理论的精髓在于相信在组织中获得更高生产率的办法是提高雇员的满意度。除梅奥等人在霍桑工厂的研究之外，其他三位学者的研究也发挥了推动作用：戴尔·卡耐基、亚伯拉罕·马斯洛、道格拉斯·麦戈里格。

对组织行为学中的人际关系运动的最重要贡献来自霍桑研究。这项实验从1924年开始一直延续到20世纪30年代。早期的实验在美国西方电气公司所属的霍桑工厂展开，并因此而得名。实验最初是想考察照明水平的变化对工人劳动生产率的影响。结果却发现：尽管只是增加了实验组的照明强度，但实验组和控制组的产量都上升了。继而又出现了更为令人惊奇的现象，当实验组的光照强度下降时，两个组的劳动生产率依然持续上升，为了解释他们所观察到的工人行为，公司请哈佛大学教授梅奥及其助手作为顾问参加了这项研究。

梅奥小组进行了多轮实验，得出以下结论：计件工资对工人产出的影响比群体压力、归属及随之产生的安全感等因素对工人产出的影响更小；工人的行为与情感紧密联系，组织的力量显著地影响个人的行为，群体内标准决定着单个工人的产量；与群体内标准，群体情感、安全相比，金钱是决定产出的次要因素；群体内的社会规范或标准被认为是个体工作行为的决定性因素。这些结论导致了人们对于组织运作与实现组织目标的过程中人的因素有了新的重视，同时也导致了家长式管理的加强。

戴尔·卡耐基的书《如何赢得朋友和影响人》在20世纪30年代到50年代成为美国

乃至欧洲很多人的案头必备，同一时期成千上万的经理和渴望成为经理的人参加了他的管理讲座和研讨会。他的核心论点是：只有赢得他人的合作才能赢得成功。因此，处理好人际关系是一个人事业的关键。

1949 年，芝加哥大学举行了一次跨学科的研讨会，主要讨论如何用已有的各个学科的知识来发展一种关于人的行为的一般理论。讨论会上第一次提出了"行为科学"的概念。1953 年，美国福特基金会召开的跨学科会议上，正式把研究人的行为的科学命名为"行为科学"。行为科学的正式定义是：运用科学的观察、调查、实验、测评等实证研究方法，研究人行为的一般规律以及相关应用的学科群。狭义的行为科学包括心理学、社会学以及文化人类学三个学科的相关知识，被称为"组织行为学"。广义的行为科学，除以上三个学科之外，还囊括经济学、教育学、生理学等学科的相关知识。

亚伯拉罕·马斯洛提出的五层次需要模型几乎无人不知，他的主要观点是：需要是人的行为的驱动力，要激励人就要努力满足人的需要。人的需要从低层次到高层次是逐渐发展的，低一层次的需要基本获得满足后，人们才会追求高一层次需要的满足。管理者只有通过改变管理实践，不断满足人们的需要，来促使人们达到自我实现的状态。

道格拉斯·麦戈里格是麻省理工学院的心理学教授。麦戈里格以其两个假设而著名，即关于人性的 X 理论和 Y 理论。X 理论也叫经济人假设，以消极的观点看待人，强调人的自然属性；Y 理论也叫社会人假设，以相对积极的观点看待人，强调人的社会属性。

3. 行为科学理论

行为学派的影响随着一批理论家的参与而愈加广泛和深刻，在 20 世纪 50 和 60 年代达到顶峰。行为科学理论专注于对组织内的人际行为进行客观和科学的研究，有代表性的包括：斯金纳运用他的"斯金纳箱"提出了强化理论；戴维·麦克利兰提出了成就动机理论；弗雷德里克·赫兹伯格提出了"双因素"理论；理查德·海克曼等人建立的工作特征模型揭示了工作的核心维度（技能多样化、任务一致性、工作重要性、独立程度及反馈）对承担工作的人的激励作用。

（四）权变学派

权变理论学派是 20 世纪 60 年代末在美国实证主义基础上发展起来的一派管理理论。权变理论认为，组织管理是一个动态的过程，没有绝对有效的模式或方法（国内流行的管理无定式的说法就来自这个理论），要根据组织所处的环境和内部条件的变化随机应变。权变理论的核心是通过组织内部和外部各个部分或系统的相互联系，区分和确定各种可能的影响因素，根据各种条件和变化，随机应变、伺机而动、审时度势，针对不同的具体条件寻求不同的管理模式或方法。实际上，这个学派已经隐含了系统学派的思想。权变理论与其他理论学派一样，也有几个主要的代表人物。

钱德勒在 1962 年出版了《战略与结构》一书，强调在不同的条件下，有多种组织方案可供选择。组织管理结构是随着企业战略的变化而变化的，而战略本身又随着市场的、资金的、技术的、社会的等条件的变化而变化。因此，不存在既成不变的组织结构。

劳伦斯等人被称为权变理论的创始人。1967 年的《组织与环境》一书，论述了外部环境和组织结构之间的关系。书中提出：组织应该按照不同的形势、不同的企业类型、不同的目标和价值取向等采取不同的管理方法。组织结构的特点就是分散化和整体化的整合；组织的有效运作离不开对组织外部环境的不确定性的预测和估计；企业可以根据自己所处的条件，选择事业部制、矩阵结构、直线职能制结构或者集权结构。

卢桑斯也是对权变理论有贡献的学者。他认为，权变关系是两个或两个以上的变量之间的一种函数关系，相当于一种假设关系，可以表述为"如果-那么"。"如果"是前提或假设条件，"那么"是应对措施或方案。

权变理论的基础是系统理论，它同系统理论一样，把组织看成一个存在于一个大系统环境之中的子系统。与系统理论不同的是，权变理论强调管理方式要根据所处的情境随机应变，合适的就是最好的。而系统理论强调的是组织作为一个整体的运作以及这个整体与外部环境的互动。

（五）系统学派

系统学派是指将组织作为一个有机整体，把各项管理业务看成相互联系的网络的一种管理学派。该学派重视对组织结构和模式的分析，应用系统理论的范畴、原理，全面分析和研究企业和其他组织的管理活动和管理过程，并建立起系统模型以便于分析。这一理论是弗莱蒙特·卡斯特、罗森茨韦克等美国管理学家在一般系统论的基础上建立起来的。该理论的主要观点是：

第一，企业是由人、物资、机器和其他资源在一定的目标下组成的一体化系统，它的成长和发展同时受到这些组成要素的影响。在这些要素的相互关系中，人是主体，具有主动性，其他要素则是被动的客体。

第二，组织是由许多子系统组成的，各子系统既相互独立又相互作用，不可分割，从而构成一个整体。这些系统还可以继续分为更小的子系统，同时企业是社会大系统中的子系统。

第三，从系统的观点来考察管理的基本职能，可以把企业看成是一个投入-产出系统，投入的是物资、劳动力和各种信息，产出的是各种产品（或服务）。从系统的角度分析，组织行为也是一个子系统，这个行为子系统与其他子系统相互作用。

（六）组织行为学的最新进展

在过去的半个世纪，世界形势发生了翻天覆地的变化，从技术的进步到社会体制的转型，从组织的形态的改变到工作方式的转变，全球化和国际化的大趋势对组织行为学的研究和教学也产生了重大影响。组织行为学中有四个趋势值得关注。

1. 积极组织行为学

积极组织行为学，可以理解为一种研究思路，它起源于积极心理学。由于传统的心理学研究过度关注人的心理活动的消极成分，包括对变态和异常心理的研究，20世纪60年代后期出现的人本主义心理学开始强调人性的积极一面，关注快乐和满意等问题。到了90年代，积极心理学水到渠成地正式成为一种研究思潮，并进而辐射到组织行为学的研究。

积极组织行为学将研究重点放在辨别和确认人的心理活动的积极因素，挖掘人的潜力，发挥人的优势，促进人的健康，使人获得幸福，同时提高组织绩效。这些积极的心理品质包括信心、希望、乐观、幸福、抗逆力、活力等。国内已经对心理资本、核心自我评价、公仆型领导、伦理型领导、真诚领导、幸福感、健康组织等积极组织行为学的概念进行了实证研究。

2. 组织神经学

现代神经科学的重大突破之一是利用脑成像技术和计算机模拟技术揭示人类大脑的内

部工作机制。这些突破带来了很多学科的革命性的变化。显然，组织行为学的研究，也可以与神经科学结合起来，或者从神经科学的角度来解释组织行为现象。

神经科学的研究主要关注大脑如何形成认知、态度、情感和行为，他们的发现和观点无疑对于我们解释组织行为有很大的促进作用。神经科学的方法可以补充，而不是代替组织行为学研究的传统方法，组织行为学者应该增加与神经科学家的对话，借用他们的研究成果，为组织行为学领域已经建立的概念和理论提供更充分的科学依据，从神经机制上解释人的行为背后的共同神经传导过程。例如，有人用多导生物反馈仪技术研究了愿景领导的行为特征，用功能性核磁成像技术和行为测量指标分析了领导者的马基雅维利主义特质对组织绩效的影响，用神经生物指标考察警察的决策过程。

也有人对这种趋势提出质疑：把人的行为还原到生理和神经的层面，是否抹杀了人的社会属性和文化成分？我们认为这种质疑有其合理性，最后的结论有待科学验证。

3. 关注组织行为的整体性

进入21世纪以来，管理学领域出现了一批有影响的研究成果，而这些成果大多是从心理学的角度或组织行为学的角度，对企业整体运作进行的系统研究，提供给读者的是一个整体性的分析和描述，例如彼得·圣吉关于学习型组织的研究《第五项修炼》，埃德加·沙因对组织文化的研究《组织文化》，约翰·科特对于组织变革的研究《领导变革》，吉姆·柯林斯和其同事的《基业长青》《从优秀到卓越》等。这些研究的一个共同特点是研究问题更接近现实，研究角度更加具有整体性，研究结论更容易落地。相对而言，研究过程的严谨性容易受到学者的质疑。

4. 跨文化组织行为学

随着国际商务和全球化趋势的加剧，传统的建立在单一国家或文化背景下形成的组织行为学概念或理论，不能完全解释现代组织的很多现象，尤其是跨国公司的出现，使得跨文化管理成为组织管理最迫切的挑战，对组织行为学的跨文化研究也成为必然趋势。尽管跨文化组织行为学还没有获得自己独立的地位，但有关的研究成果已经遍地开花。例如，针对不同国家或不同民族员工的工作价值观、工作态度、领导风格、谈判风格、冲突管理、决策、公平感、报酬偏好等的比较研究。

二、课程特点与主要内容

（一）课程特点

组织行为学是系统地研究人在组织中所表现的行为和态度的学科。是行为科学的一个分支，是一门以行为学为基础，与心理学、社会学、人类学、工程学、计算机科学等学科相交叉的边缘性学科。

1. 跨学科性

组织行为学吸收、借鉴了心理学、社会学、社会心理学、人类学、政治学、历史学、工程学、信息和系统科学等多门学科的概念、理论和方法。这些不同学派的理论是组织行为学中个体行为部分知识的最重要来源。

2. 实证性

组织行为学运用科学的、系统的方法进行研究，基于观察和推理提出假设，运用客观案例和数据进行论证，保证其研究结论的可靠性和可信性，而不是靠一般性的经验、直觉和臆断得出结论。

3. 文化相关性

组织行为学所研究的个体、群体、组织的行为表现和规律依赖于其所处的文化环境，在不同的文化环境中可能表现出不同的特点和规律。组织行为学非常重视跨文化比较的研究。

4. 层次性

组织行为学学科通常分为三个层次：第一层次是个体行为，第二层次是群体行为，第三层次是组织行为。

5. 情境性

组织行为学研究的是千变万化的人、群体和组织的行为，因此不可能有通用的最佳模式，而是主张根据不同情景采取不同的理论和对策。

（二）主要内容

1. 绪论

绪论部分主要包括组织行为学的含义、研究对象、研究方法、发展历程以及学习组织行为学的意义。

2. 个体行为

个体行为部分主要从个体特征的角度分析人在组织中的行为表现，由个体心理与行为和动机与激励两部分组成。个体心理与行为主要包括个体的知觉与决策风格、价值观和态度、人格特征、能力倾向、情绪调节功能、压力应对方式等，动机与激励包括需要、动机与行为的概念及关系，激励的需要理论、过程理论和综合激励理论，以及在中国文化背景下的激励特点、原则和方法。

3. 群体与团队行为

群体与团队行为由群体心理与行为和团队两部分组成。群体心理与行为包括群体的概念、发展过程、群体结构、常见的群体行为以及群体间的冲突与管理；团队包括团队的特征和类型、团队过程管理、团队效能的概念及团队绩效评价。团队管理的知识是现代组织行为管理的主要内容，本部分内容与培养学生的团队素质和团队管理能力密切相关。

4. 组织行为

组织行为部分由领导、沟通、组织文化、组织学习与创新、组织变革与发展5个方面构成。领导包括领导理论研究的产生与发展历程、经典领导理论和新型领导理论以及中国情景下的领导实践；沟通包括沟通的基本原理、组织沟通的种类、沟通障碍与克服以及跨文化沟通；组织文化包括组织文化概述、分类和测量、组织文化建设以及中国组织文化建设的实践；组织学习与创新包括组织学习的过程与层次、学习型组织含义及构建、组织创新的影响因素及提升措施以及学习型组织和组织创新在中国的实践等；组织变革与发展包括组织变革和发展的概念、动因、系统模型、组织变革阻力及其克服、组织发展趋势及其新型组织等。

5. 个人与组织的关系

没有离开组织的个人，也没有离开个人的组织，个人与组织交互影响，形影相伴。本部分主要包括个人-组织契合度、组织社会化与个体策略、组织认同与组织承诺、心理契约、组织公民行为等五个方面。

组织行为学的内容框架如图7-1所示。

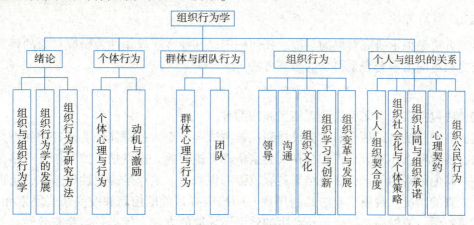

图7-1　组织行为学的内容框架

三、课程培养目标与学习方法

（一）课程培养目标

《组织行为学》是管理学、心理学等学科领域的一门专业课程，是研究组织中人及其心理和行为的学科，它采用观察、实验、调查等方法，并运用心理学、社会学、领导学、管理学等多学科知识，其目的在于使学生在掌握组织中人的心理和行为规律的基础上，提高学生预测、解释、改善组织中人的行为的能力，以提升组织绩效，实现组织目标。

1. 知识目标

全面了解组织行为学的体系，掌握组织行为学的基本概念、原理和研究的基本分析方法；能应用所学知识分析组织中人的行为、群体行为和组织行为；理解个性差异在管理中的应用和创造性行为的培养和开发；掌握群体的类型、制约群体有效性的因素、群体有效沟通的障碍和群体冲突的管理；理解领导理论，领会激励理论的应用；掌握组织结构的设计原则，认识不同组织结构的形式和特点，领会组织变革与组织发展的特点；掌握组织文化的层次结构和内容及其塑造。通过学习，使学生建立分析、解决管理问题的能力，为学习相关的专业课程或深入研究组织行为理论打下必要的基础。

2. 能力目标

①能运用个性理论分析人的个性差异、懂得改变态度提高工作满意度的方法。
②能运用适当的手段管理压力、防御挫折。
③能正确对待非正式群体，正确分析并处理管理中的人际沟通问题。
④会对冲突进行管理，能把自己塑造成为优秀的团队成员。

⑤能应用各类激励理论，熟知组织权力和政治的作用。
⑥会进行组织结构的设计。

3. 素质目标

培养学生诚实守信、敬业爱岗、吃苦耐劳、踏实肯干、团队合作、沟通表达、勤奋务实与细致耐心等职业精神。

（二）学习方法

研究方法是揭示研究对象的手段。任何一门以某种客观规律性为研究对象的科学，都有其与之相适应的一套合乎科学的研究方法。

1. 实验法

实验法包括实验室实验法和现场实验法两种。

实验室实验法是运用专门实验仪器测试被测试者（个人或群体）心理特质和行为的研究方法，最大特点在于研究工作是在实验室条件下进行的。优点是其控制条件严格，可以避免许多其他因素的干扰，研究结果具有较强的说服力。缺点是普遍性较差，一定程度上也存在失真的情况。现场实验法是利用现有的机构有目的地控制和改变某些因素和条件，验证某项假设，或检验某项变革所产生的效果而采取的方法。优点是实验有效性高，结果易于推广；缺点是控制条件不方便，易受外界因素干扰。

2. 现场调查法

现场调查法是研究者根据研究问题的性质，运用一定的工具，如问卷、调查量表、电话访问等，对特定人群收集资料，进行统计分析，以确定其行为特征或规律的方法。优点是简单而经济可行，现场调查的数据极易量化；缺点是调查的形式不易于了解被调查者的行为；调查结果可能会因被调查者的防御心理而失真。

3. 现场观察法

现场观察法是在自然条件下，有目的、有系统地观察、研究被观察者的行为，从而分析其心理活动及行为的方法。优点是使用方便，所得材料真实，应用广泛。缺点是只能了解到一些表面现象，很难通过这些表面现象去进一步把握其本质特征。

4. 案例分析法

案例分析法是研究者根据记录、文件、书籍等记载的某个群体或个人的活动资料，加以分析，从中推断群体或个人的心理和行为的活动规律的方法。优点是能尽快进入情景，比起大规模的普查要省时省力，是进行探索性研究的一种特别有效的方法。缺点是案例过于概念化并带有明显的倾向性。

四、学习组织行为学的意义

（一）有助于更系统地认识和了解组织中人的行为特点规律

学习组织行为学有助于更系统地认识和了解组织中人的行为特点规律，对于日后的工作和生活都会有帮助。这里的人，既包括上级、下级，也包括自己。从组织管理的角度来看，尤其是作为管理者，不仅要知彼，而且也要知己。列宁说："没有革命理论，就不会有坚强的社会党。"这包含着深刻的辩证法思想：理论产生于实践，并反作用于实践。已有的组织行为学理论部分揭示了组织中个体、群体和团队的行为规律，将组织行为的相关理论应用于指导实践，有助于管理者更好处理与人有关的管理问题，充分调动员工的积极性；有助于员工厘清个人需要，将组织发展与个人需要相结合，更好地实现个人目标；有助于领导者提高自己的领导水平，改善领导者与被领导者的关系。无论是对自己的认识，还是对别人的理解，包括对于组织特征的把握，都可以从组织行为学中找到非常实用的分析工具和解决问题的有效方法。

（二）有助于对人进行管理

随着时间的摄入和中国企业的成长壮大，越来越多的人认识到：管理的本质是对人的管理。无论是财务管理还是运营管理，核心都在对人的管理，知人善任是各级领导者的基本职能，知人才能善任。习近平总书记对此有精辟的论述："用人得当，首先要知人，知人不深，识人不准，往往会出现用人不当，用人失误……对干部的认识不能停留在感觉和印象上，必须健全考察机制和办法，多渠道、多层次、多侧面深入了解，对于了解人和认识人，组织行为学是所有管理者的必修课。"

（三）有助于了解组织中人的认识水平

学习组织行为学，能够帮助我们了解组织中人的认识水平，为进一步推动认识的进步奠定基础。马克思主义的基本观点告诉我们，实践是人们认识的基础，实践为认识提供源泉、动力、目的和检验认识的真理性的标准，决定和支配者认识的全过程。在实践中检验和发展真理是我党思想路线的基本内容。对组织行为学知识真伪的判定也要坚持实践的标准。这就要求我们在以后的实践中不断发展现有组织行为学的理论和观点，检验已有理论的适用性，并在实践中总结、归纳、提炼，形成我们自己的理论。

（四）有利于强化民族自信和理论自信

学习组织行为学有利于强化我们的民族自信和理论自信，更加坚定对马克思主义的信念。目前的西方组织行为学具有3个局限性：第一，虽然使用了"组织"，但主要以企业组织为研究对象，对于公共组织和非营利组织等其他组织的研究相对薄弱，尤其未能体现社会主义企业组织行为的特殊性。第二，目前组织行为学的主体内容大都以资本主义社会和商品经济相对发达的社会为研究对象，其结论是否完全适用于中国社会，还有待系统验证。第三，现有组织行为学，从研究的出发点和立场到具体研究方法，都有其局限性，尤其没有贯彻辩证唯物主义和历史唯物主义的方法论。所以，在学习过程中，要以审辨和批判的思维有鉴别地吸收，不能完全照搬。同时要坚定对我国的组织管理从理论到实践的信心，尤其要坚信马克思主义指导下的组织管理实践。马克思主义的相关论述对如何发展中国情景下的组织行为学提供了方法论的指导。一方面，要把西方的理论与我们自己的组织管理实践相结合；另一方面，要与我们民族的传统文化和特色相结合，用马克思主义理论指导我们的研究。现阶段，加快本土组织学习、研究或推动组织行为学的本土化是我们的当务之急。

第二节 人力资源管理

一、人力资源管理的产生与发展

人力资源（Human Resources，简称 HR）是由管理大师彼得·德鲁克于 1954 年在其名著《管理的实践》中首次提出的概念。1965 年，雷蒙德·迈勒斯在《哈佛商业评论》上发表了一篇论文，使得"人力资源"的概念引起了理论界和管理者的关注。从不同的角度，专家和学者们对人力资源进行了定义和阐释。就总体而言，人力资源是指推动社会发展和经济运转的人的劳动能力。

人力资源是进行社会生产最基本最重要的资源，和其他资源相比，人力资源具有生物性、时限性、再生性、磨损性、社会性、能动性、两重性和增值性。

（一）人力资源管理的概念

1958 年，怀特·巴克出版了《人力资源职能》一书，首次将人力资源管理作为管理的普通职能来加以论述。此后，随着人力资源管理理论和实践的不断发展，国内外各流派从不同侧面对人力资源管理的概念进行了阐述，综合起来，宏观意义上的人力资源管理，是指政府对于社会人力资源的开发和管理过程。而微观意义上的人力资源管理，是指组织或企业内部的人力资源管理。

人力资源管理指运用现代化的科学方法，对与一定物力相结合的人力进行合理的培训、组织与调配，使人力、物力经常保持最佳比例，同时对人的思想、心理和行为进行恰当的诱导、控制和协调，充分发挥人的主观能动性，使人尽其才、事得其人、人事相宜，以实现组织目标。

（二）人力资源管理的发展历史

人力资源管理是生产力发展到一定阶段的产物，随着生产力的进一步发展和人力资源素质的提高，该管理理念和模式也在不断地调整以适应新的管理环境的要求。现代人力资源管理是在国外社会化大生产的背景下产生与发展的，其发展过程具有深刻的西方文化烙印。

1. 人事管理阶段

19 世纪工业革命的高潮促进了劳动专业化水平和生产力水平的提高，但同时也对生产过程的管理，尤其是对生产中员工的管理提出了更高的要求。因此，专门的管理人员出现了，主要负责对员工的生产进行监督和对与员工有关的事务进行管理。从这一时期开始，人事管理被组织尤其是企业所接受。19 世纪末到 20 世纪初人事管理作为一种管理活动而正式进入企业的管理活动范畴，许多人力资源管理学者都把这一时期作为现代人事管理的开端。

这一时期的人事管理集中于"事"而非着眼于"人"。20 世纪初，人事管理发生了一些变化，吸收了科学管理的思想精要。泰勒提出了科学管理原则，宣称企业如果遵循这些原则，会给员工和企业双方带来发展，员工会获得更多的收入，企业也会获得更多的利润。科学管理的分工、时间动作研究思想是之后人力资源管理职位分析的基础和源头。它强调的科学选拔以及职能管理制度为后续人力资源管理的职能、职位管理体系的建设和发展奠定了基础。只不过科学管理是从"工作"出发，因此此时与"人"相关的管理也集中于"事"，即我们称为的人事管理。人事管理理论与实践吸收科学管理的思想，但科学管理理论仍旧没有考虑到员工的感受，仅仅把员工作为和机器设备一样的生产资料来对待，使员工开始对工作产生不满。人事管理由于其内在的矛盾张力继续向前发展。

2. 人力资源管理阶段

现代人力资源管理起源于泰勒的科学管理思想，"人力资源"一词由管理大师德鲁克先生正式提出。人力资源管理理论指出，组织中的人具有符合资源的价值性、稀少性、不易被模仿以及竞争者无法取代的特性。组织可通过人力资源管理系统建立自身的持久竞争优势，进而提升组织的绩效。因此，"人"才是组织经营中资源执行的主体，应该成为经营中重视的核心。在这一阶段，组织招募了大量的从业人员，为提高其胜任力而进行训练与教育。与人事管理阶段相比，人力资源管理在管理目标、方式等层面有很大的区别，此阶段也奠定了现代人力资源管理的基本内容。

赖特（Wright）和麦克马汉（McMahan）指出，可以通过4个方向思考人力资源管理实务能否创造竞争优势：第一，某种人力资源要能为组织创造持久性的竞争优势；第二，这种人力资源必须是稀少的；第三，为了维持竞争优势，这种人力资源必须是不可转移的；第四，若要成为竞争优势来源，这种人力资源必须是不可取代的。

3. 人力资本管理阶段

20世纪50年代末60年代初，舒尔茨（Schultz）连续发表了一系列重要文章，这些文章为现代人力资本理论奠定了基础。他认为人力资本是投资的产物，把人力资本投资分为以下五类：第一，医疗和保健投资；第二，在职人员培训投资；第三，正规的初等、中等和高等教育投资；第四，不是由企业组织的、为成年人举办的学习项目（包括多见之于农业的技术推广项目）投资；第五，个人和家庭适应于变换就业机会的迁移投资。舒尔茨考察并确认了人力资本投资的两个方面：正规教育和有组织的研究活动。人力资本投资表明现代经济发展已经不能单纯依靠自然资源和人的体力劳动，生产中必须提高体力劳动者的智力水平，增加脑力劳动的成分，以此来代替原有的生产要素。因此，由教育投资形成的人力资本在经济增长中会更多地代替其他生产要素。

从组织视角来看，人力资本管理活动涉及人力资本的组织化，指个体层面的知识、技能、能力等人力资本向组织层面人力资源的聚集和转化，这种聚集和转化过程使得组织化人力资本打上了组织的独特烙印，具有不可模仿性和不可替代性，并且能够根据组织特定的战略目标进行动态调整，构成了组织竞争优势的重要来源，能够为组织达成战略目标、实现价值增值做出贡献。

从总体来看，西方人力资本理论产生及发展，使人在物质生产中的决定性作用得到复归。人力资本理论重新证明了人，特别是具有专业知识和技术的高层次的人是推动经济增长和经济发展的真正动力。这一阶段的人力资本理论把人的消费视为一种重要的投资，对管理实践的发展产生了革命性的影响。人力资本管理阶段与人力资源管理阶段相比，其先进点在于人力资本管理更偏重于关注人的可持续发展，重视通过培训和激励并重等多种"投资"手段来提高人的价值。而人力资源管理只是立足于人的现有状况来挖掘潜力，偏重于激励手段和方式的进步。

4. 人才管理阶段

1997年，麦肯锡咨询公司提出了"人才战争"这个术语之后，从业者和学者就对人才管理表现出了极大的兴趣。人才管理研究表现出与竞争优势资源相关的传统人力资源管理的思维模式的转移，是适应当今动态、复杂的竞争环境的战略人力资源管理的重要内容。学者们对人才管理内涵的诠释分为四种导向：一是传统功能导向，即将人才管理看成是人力资源部门的功能——招聘、甄选、开发、职业生涯以及聘任管理。二是人才池导向，即将人才管理看成是开发和储备员工的一种功能；三是人才一般性导向，即人才管理不考虑组织边界和职位的特殊性；四是战略导向，即将人才管理作为一种战略从而获得竞争优势。比较公认的人才管理定义为"系统地确定对本组织可持续竞争优势有不同贡献的关键职位，开发由高潜力和高绩效在职者组成的人才池以填补这些职位的活动和过程，以及开发和创建差异化的人力资源架构，以协助填补这些职位的胜任者，并确保他们继续效力于本组织"。该观点特别强调人才管理系统应该从识别关键的组织职位或关键任务角色开始。综上，人才管理应该多关注有才能、高绩效或高潜力的员工和关键职位。从方法来看，斯帕瓦和同事提出了人才管理的"价值驱动"路径，把人才管理模式分解为4个关键的价值驱动过程，分别是：价值创造、价值获取、价值放大（价值杠杆）和价值保护。以价值放大为例，现在发展迅速的平台型企业正是通过与工作者对接异质性资源，撬动价值杠杆，在价值共创过程中实现人力资本价值放大。

总体上，人才管理应该将关键职位的识别和确定作为其首要任务，然后开发人才池，尤其是高能力、高绩效的人才池，最后应确保组织的人力资源架构是适应内外环境的产物。所以，人才管理还应该包括开发和创建差异化的、有竞争力的人力资源架构。

二、课程特点与主要内容

（一）课程特点

1. 综合性

人力资源管理是一门综合性很强的学科，其研究对象是被视为组织最重要资源的人，而对人的研究必然会涉及经济学、管理学、社会学、心理学、人类学、系统学、计算机科学等多学科的理论基础和研究方法。这种多学科理论和研究方法的交叉综合研究，不仅对人力资源管理本身的发展具有重大学术意义，而且对各相关学科的发展也有着重要意义。

2. 实践性

人力资源管理学科的建立和发展，是现代社会化大生产高度发达，全球范围内的市场竞争日益激烈的产物。它发源于西方发达国家，引入中国时间不长，却发展迅速。人力资源管理的理论化，是现代社会经济发展的概括和总结。并反过来指导实践，同时接受实践的检验，具有较强的操作实践性。

3. 发展性

人力资源管理作为一个新兴学科，在西方也仅仅是30年的事，在我国人力资源管理的实践时间更短，是现代社会化大生产和现代市场经济高度发展的产物，遥远的古代文明为人力资源管理积累了丰富的经验和思想。经历了漫长的过程，大体经历了传统的人事管理、科学管理和现代管理等三个发展阶段和探索。随着科学技术的发展，新的管理方法和技术层出不穷，人力资源管理学科正在实践中不断地发展创新。

4. 民族性

人的行为深受其思想观念和感情的影响，而人的思想感情则受民族文化传统的制约。因此，人力资源管理带有鲜明的民族特色。

（二）主要内容

1. 人力资源规划

人力资源规划的实质是根据企业的发展战略、目标以及组织的内外部环境的变化，预测未来的组织任务和环境对组织的要求，以及为了完成这些任务、满足这些要求而提供人力资源的过程。人力资源规划是影响整个企业人员培训和开发的主要因素，主要关注的是人力资源供求之间的数量、质量与结构的匹配。一般来讲，人力资源规划包括以下3方面的内容：第一，确定员工的分类和企业目前及未来的人员需求；第二，确定企业获取员工的方式；第三，确定企业人力资源培训和开发的需求。

2. 工作分析与设计

工作分析与设计是人力资源管理中的一项重要工作，是指通过对工作任务的分解，根据不同的工作内容，设计不同的职务，并规定每个职务应承担的职责、工作任务、职位权力和工作条件，确定担任该职务应有的技能、知识与经验等，以确保企业拥有工作的规范和合格的员工。工作分析与设计要注意工作的丰富化和扩大化，以提高员工工作满意度。

3. 招聘

招聘是根据人力资源规划以及工作分析与设计的要求，为企业获取所需人力资源的过程。招聘活动应该公开、公正，应扩大候选人的范围，尽可能覆盖一切有才能的人；候选人一旦确定，必须进行严格的选拔以获取合格的员工；通过选拔的候选人应予以录用，包括对工作申请人进行测评、制定录用规则和对录用结果做出评价等内容。

4. 培训

培训主要是结合企业的发展需要以及工作需要，针对不同人员分别制订培训计划，并组织实施。企业培训应主要着力于员工知识、能力、态度等方面，以提高工作绩效为目标。在培训内容、方式、对象、地点和时间的选择与确定等环节均应科学有序，以使培训能落到实处，并且合理有效。

5. 薪酬管理

薪酬不仅仅是衡量一个人的劳动价值的标准，往往也是评价一个人事业成功与否的标准。大多数员工工作的目的仍然是获得报酬，企业的薪酬福利往往是留住员工的一个重要因素。企业的薪酬管理主要包括以下工作：设计合理的薪酬体系与制度，根据员工工作绩效状况给予不同的报酬，同时还应适应企业发展战略，适时调整薪酬方案，以保证其激励性。

6. 绩效管理

绩效管理是针对员工在一个既定的时期内对企业贡献程度做出评价的过程。员工绩效评估是人力资源管理的重要工作之一，是员工培训、晋升、薪酬等人力资源决策的重要依据。其主要工作内容是,通过建立评估体系,对员工作绩效进行评价,及时反馈评价结果,并奖优罚劣,目的在于改进和提高员工工作绩效。

7. 职业生涯管理

职业生涯管理主要是根据员工个人性格、气质、能力、兴趣和价值观等特点,同时结合企业的需要,为员工制订一个职业发展计划。职业生涯管理的目标是开发员工的潜能,使员工在企业中能够得到职业的发展,从而以更大的热情和主动性来投入工作。

8. 员工关系管理

劳动关系是劳动者与用人单位在劳动过程和经济活动中发生的关系。一个企业的劳动关系是否健康和融洽,直接关系到企业的人力资源能否正常发挥作用。建立和维护有效的劳动关系可以通过以下几个方面的活动来实现:尊重员工权利,与员工及其组织代表协商处理员工投诉等。

人力资源管理的内容框架如图 7-2 所示。

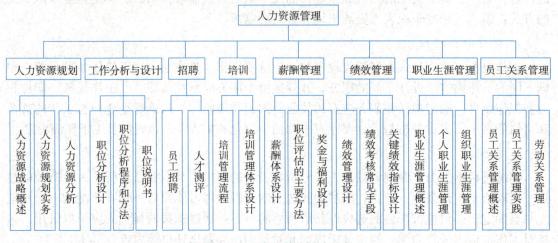

图 7-2　人力资源管理的内容框架

三、课程培养目标与学习意义

(一) 课程培养目标

本课程围绕人力资源规划、工作分析、招聘、绩效考评、薪酬管理、培训等核心问题,系统地学习人力资源管理的思想、技术与方法,使学生能了解当今人力资源管理方面最新的管理观念和发展趋势,掌握人力资源管理的基本理论、基本方法和实践技能,帮助学生了解人力资源管理对于组织的重要性以及它对企业获得和维持竞争优势的种种潜在的贡献。通过本课程的学习,培养学生作为未来企业管理者所具备的人力资源开发与管理技能,掌握处理人际关系的技巧,从而成为一名合格的企业管理者。

1. 知识目标

了解人力资源管理的发展,掌握人力资源管理的基本原理、基本知识、基本技能及方法,能够将人力资源管理的基本理论应用于实践,具备解决人力资源管理活动过程中的各种基本问题的能力。

2. 能力目标

通过学习本门课程，使学生能够将人力资源管理的基本原理和方法融会贯通，并应用于实践，具备解决人力资源管理活动中的各种基本问题的能力。

3. 素质目标

具有从事人力资源管理活动所必需的理论和实务操作应用的素质，具有良好的从业道德、严谨的工作态度和良好的团队合作精神。

（二）学习人力资源管理的意义

1. 有助于人才强国战略实施

当今世界科技进步日新月异，全球经济一体化的趋势凸显，未来的竞争不再单纯局限于技术和市场的竞争，人才作为知识的拥有者、传播者和创造者，人才抢夺战将会在全球范围内展开。人才资源必将作为各国社会发展的最重要战略资源，同时体现着一个国家的核心竞争力和社会发展源动力。党的十九大报告指出，"人才是实现民族振兴、赢得国际竞争主动的战略资源，强调要加快建设人才强国"。我国第一个以教育现代化为主题的中长期战略规划《中国教育现代化2035》提出："到2035年，总体实现教育现代化，迈入教育强国行列，推动我国成为学习大国、人力资源强国和人才强国。"人才强国战略的提出，显示出我国对人才工作的高度重视，已经把人才培养和开发工作上升到国家战略高度，人才强国战略的实施，极大地调动了各类人才的积极性和创造性，激发了各类人才的创新能力和创业激情，开创出人才辈出、人尽其才的新局面。因此，学习人力资源管理，有助于人才强国战略的实施。

2. 有助于社会经济的快速增长

适合社会需求的、受到良好教育且具有合作创新能力的人力资源是经济社会发展的支撑。通过实施有效的人力资源管理，为人才的培养指明了路径、为人才的分类设置了标准、为人才的发展提供了平台、为人才的可持续发展规划了方向，使各类人才在经济社会发展的不同岗位上产生良好的绩效，促进社会经济的快速增长。

3. 有利于企业战略的实现

从战略高度来看，企业若能有效地实施人力资源管理，则能够提高企业的综合竞争力。人力资源管理在战略管理上的作用强调的要点是"人比其他有形的资源更有价值"。因此，发挥人力资源管理在战略管理上的作用就必须把目标确定在其对企业战略发展的长期影响上，使其从企业战略的"反应者"转变为企业战略的"参与制定者"和"执行者"，最终成为企业战略的"贡献者"。

4. 有利于提高企业的绩效

企业的绩效是通过向顾客有效地提供企业的产品和服务体现出来的。所以，企业中的人力资源管理就是合理配置与使用设计、生产和提供这些产品和服务的人员。"管理出效率，人才是关键"中的人才就是人力资源中的佼佼者，通过实施有效的人力资源管理，不断设计与制造出具有竞争优势的产品和服务，从而提高企业的效率与效益，实现企业高质量发展。

本章小结

组织行为学是研究组织中人的心理和行为表现及其客观规律，提高管理人员预测、引导和控制人的行为的能力，以实现组织既定目标的科学。经过一百多年的发展，组织行为学理论大体上可以分为早期的工业心理学派、古典管理学派、行为学派、权变学派、系统学派5个学派。

组织行为学具有跨学科性、实证性、文化相关性、层次性、情境性等特征。

组织行为学的内容主要包括个体行为、群体与团队行为、组织行为以及个人与组织的关系等。

学习组织行为学，有助于更系统地认识和了解组织中人的行为特点规律；有助于对人进行管理；有助于了解组织中人的认识水平；有利于强化民族自信和理论自信。

人力资源管理指运用现代化的科学方法，对与一定物力相结合的人力进行合理的培训、组织与调配，使人力、物力经常保持最佳比例，同时对人的思想、心理和行为进行恰当的诱导、控制和协调，充分发挥人的主观能动性，使人尽其才、事得其人、人事相宜，以实现组织目标。

人力资源管理是生产力发展到一定阶段的产物，大致经历人事管理阶段、人力资源管理阶段、人力资本管理阶段、人才管理阶段四个阶段。

人力资源管理具有综合性、实践性、发展性、民族性等特征。

人力资源管理内容主要包括：人力资源规划、工作分析与设计、招聘、培训、薪酬管理、绩效管理、职业生涯规划、员工关系管理等。

学习人力资源管理有助于人才强国战略实施，有助于社会经济的快速增长，有利于企业战略的实现，有利于提高企业的绩效。

复习思考题

1. 组织行为学的含义及特征是什么？
2. 组织行为学的主要内容包括哪些？
3. 组织行为学学习的意义有哪些？
4. 人力资源管理的含义及特征是什么？
5. 人力资源管理研究的主要内容包括哪些？
6. 学习人力资源管理具有哪些意义？

第八章　会计学与财务管理

🔔 **本章学习目标**

通过本章的学习，学生能描述会计学和财务管理的产生与发展，能阐释会计学和财务管理的特点与主要内容，能复述会计学和财务管理的培养目标与学习意义。

🔔 **本章内容框架**

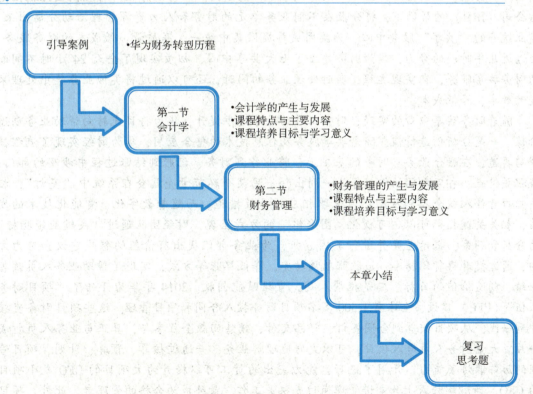

引导案例

华为财务转型历程

华为投资控股有限公司（以下简称"华为"），是于1987年成立于中国深圳的高科技技术公司，主要从事电信网络设备、IT设备和解决方案、云技术和服务以及智能终端的研究、开发、制造和销售业务。近年来，在新冠疫情和美国"实体清单"限制等不利因素影响下，公司全年收入及净利润仍实现增长，在这背后，财经团队的努力和汗水不可忽略，其报销效率、可视化的风险控制及现金流管理、财务人员对业务的洞察及赋能等特质广受瞩目。

随着海外业务的拓展，华为在全球170多个国家或地区设立了办事处，而不同的子公司在账务处理系统的应用上并不统一。同一个代码在不同国家或地区的代表处（如俄罗斯或阿根廷）所代表的业务都不一样，因此，在结账正式开展之前，工作人员需要建立索引，将不同系统中的数据导入Excel表格中进行标准化处理，并将代码、业务等匹配起来，在此基础上才能够对集团报表进行合并。但由于业务人员缺乏财务意识，"数字真实"的基本财报目标都难以实现，期末结账程序经常出现账实不符、账账不符的情形。在此背景下，及时、准确地提供财务报表服务，成为会计人员期末结账时面临的巨大挑战。华为虽然不是上市公司，但自2001年起开始聘请毕马威（KPMG）会计师事务所对其年报进行审计，这在一定程度上也提高了会计人员的业务洞察力。2005年开始，受一些知名跨国企业的影响，国内企业开始试水财务共享中心的建设。华为财务在外部顾问国际商用电器公司（IBM）的帮助下，将分散在不同业务单元的财务和人力资源管理活动分离出来，建立统一的"共享"服务中心，为集团成员提供集中统一、高质量、低成本的财务服务。经过近几年时间的努力，华为财务建立了七大共享中心，初步实现了全天24小时不间断的财务共享服务，在实现远程、实时处理业务的同时，还可以通过将类似业务集中处理来提升效率、降低成本。

随着财务共享中心的实践，财务工作的效率逐步提升，华为将目光转向帮助业务创造价值。一是分析创造价值，随着共享服务及信息技术的整合应用，华为财经实现了流程梳理与再造，在融合业务与财务的基础上，将业务到财务、记账到结账过程中涉及的部门、流程关键点、相互之间的衔接等逐一列出，一旦某个环节卡壳就会在系统中"亮灯"，相关归口责任人就会接到提醒，以采取相应的补救措施。而随着数字化、智能化技术的发展，相关关键指标可以"可视化、图形化"的方式呈现，财经团队通过"关键业绩指标"的分析和洞察，揭示差异并进行原因分析，为业务部门提出有价值的整改建议和努力方向，通过提升存货周转率、应收账款周转率、降低坏账等方式，实现了帮助业务人员改善业绩、创造价值的目标。二是挺膺入局，直接赋能创收。2014年华为开始了"项目财务队伍"（PFC）建设，全球有1 500多名项目财务投入合同和项目管理。这些项目财务直接冲到一线，从项目概算到合同签订、产品交付、销售回款全程参与，真正与业务人员打成一片。大量财务人员进入项目，可以更好地理解业务，并通过核算、预算、计划、项目管理的历练锻炼了能力、开阔了视野，能力突出的员工可以提升为大项目的CFO或小项目的CEO，通过螺旋式上升走进管理岗位或机关工作，最终成为合格的管理者。此外，项目财务人员还参与汇率风险、税务风险、项目概算、成本管理、合同交付等业务管理，将相关的信息予以收集、汇总和加工，并全程参与合同的谈判、签约、交付、回款，有效控制了相关风险。

在基础财会工作之外，华为将财务定位为业务最佳的合作伙伴，实施"全面预算管理"，启动全球财务风险管控项目，充分发挥了财务管理对公司整体战略和日常业务的决策支持职能，实现了财务管理服务于企业价值创造。

（资料来源：根据袁敏《财务转型：华为经验及启示》相关内容改编）

思考讨论题：

1. 什么是会计信息？华为采取哪些措施最终提高会计信息质量？
2. 华为将财务定位为业务的最佳合作伙伴，对此你如何理解？
3. 华为财务转型前后有哪些变化，对财务人员的职业发展有何启示？

第一节 会计学

一、会计学的产生与发展

会计是随着人类社会的生产实践和经营管理活动的客观需要而产生和发展的，它是商品经济发展到一定阶段后私有财产的产物。作为人类赖以生存和发展的基础，物质资源自身的稀缺性和人类需求的无限性之间必然存在矛盾，这就促使人们必须对物质生产过程中有关人力、财力和物力的投入与产出进行观察、确认、计量、计算和记录，并通过投入与产出的比较，以较少的生产耗费取得较多的生产成果，唯此才能满足人们生活和再生产的需要。这个观察、确认、计量、计算、记录和比较的过程，实质上就是会计活动的过程。可见，会计的产生基于人类社会的生产实践和经济管理的客观需要。

会计是一门古老的学科。会计作为一项确认、计量、记录和考核收支的工作，几乎与人类社会一样古老。据史学家考证，原始社会早期出现的"结绳记事"已经隐含了会计的意义，并被认为是会计的萌芽，但此时它还是生产职能的附带部分，并不是一种独立的工作。当社会生产力发展到了商品交换阶段，并将某种商品作为"一般等价物"而出现最早的"货币"时，会计才逐渐从生产职能中分离出来，成为一项专门性的工作，并具备了独立的职能。进入奴隶社会后，社会生产力的发展促使奴隶制国家产生了政府会计，进一步增强了会计的独立性。我国西周时，"会计"一词正式开始使用，政府设有"司会"主管会计，并以"零星算之为计，总合算之为会"作为对会计的解释。

进入封建社会，随着社会生产力的进步，会计有了较大的发展。我国秦汉时期出现了账簿的概念，如"草流"和"誊清簿"等，并在"钱谷账"下分设"钱出入簿"和"谷出入簿"。唐末宋初出现的"四柱"清册，使我国的会计记账方法处于当时的世界先进水平。该方法应用"旧管+新收−开除=实在"的计算公式，使不同时期的账务记录具备了连续性和完整性。到了明朝末年，为了满足商业上核算盈亏的需要，山西商人发明了具有复式记账原理的"龙门账"。它将全部账目划分为"进""缴""存""该"四大类，并确定它们之间的关系为：进−缴=存−该。年终结算时，按照这一等式关系编制"进缴表"和"存该表"，从两方面计算盈亏使其相符，称为"合龙门"。鸦片战争前的清朝出现了"三脚账"（又称"跛脚账"）、"四脚账"（又称"天地合"），并在较大的手工业工场和商店中，专设"账房"，从事会计核算工作。

到了资本主义社会，随着工业、农业、商业和对外贸易的全面发展，业主为了获取更大的利润，进一步强化了经济核算和管理，同时使会计得到了进一步发展。公元15世纪，在意大利的佛罗伦萨、热那亚、威尼斯等地区采用的以"借""贷"作为记账符号的方法，标志着复式记账法的产生。1494年，意大利数学家卢卡·帕乔利（Luca Pacioli）对这种方法进行了系统研究，并作为其著作《算术、几何比及比例概要》的内容做了详细介绍和阐述，正式定名为借贷记账法。该书的出版成为会计发展史上一个重要的里程碑，它标志着古代会计开始走向近代会计。随着19世纪初产业革命的完成，以及以资本所有权和经营权分离为特点的股份公司出现，在经济活动和会计监督方面起"公证人"作用，并以"自由职业"身份出现的注册会计师或特许会计师产生了，1854年在英国的苏格兰成立的第一个会计师协会——爱丁堡会计师协会，是会计发展史上的又一个里程碑。

当人类社会进入20世纪，特别是第二次世界大战后，科学技术迅猛发展，科技成果转化为生产力的速度大大加快，市场竞争日益加剧，促使企业组织规模不断扩大。与此同时，大量的科学管理思想和技术方法引入了会计领域。在这种情况下，会计从单纯的核算开始转向核算与管理并重，形成了面向未来、服务企业经营、以决策和控制为主要内容的管理会计。1952年，世界会计学会年会正式认定了"管理会计"这一会计分支，从此将会计划分为财务会计和管理会计两个体系。大约从20世纪60年代开始到现在，随着电子计算机在会计数据处理中的应用以及电子技术与通信技术的结合，企业实现了管理信息系统的综合化和系统化，会计信息系统作为管理信息系统的一个子系统，使会计在数据处理、工作效能等方面发生了很大变化，它扩大了会计信息的范围，提高了会计信息的精确性和及时性。可以说，管理会计的产生和会计信息系统的出现，是现代会计的两个重要标志，被认为是会计发展史上的第三个里程碑。

20世纪初，我国从日本引进借贷记账法，开始了中式会计与西式会计的融通与结合。中华人民共和国成立后，从苏联引进了一整套会计制度和方法，通过消化和吸收，逐步形成了符合我国实际情况的、具有特色的会计理论和方法体系，基本适应了当时国民经济恢复和发展的需要。改革开放以来，我国的会计理论研究和会计制度建设工作突飞猛进，财政部会计司的恢复、中国会计学会的成立、各项会计法规制度的颁布、会计专业技术职称的考评等，对于加强经济管理、提高经济效益起到了积极的作用。特别是1993年的会计制度改革，使我国的会计发展走上了与国际惯例协调的道路，适应了投资主体多元化、筹资渠道多样化和利益关系复杂化等新的经济形势。在世纪之交，新《会计法》和《企业会计制度》的发布与实施，为我国的会计工作能更好地适应市场经济的发展、加快会计的国际化进程奠定了良好的基础。2006年，由基本会计准则和38项具体会计准则组成的企业会计准则体系问世，标志着我国会计步入了与国际会计趋同的轨道。

综上所述，不难看出，会计的产生与发展始终伴随着社会生产力的进步，与经济管理活动紧密联系。随着社会生产规模的逐渐扩大，生产社会化程度的日益提高以及生产过程的日趋复杂，会计从只是对财物的收支进行记录和计算开始，逐渐发展成为用货币单位综合反映和监督经济组织的活动。这一方面使会计的方法技术由简单趋向复杂，由低级进化到高级，由不完善发展到逐渐完善；另一方面也使会计对生产过程的综合反映和监督作用日益显现。实践证明，生产愈发展，会计愈重要。正如马克思所讲的，"生产过程越是按社会的规模进行，越是失去纯粹的个人性质，作为对过程的控制和观念总结的簿记就越是必要。因此,簿记对资本主义生产,比对手工业和农民的分散生产更为必要,对公有生产,比对资本主义生产更为必要"。

二、课程特点与主要内容

会计的定义：会计是以货币为主要计量单位,以凭证为主要依据,借助于专门的技术方法,对一定单位的资金运动进行全面、综合、连续、系统的核算与监督,向有关方面提供会计信息、参与经营管理、旨在提高经济效益的一种经济管理活动。

(一) 会计学的特点

1. 以货币作为主要计量单位

会计反映的是各单位日常所发生的各种经济活动。那么,就要从价值的方面反映各单位的经济活动的情况。会计在对经济活动进行反映时,主要是从数量方面进行反映的,就需要用数量进行计量、记录和报告,所涉及的计量单位有实物计量单位（吨、台、件、尺等）、劳动计量单位（工时等）和货币计量单位（元、角、分等）3种计量单位。

会计核算过程中,在发生经济业务增减变化时,应首先用实物计量单位和劳动计量单位进行计量、登记、计算和汇总。但是,企业发生的经济业务是错综复杂的,会计核算和监督的是再生产全过程,用实物计量单位或劳动计量单位只能反映再生产过程中的某个方面,不能全面计量、记录和报告企业发生的全部经济业务,如对企业之间不同类物资的交换、不同行业指标的对比以及会计报告的信息提供等实物计量单位和劳动计量单位都具有一定的局限性,不便于会计计量和经营管理。要全面地反映再生产全过程,只能借助于货币计量单位,因为货币是商品交换的一般等价物,具有价值尺度的功能。尽管实物计量单位和劳动计量单位是货币计量单位的基础,但由于会计毕竟是价值核算,它在运用实物计量单位、劳动计量单位和货币计量单位的同时,必然要以货币计量单位为主,实物计量单位其他指标及其文字说明都处于附属地位。这样,会计才能全面反映各单位财产物资的实有数额及其增减变动、费用的发生和成本的形成、各种收入的取得和财务成果的形成与分配等情况。但是,统一采用货币计量也存在缺陷。对于某些影响企业财务状况和经营成果的因素,如企业经营战略、研发能力、市场竞争力等,往往难以用货币来计量,但这些信息对于信息使用者也很重要。为此,企业应在财务报告中补充披露有关的非财务信息来弥补上述缺陷。

2. 会计对经济活动的核算和监督具有连续性、系统性、全面性和综合性

所谓连续性是指会计对经济活动核算时,应按照经济活动发生时间的先后顺序不间断地反映；所谓系统性是指企业对经济业务进行处理时,必须采取一整套科学、完整的专门方法进行归类和整理,提供反映企业经济活动情况的数据和资料；所谓全面性是指属于会计核算对象的全部经济活动都必须记录下来,不能任意取舍,不得遗漏；所谓综合性是指对所发生的各项经济业务都必须以货币计量单位进行综合反映,借以求得经营管理所需要的各种总括性的价值指标。

3. 会计对经济活动的反映必须以凭证为依据

会计对任何经济活动的记录,必须取得或填制合法的会计凭证,并按有关规定对凭证

进行严格的审核。只有已审核无误的会计凭证,才能作为进行会计工作的依据。例如,会计账簿的登记、费用成本的计算、经营成果的确定等都必须以会计凭证作为依据。

(二) 会计学的主要内容

会计学主要内容包括总论、会计要素与会计等式、账户与复式记账、会计凭证、企业主要经济业务的核算、账户的分类、会计账簿、成本计算、财产清查、账项调整、财务会计报告、账务处理程序、会计管理相关工作规范。

1. 总论

总论主要包括会计的产生与发展、会计的含义、会计的基本职能与作用、会计方法与会计循环、会计目标与会计信息使用者、会计假设与财务会计的一般原则、会计学分支及课程设置等内容。

2. 会计要素与会计等式

会计要素与会计等式主要包括会计对象、会计要素、会计等式、会计要素的确认与计量等内容。

3. 账户与复式记账

账户与复式记账主要包括会计科目、会计账户、复式记账等内容。

4. 会计凭证

会计凭证主要包括会计凭证概述、原始凭证、记账凭证、会计凭证的传递与保管等内容。

5. 企业主要经济业务的核算

企业主要经济业务的核算主要包括筹资业务的核算、供应阶段的核算、生产业务的核算、销售业务的核算、利润形成和分配业务的核算等内容。

6. 账户的分类

账户的分类主要包括账户分类的意义、账户分类的原则、账户分类、总分类账户与明细分类账户的平行登记等内容。

7. 会计账簿

会计账簿主要包括会计账簿概述、会计账簿的启用与登记要求、会计账簿的格式与登记方法、对账与结账、错账查找与更正的方法、会计账簿的更换与保管等内容。

8. 成本计算

成本计算主要包括成本概念、计入资产的成本、发出存货成本的计算等内容。

9. 财产清查

财产清查主要包括财产清查概述、财产清查的方法、财产清查结果的处理等内容。

10. 账项调整

账项调整主要包括会计分期与账项调整、账项调整的依据、账项调整的项目、调整后的试算平衡等内容。

11. 财务会计报告

财务会计报告主要包括财务会计报告概述、资产负债表、利润表、现金流量表、所有者权益变动表与财务报表附注等内容。

12. 账务处理程序

账务处理程序主要包括账务处理程序概述、记账凭证账务处理程序、汇总记账凭证账务处理程序、科目汇总表账务处理程序等内容。

账务处理程序，也称会计核算形式或会计核算组织，是指在会计循环中，特定的凭证和账簿组织与记账程序和方法相互结合处理会计账务的方式。所谓凭证和账簿组织，是指会计核算所应用的会计凭证和会计账簿的种类、格式，以及各种凭证之间、凭证与账簿之间、各种账簿之间的相互关系。所谓记账程序和方法，是指从会计凭证的填制、审核和传递到会计账簿的登记，再到会计报表编制的程序和方法。

13. 会计管理相关工作规范

会计管理相关工作规范主要包括我国的会计法规体系、会计职业发展、会计基础工作规范、会计档案管理方法等内容。

会计学的内容框架如图8-1所示。

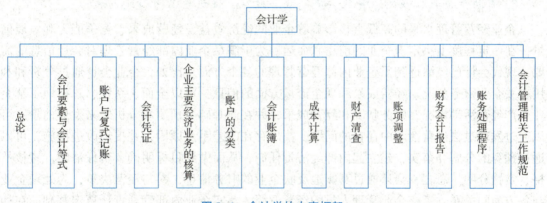

图8-1 会计学的内容框架

三、课程培养目标与学习意义

（一）会计学的培养目标

学生学习会计学之后，应能达到以下培养目标：

①了解会计的意义、会计的对象、会计的方法、会计核算的基本前提及原则、会计的职业与管理、会计要素等基本理论。

②熟悉会计核算的基本经济业务，掌握会计核算的基本方法，即能够运用借贷复式记账原理对企业经营过程中发生的主要经济业务进行核算和监督。

③掌握会计凭证填制、账簿登记、财产清查等基本技能以及资产负债表和利润表的结构和编制方法。

④了解账务处理程序的相关内容，初步具有将所学知识与实际相结合、灵活运用所学

知识分析问题的能力和技巧。

（二）学习会计学的意义

1. 有助于提供决策有用的信息，提高企业透明度，规范企业行为

企业会计通过其反映职能，提供有关企业财务状况、经营成果和现金流量方面的信息，是包括投资者和债权人在内的各方面进行决策的依据。比如，对于作为企业所有者的投资者来说，他们为了选择投资对象、衡量投资风险、做出投资决策，不仅需要了解企业包括毛利率、总资产收益率、净资产收益率等指标在内的盈利能力和发展趋势方面的信息，也需要了解有关企业经营情况方面的信息及其所处行业的信息；对于作为债权人的银行来说，他们为了选择贷款对象、衡量贷款风险、做出贷款决策，不仅需要了解企业包括流动比率、速动比率、资产负债率等指标在内的短期偿债能力和长期偿债能力，也需要了解企业所处行业的基本情况及其在同行业所处的地位；对于作为社会经济管理者的政府部门来说，他们为了制定经济政策、进行宏观调控、配置社会资源，需要从总体上掌握企业的资产负债结构、损益状况和现金流转情况，从宏观上把握经济运行的状况和发展变化趋势。所有这一切，都需要会计提供有助于他们进行决策的信息，通过提高会计信息透明度来规范企业会计行为。

2. 有助于企业加强经营管理，提高经济效益，促进企业可持续发展

企业经营管理水平的高低直接影响着企业的经济效益、经营成果、竞争能力和发展前景，在一定程度上决定着企业的前途和命运。为了满足企业内部经营管理对会计信息的需要，现代会计已经渗透到了企业内部经营管理的各个方面。比如，企业会计通过分析和利用有关企业财务状况、经营成果和现金流量方面的信息，可以全面、系统、总括地了解企业生产经营活动情况、财务状况和经营成果，并在此基础上预测和分析未来发展前景；可以通过发现过去经营活动中存在的问题，找出存在的差距及原因，并提出改进措施；可以通过预算的分解和落实，建立起内部经济责任制，从而做到目标明确、责任清晰、考核严格、赏罚分明。总之，会计通过真实地反映企业的财务信息，参与经营决策，为处理企业与各方面的关系、考核企业管理人员的经营业绩、落实企业内部管理责任奠定基础，在加强企业经营管理、提高经济效益方面发挥了积极作用。

3. 有助于考核企业管理层经济责任的履行情况

企业接受了包括国家在内的所有投资者和债权人的投资，就有责任按照其预定的发展目标和要求，合理利用资源，加强经营管理，提高经济效益，接受考核和评价。会计信息有助于评价企业的业绩，有助于考核企业管理层经济责任的履行情况。比如，对于作为企业所有者的投资者来说，他们为了了解企业当年度经营活动成果和当年度的资产保值和增值情况，需要将利润表中的净利润与上年度进行对比，以反映企业的盈利发展趋势；需要将其与同行业进行对比，以反映企业在与同行业竞争时所处的位置，从而考核企业管理层经济责任的履行情况；对于作为社会经济管理者的政府部门来说，他们需要了解企业执行计划的能力，需要将资产负债表、利润表和现金流量表中所反映的实际情况与预算进行对比，反映企业完成预算的情况，表明企业执行预算的能力和水平。所有这一切，都需要作为经济管理工作者的会计提供信息。

第二节 财务管理

一、财务管理的产生与发展

基于财务管理的发展历程，不同的财务管理环境有不同的财务管理目标、财务管理方法和财务管理活动。财务管理环境对财务管理假设、财务管理方法、财务管理活动等具有决定性的作用。20世纪以来，财务管理的发展共经历了6次浪潮。

第一次浪潮——筹资管理理财阶段。在这一阶段，财务管理的主要职能是预测公司资金的需求量和筹集公司所需要的资金。20世纪初，随着经济的持续发展和企业的大量兴起，企业普遍关注如何筹集资金以扩大企业的生产和经营规模，筹集资金便成为财务管理最主要的问题。这一阶段，筹资理论和方法发展迅速，为现代财务管理理论的产生奠定了基础。

第二次浪潮——资产管理理财阶段。由于筹资阶段的财务管理忽视了企业资金的日常周转和内部控制，企业不能够正常运营与发展。随着科技的发展和企业的市场竞争加剧，财务管理的主要问题不仅在于筹集资金，更在于有效地进行内部控制。于是，在这一阶段，资产管理引起财务管理人员的高度重视。各种计量模型逐渐应用于存货、应收账款、固定资产等项目，财务分析、财务计划、财务控制等得到广泛应用。

第三次浪潮——投资管理理财阶段。20世纪60年代中期以后，随着企业的发展，资金运营越来越复杂，各种投资项目风险不断增大，于是投资管理受到了极大关注。这一时期的表现为：确定了比较合理的投资决策程序，确立了科学的投资决策指标和投资决策方法，创立了投资组合理论和资本资产定价理论。马科维茨提出了投资组合理论，夏普提出的资本资产定价模型，揭示了风险与报酬的关系。

第四次浪潮——通货膨胀理财阶段。20世纪70年代末期和80年代初期，西方国家持续的通货膨胀给财务管理带来了许多问题，在通货膨胀条件下如何有效地进行财务管理便成为主要问题。为此，西方财务管理理论根据通货膨胀的状况，对企业筹资决策、投资决策、资金运营决策、股利分配决策进行了相应的调整。

第五次浪潮——国际经营理财阶段。20世纪80年代中后期，随着经济全球化和市场竞争的加剧，跨国公司数量逐年增多，国际企业财务管理的地位日趋重要。由于跨国公司需要在不同制度、不同环境下做出决策，于是外汇风险问题、国际融资问题、跨国资本预算问题、内部转移价格问题等成为亟待解决的财务管理问题。20世纪80年代以后，国际财务管理的理论和方法发展迅速，在财务管理实务中得到广泛应用，这一阶段，财务管理发展达到了又一个高潮。

第六次浪潮——互联网理财阶段。进入21世纪以来，随着网络经济和大数据时代的到来，许多网上企业和虚拟企业应运而生，财务管理的环境发生了翻天覆地的变化。企业需要对财务管理的目标、财务管理的模式和财务管理的内容等进行进一步创新，如转变理财观念、创建安全可靠的财务管理信息系统等。相继出现了互联网财务管理、大数据财务管理、区块链财务管理等新的理财领域。

从财务管理的发展过程可以看出，财务管理理论的变化是财务管理环境综合作用的结果。有什么样的财务管理环境,就会产生相应的财务管理模式和财务管理理论体系。

二、课程特点与主要内容

财务管理是企业组织财务活动,处理财务关系,以实现企业价值最大化为目标而进行的经济管理活动。

企业财务活动是指企业在生产经营活动或其他业务活动过程中所涉及的与资金有关的活动。包括筹资活动、投资活动、资金营运活动和收益分配活动。

财务关系是指企业在组织财务活动过程中所发生的与各有关方之间的经济利益关系。主要包括企业与投资者、企业与被投资者、企业与债权人、企业与债务人、企业与政府管理部门、企业与内部各部门、企业与职工等之间的财务关系。

(一)财务管理的特点

现代财务管理以企业价值或股东财富最大化为目标,以企业资本运动为对象,以财务决策为核心,以投资、融资、营运资本管理为主要内容,贯穿企业管理的全过程。财务管理利用资本、成本、收益、利润等价值指标来组织、使用企业的各种资源和要素,以便形成、实现和分配企业的价值,体现"理财"的特征。因此,财务管理实际上是一种关于价值的管理和决策,是对企业再生产过程中的价值运动所进行的管理。

现代企业财务管理具有以下特征:

1. 涉及面广

企业生产经营的各个方面、各个领域、各个环节都与财务管理密切相连。企业生产要素的购买、生产的组织、营销的开展、资产的管理、技术的开发、人事与行政的管理、分配的进行等活动,无不伴随着企业资金或资本的运动。每个部门或环节在如何使用资金、如何计算成本的大小及如何实现收入等方面,都受到财务管理制度的制约。从有效利用资源的角度看,财务管理涉及企业生产经营和管理的各个方面。

2. 综合性强

财务管理能以价值形式综合反映企业的生产经营及管理的效果、财务信息和财务指标,能综合地反映出企业的资产负债情况、成本与收益大小、资源利用效率等,进而反映出企业的管理水平、竞争力及市场价值。通过财务信息把企业生产经营的各种因素及其相互影响等全面、综合地反映出来,进而有效地促进企业各方面管理效率的提高,是财务管理的一个突出特点。此外,在进行财务分析和决策时,财务管理人员必须了解和掌握现代经济学、金融学、会计学、统计学、管理学等相关知识和方法。从这个意义上说,财务管理决策具有知识综合性的特点。

3. 管理核心性

现代企业管理,包括生产管理、技术管理、人力资源管理、财务管理、营销管理、资产管理、战略管理等许多内容,其核心是资源配置和价值创造。钱从哪里来,往哪里花,企业的终极目标是什么,如何少花钱多办事,如何有效地利用资源,如何有效地激励管理人员和员工,如何考核、度量企业的经营绩效,如何分享企业的经营成果,等等,这些都是企业管理者必然要关注的问题。企业生产运营、管理的一切方面,最终都归结为财务管理的基本问题,都要通过财务指标来反映。再好的企业,如果长期处于亏损状态,就不能

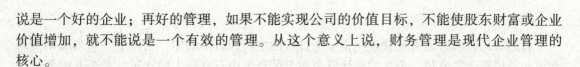

说是一个好的企业；再好的管理，如果不能实现公司的价值目标，不能使股东财富或企业价值增加，就不能说是一个有效的管理。从这个意义上说，财务管理是现代企业管理的核心。

4. 决策复杂性

在现实世界中，未来充满着不确定性。由于信息不完全或信息不对称，以及委托代理关系的普遍存在，使得现代企业在进行财务管理决策时，将受到众多不确定性因素的影响。例如，商品及要素价格的变化、利率及汇率的变化、决策者偏好、竞争对手策略、市场结构与市场需求的变化、国内外金融市场的波动、宏观经济政策的调整、技术创新与变革、制度变化等，都将对企业的财务管理活动和财务管理决策产生重要影响。这些变量具有较大的不确定性或不可预知性，使得企业财务管理面临着极大的不确定性，财务管理决策就变得更加复杂。

（二）财务管理的主要内容

企业理财循环包括筹资管理、投资管理、营运管理和分配管理，其中筹资管理是起点，投资管理和营运管理是重点、核心和难点，分配管理是终点同时又是起点。财务管理工作环节包括财务预测、财务决策、财务计划、财务控制和财务分析5个环节。因此，财务管理的内容一般包括：

1. 财务管理基础

财务管理基础主要包括财务管理的含义、财务管理的目标、财务管理的环节、财务管理的环境、财务管理的内容、财务管理的价值观念（时间价值和风险价值）等。

2. 筹资管理

企业要根据其生产经营、发展战略、投资和资本结构等需要，通过筹资渠道和资本市场，运用筹资方式，依法、经济、有效地筹集企业所需资金，进行筹资管理。无论是建立新企业，还是经营现有企业，都需要筹措一定数量的资金。在进行筹资活动时，企业一方面要科学预测筹资的总规模，以保证所需资金；另一方面要通过筹资渠道和筹资方式的选择，确定合理的筹资结构，降低资本成本，增加公司的利益，控制相关的风险。筹集资金管理是企业财务管理的一项重要内容。具体包括筹资概述、两大类资金的筹集、资本成本、杠杆效应与资本结构决策等内容。

3. 投资管理

投资是企业生存、发展及进一步获取利润的基本前提。企业取得资金后，必须将其投入使用，以谋求取得良好的经济效益。在进行投资管理活动时，企业必须考虑投资规模，同时还必须通过投资方向和投资方式的选择来确定合适的投资结构，提高投资效益，降低投资风险。不同的投资项目，对企业价值和财务风险的影响程度不同。企业的投资，有对内投资和对外投资之分。对内投资是指企业把筹集到的资金用于本企业的资产上，如购置固定资产、无形资产等；企业把筹集到的资金用于购买股票、债券、出资新组建公司或与其他企业联营等，便形成对外投资。如果投资决策不科学、投资结构不合理，那么投资项目往往不能达到预期效益，影响企业盈利水平和偿债能力，投资决策的正确与否，直接关系到企业的兴衰成败。具体包括投资概述、项目投资决策的依据——现金流量、项目投资决策方法（非贴现法、贴现法、风险法）、项目投资决策方法的应用和证券投资决策等。

4. 营运管理

营运管理是指营运资金管理。企业在日常的生产经营活动中，会发生一系列流动资产和流动负债资金的收付。企业的营运资金在全部资金中占有较大的比重，是企业财务管理工作的一项重要内容。营运资金有广义和狭义两个概念。当会计人员谈到营运资金的时候，常指的是净营运资本，即流动资产减去流动负债的差额，一般用来衡量企业避免发生流动性问题的程度，这是狭义的营运资金；财务管理人员谈到营运资本的时候，指的却是流动资产，他们关注的焦点是总营运资本，这是广义的营运资金。营运资金管理具体包括概述、营运资金的筹集政策和营运资金投资政策、现金管理决策、应收账款决策和存货决策等。

5. 分配管理

分配管理是收益分配管理的简称，是将一定时期内所创造的经营成果合理地在企业内、外部各利益相关者之间进行有效分配的管理。根据投资者的意愿和企业生产经营的需要，企业实现的净利润可以作为投资收益分配给投资者，也可以暂时留存企业形成未分配利润，或者作为投资者的追加投资。企业要确定合理的分配规模和结构，确保企业取得最大的长期利益。具体包括收益分配概述、收益分配政策（四大股利政策）、收益分配的补充（股票股利和股票回购）等。

6. 财务分析

财务分析也称财务报表分析或财务报告分析，是指以财务报表和其他相关资料为主要依据，采用一定的标准和一系列专门的科学分析方法，对企业的财务状况、经营成果及其发展趋势进行的系统分析和评价。财务分析包括财务能力分析和财务综合分析，其中，财务能力分析分为偿债能力分析、营运能力分析、盈利能力分析和发展能力分析，采用比较分析法、比率分析法、趋势分析法和因素分析法等对上述4个方面展开评价；财务综合分析则利用杜邦分析体系、沃尔评分法等财务综合分析方法，对企业综合能力做出评价。通过财务分析，我们可以更了解企业的经营发展状况，进而做出相应的调整，促使企业获得可持续发展。

财务管理的内容框架如图8-2所示。

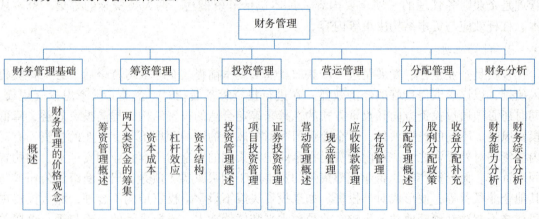

图8-2 财务管理的内容框架

三、课程培养目标与学习意义

（一）财务管理学的培养目标

《财务管理》是一门理论性和实践性很强的学科，是财会专业的必修课程，是经济管理专业知识结构中的重要组成部分，更是优秀的企业管理人才的必备技能。本课程将系统介绍货币时间价值、风险与报酬等基本概念和方法，进而介绍企业筹资决策、投资决策、日常资金管理以及股利分配等理论和实践。财务管理课程的培养目标是：

①系统掌握财务管理的基本概念、基本理论、基本知识和分析方法，如财务管理概念、作用，投资管理，筹资管理，营运管理，收益分配管理，财务分析等。

②了解财务管理的最新发展动态，如数字经济、人工智能对财务管理领域的影响及财务管理的创新发展。

③具备分析和解决财务问题的基本能力，结合财务管理基本知识与方法，在企业融资、投资及资本运营等工作中给出基本决策方案。

（二）学习财务管理的意义

1. 有利于发挥财务管理作用，提高经济效益

随着社会主义市场经济体制的逐步建立，财会工作在企业管理中越来越占有重要的地位。必须坚持一手抓生产发展，一手抓财务管理，既要向生产要效益，又要向管理要效益，管理也是生产力。财务管理与经济效益有着密切的联系。企业的中心目标就是围绕着如何以较小的消耗取得尽量大的经济效益，学习财务管理能够促进企业节约成本、控制费用、降低消耗；通过资金的筹集调度，合理运用资金，提高资金的使用效果，防止资金的浪费；通过对存货的管理可以优化库存结构，减少存货积压，做到经济库存；通过价格的拉动，可以增加企业的收入；通过对国有资产的管理可以促使企业合理有效地使用国有资产，并且做到国有资产的保值、增值。因此充分发挥财务管理的龙头作用，就能更加有效地提高经济效益。

2. 有利于实现企业和外部交往

财务会计的一个重要职能就是反映企业经济活动情况，为企业经济管理提供完整的、以财务信息为主的经济信息。企业的会计信息不仅是企业内部管理的需要，还是企业外部有关决策者所需要的，因为企业不是孤立存在的，它必然要与外界发生各种各样的联系，进行信息交流，例如国家宏观经济管理部门、企业外部的投资人、债权人等，都需要利用会计信息进行有关的经济决策。通过会计核算，对原始数据进行收集、传递、分类、登记、归纳、总结、储存，将其处理成有用的经济管理信息；然后开展财务分析，对企业财务活动的过程和结果进行评价和分析，并对未来财务活动及其结果做出预计和测试。通过这一系列财务管理环节，使企业能够向外界提供准确、真实的信息，从而有助于国家宏观调控，使投资人进行合理投资，银行做出信贷决策以及税务机关依法征税。

3. 有利于促进转变观念，加强资金管理

加强资金管理，提高资金的营运效益是财务管理的首要任务。资金是企业的"血液"，企业资金运动的特点是循环往复地流动，资金的生命在于"活"，资金活，生产经营就活，一"活"带百"活"，如果资金不流动，就会"沉淀"或"流失"，得不到补偿增值。只

有提高资金使用效率，才能确保企业的经济效益，正因为如此，资金管理成为企业财务管理的中心是一种客观必然。

4. 有利于找出企业问题的根源，拿出解决问题的方法

财务管理具有灵敏度高的特点，企业生产经营管理各方面的效果和问题都会通过不同的财务指标及时反映出来，如决策是否得当，经营是否有方，生产组织是否合理，产品质量及品种是否适合需要，产销是否衔接畅通，耗费是否正常，收入和盈利的取得是否合理等都会对财务指标产生重大影响。财务部门通过对财务指标的经常性的计算、预测、整理、分析，肯定成绩，揭露问题，寻找原因，提出改进措施，促使企业不断提高经济效益。

本章小结

会计是以货币为主要计量单位，以凭证为主要依据，借助于专门的技术方法，对一定单位的资金运动进行全面、综合、连续、系统的核算与监督，向有关方面提供会计信息、参与经营管理、旨在提高经济效益的一种经济管理活动。

会计特点：以货币作为主要计量单位；会计对经济活动事项的核算具有连续性、完整性和系统性；会计对经济活动事项的核算必须以凭证为依据。

会计的产生和发展经历了原始社会萌芽、奴隶社会独立、封建社会核算、资本主义社会发展和现代会计完善等几个发展阶段。

会计学主要内容包括总论、会计要素与会计等式、账户与复式记账、会计凭证、企业主要经济业务的核算、账户的分类、会计账簿、成本计算、财产清查、账项调整、财务会计报告、账务处理程序和会计管理相关工作规范。

会计有助于提供决策有用的信息，提高企业透明度，规范企业行为；有助于企业加强经营管理，提高经济效益，促进企业可持续发展；有助于考核企业管理层经济责任的履行情况。

财务管理是企业组织财务活动、处理财务关系的一种经济管理活动。

财务管理的产生和发展经历了筹资管理理财阶段、资产管理理财阶段、投资管理理财阶段、通货膨胀理财阶段、国际经营理财阶段和互联网理财阶段等。

财务管理具有涉及面广、综合性强、管理核心性和决策复杂性等特点。

财务管理的主要内容包括财务管理基础、筹资管理、投资管理、营运管理、收益分配管理和财务分析等。

财务管理有利于提高经济效益；有利于实现企业和外部交往；有利于促进转变观念，加强资金管理；有利于找出企业问题的根源，拿出解决问题的方法。

复习思考题

1. 什么是会计和会计学？
2. 会计学的特点是什么？

3. 会计学的主要内容有哪些?
4. 学习会计学的意义是什么?
5. 什么是财务管理?
6. 财务管理特点是什么?
7. 财务管理的主要内容有哪些?
8. 学习财务管理的意义是什么?

第九章 战略管理与领导科学

🔔 **本章学习目标**

通过本章学习,学生能梳理战略管理与领导科学的产生与发展,能阐释战略管理与领导科学的特点与主要内容,能复述战略管理与领导科学的培养目标与学习意义。

🔔 **本章内容框架**

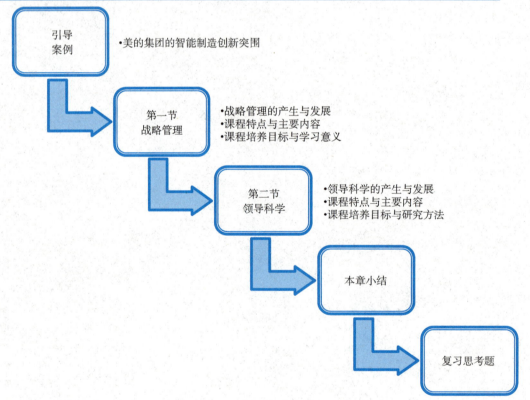

第九章 战略管理与领导科学

> **引导案例**

美的集团的智能制造创新突围

美的对库卡的收购在 2016 年便已开始,彼时收购后的持股比例占到了 94.55%。2021 年 11 月,美的继续收购剩余的 5.45% 股权,将实现对库卡的全资控股。这是这家世界 500 强家电科技集团对于前沿科技板块再次深入布局。

1968 年,美的从"北滘街办塑料生产组"起步。伴随着改革开放的脚步,美的开始进入海外市场。自我国加入世贸组织以来,美的转型步伐不断加快。

"'双循环'新发展格局下,中国家电产业的整体升级促进我们走向海外,我们在海外布局成长也推动了国内家电科技品牌和技术的发展,这是相互促进的。"美的集团董事长方洪波表示。2016 年,美的首次进入《财富》世界 500 强。至今年,美的以 41 407.1 百万美元营收,排名 288 位,成为我国家电科技领域的执牛耳者。

这背后,是美的不断自我突破创新求变。

质量管理之变:"智造"创新赋能标准升级

工厂的注塑车间,智慧物流无人运输小车平稳运行,轻松避障,没有操作员在旁推拉,地上也没有实体的铁轨。"以前,整个厂区需要布设很多轨道,供物流小车行动,很占地方,移动性也差,现在通过 5G 创新应用,这些场景都彻底改造了。"

这是美的集团第二座"灯塔工厂"。此前,美的南沙工厂亦获评"灯塔工厂"。如今,在这些工厂中,无人物流小车"长了眼",生产设备"会说话",检验设施"火眼金睛"。通过分秒跃动的中枢数据大屏,就可以精确实时把脉制造健康状态。

这仅仅是一个缩影,因为紧抓质量管理,美的日前获评"中国质量奖"。这背后,是伴随着中国入世 20 年来,该企业对质量管理的迭代发展。

"以空调为例,2010 年以前,我们只要求它符合国家各种规范安全标准、基本需求。但这样是不够的,我们不断革新质量管理方法,形成智能质量管理模式。对于质量的要求和标准,要超越国家标准,引领标准变革。"方洪波如此解读质量管理思维变革。

研发投入之变:借力大湾区人才突破创新

超越国家标准、引领标准变革、领先竞争对手,美的集团微波和清洁事业部先行研究高级工程师王贤友对此有深刻的体会。"我们把原先重量 80 多克的磁控管做成了 40 多克,体积和重量都变小,但输出功率不变,仍能保证 1 000W 的输出功率。"王贤友很自豪,"我们持续研究了很多年,这次研发出的磁控管属于第三代了。"

持续的研发投入,换来了海外同行的敬意。在以前,美的在同类产品上向日本同行学习。而现在,包括日本在内的同行,则经常研究美的最新研制的产品,学习其技术先进性。

为了研究健康家电技术,美的健康技术研究所团队背靠粤港澳大湾区高等院校,招入了医学、营养学、食品工程、生物医学工程、空气净化技术、水技术等跨学科研究人才。这群"博士天团",一头扎入控糖、减脂、控温等精细化先进小家电技术研发中。

除了在各类产品上不断加强研发团队建设,在集团层面,美的也在酝酿"大招"。就在近日,美的宣布成立软件工程院,该机构将重点聚焦数字化技术研究。

"粤港澳大湾区人才集聚,而且有非常好的人才政策,数字化转型人才在该区域'储备'丰富,我们希望能在这样的背景下,在集团层面组建一支队伍,在研究上催生成果。"

美的集团副总裁张小懿期待。

战略选择之变：科技推动品牌扬帆出海

战略关键词在发生变化，美的在这种变迁中，扩大自己的版图：机器人业务、楼宇、工业软件……而与此同时，从原先的代工模式到现在的自主品牌输出，在这个过程中，"美的"二字也越来越被跨领域跨地域知晓。也正因为如此，2016年首次进入《财富》世界500强后，美的排位连年攀升，成为《财富》世界500强中，中国家电科技的杰出代表。

数据显示，"入世"以来，美的已在全球布局研发中心和制造基地，其中，研发中心海外的数量超过中国，海外员工接近4万。在不同的国家地区，美的品牌给当地带来了产业机会，也为当地解决了就业问题。

财报显示，2021年上半年，美的海外收入739.6亿元，同比增长19.6%，占收入比重42.55%。"'双循环'下，美的一直坚持国内市场与海外市场并重，我们希望在未来3到5年海外的收入占比要超过50%，在美国、巴西、日本、东盟、德国五大战略市场进入当地前三。"方洪波入世展望。

（资料来源：美的集团官方网站 https：//www.midea.com/cn/.com 及网络资料整理改编）

思考讨论题：
1. 从本案例可以了解美的集团的战略选择基础是什么？
2. 美的集团智能制造突破的依据是什么？
3. 美的成功收购德国库卡，我国公司跨国收购战略有哪些注意事项？

第一节 战略管理

一、战略管理的产生与发展

"战略"一词原本是军事术语，其中"战"是指战斗或者战争，"略"指策略、策划与计划。早在《左传》《战国策》等先秦著作中已经开始使用"战略"一词。在西方，战略源于希腊文"Strategos"，其含义是将军，战略意思最早是指军事领域的指挥艺术或科学。

将战略引入企业管理领域主要是基于两种需要：第一，企业战略管理者面临的经营环境越来越复杂，企业管理者需要对影响企业发展的长期和重大的决策予以高度重视；第二，企业之间的竞争越来越激烈，企业竞争和军事对抗有很多相似之处，通过企业战略将计划和谋略等引入企业决策。

很多管理大师从不同的视角给出了战略的定义，揭示了企业战略丰富的内涵。肯尼斯·安德鲁斯指出战略（Strategy）是目标、意图或目的，以及为达到这些目的而制定的主要方针和计划的一种模式。

（一）中国战略管理的产生与发展

战略是伴随战争而产生的。一旦有了战争，就需要有指导战争的战略。迄今为止，人类历史上第一次战略谋划是公元前 17 世纪的商汤灭夏之战。在这次战争中，商汤制定了灭夏的一系列战略，例如，针对夏王朝的社会矛盾，采取与夏朝相反的政策；运用离间计，挑拨夏王朝与诸侯国的关系；采取先弱后强，由近及远的战略，逐步取得胜利。从此以后，中国历史上历次战争几乎都在使用战略。

我国古代，最初的"战略"一词并不是现在"战略"的意思，而是与"战略"相近的一些词。我国古代典籍中的"计、策、韬、略、兵法"等词所包含的意义，已经与现代的"战略"一词的意思比较接近。例如，《孙子兵法》中的"上兵伐谋"，"谋"指的就是军事战略。《史记》中记载韩信说："臣事项王，官不过郎中，位不过执戟，言不听，画不用。"这句话中"画"字指的是韩信谋划的大计，称霸天下的战略。

尽管军事战略实践和战略理论的发展源远流长，但"战略"一词出现，距今只有 1 700 年的历史，西晋史学家和思想家司马彪著的《战略》一书是我国历史上第一部明确提出"战略"概念的著作。战略概念的出现，从战争实践来看，它是随着战争的发展，人们对战争的认识越来越深刻，对战争的指导作用越来越明显。鸦片战争后，近代西方战略理论开始影响中国，清末湖北武备学堂刊印的《中西武备新书》中收录了日本人石井忠利的《战法学》。1908 年，陆军预备大学堂印发了由应雄图编辑的《战略学》。十月革命后，马克思列宁主义军事理论传入中国，为无产阶级的战略理论奠定了基础，在中国革命的战争中，以毛泽东为首的中国共产党人，把马克思列宁主义军事理论发展到新境界，形成中国特色的无产阶级战略概念和战略理论。

在管理学的分支中，战略管理是一个相对年轻的企业管理学科。改革开放后，西方战略管理理论学科才正式引入我国。中国学术界和企业界对战略从无到有，从短期到长期，从零散到系统，从盲目到科学，逐渐规范化和系统化。我国的战略管理也经历了从忽视到重视，从主观随意到科学有效，从个体决策为主到群体决策为主的转变过程。我国企业之所以能获得迅速发展，一方面得益于国家大战略的支持，一方面得益于企业对自身战略管理及学术界对该理论研究的重视。很多中国学者意识到西方战略思想的强大作用，不但翻译了很多经典的西方著作，例如，安索夫的《企业战略》、波特的《竞争优势》、明茨伯格的《战略规划的兴衰》等，还开始尝试对大量中国本土的战略进行系统归纳，提炼出中国企业战略管理的成果经验和失败教训，摸索出中国式的战略管理理论。

以引入西方战略管理理论为主，同时构建有中国特色的战略管理科学，正在得到进一步的重视和发扬。进入 21 世纪，大量学者开始尝试采取模仿性创新方法，逐步构建有中国特色的战略管理理论和框架。

（二）西方战略管理的产生与发展

1. 战略管理的萌芽阶段

战略管理作为管理学的一个分支，萌芽于 20 世纪初。管理过程学派创始人法约尔在 20 世纪初对企业内部的管理活动进行整合，提出了六大类工业企业活动，即技术活动、商业活动、财务活动、安全活动、会计活动和管理活动，并提出了管理的 5 项职能：计划、组织、指挥、协调和控制，其中计划职能是企业管理的首要职能。这是最早出现的企业战略思想。

肯尼斯·安德鲁斯在《公司战略概念》一书中，将战略划分为 4 个构成部分，即市场机会、公司实力、个人价值观和渴望、社会责任。其中市场机会和社会责任是外部环境因素，公司实力与个人价值观和渴望是企业内部因素。他主张公司通过更好地进行资源配置，形成独特的能力，从而获取竞争优势。

2. 战略管理的形成阶段

安德鲁斯主张将战略结构区分为制定和实施两部分。制定过程采用SWOT分析法，通过一种模式，将企业的目标、方针、经营活动及环境结合起来。在制定战略的过程中要分析企业的优势与劣势、环境所带来的机会与造成的威胁。组织的主要领导者是制定战略的负责人，并且必须确保战略的实施，且战略必须是清晰的、易于表达和理解的。

安索夫在1965年出版的《公司战略》一书中首次提出了"企业战略"一词，之后，战略的概念在理论和实践中广泛运用。1979年安索夫在《战略管理》一书中系统提出了战略管理的八大要素：外部环境、战略预算、战略动力、管理能力、权力、权力结构、战略领导和战略行为。战略是一个有控制、有意识的正式计划过程，企业的高层管理者负责计划的全过程，并且具体制订和实施计划的人员必须对高层负责。

3. 战略管理的发展阶段

从20世纪80年代开始，战略管理研究进入繁荣时期。这个时期的战略管理理论主要分为以迈克尔·波特为代表的定位学派和以普拉哈拉德和哈默为代表的资源基础学派。

定位学派认为，企业在制定战略的过程中必须做好两方面工作：一是企业所处行业的结构分析；二是企业在行业内相对竞争地位的分析。定位学派强调企业外部环境，尤其是行业特点和结构因素对企业投资收益率的影响，并提供了诸如五种竞争力模型（供应商、购买者、当前竞争对手、替代产品厂商和行业潜在进入者）、行业吸引力和价值链分析等一系列分析技巧，帮助企业选择行业并制定符合行业特点的竞争战略。

随着战略管理研究的不断深入，战略定位观点已经无法满足战略实践的需要，尤其是对于相同行业中采取相同战略，但是企业绩效差距不同，所以，从企业内部寻找竞争优势来源的资源基础观逐渐引起了学者的关注。资源基础学派认为，企业战略的主要内容是如何培育企业独特的战略资源，以及如何培育最大限度优化资源配置能力，强调独特的资源是企业持续获得竞争优势的来源。

4. 战略管理的前沿

20世纪90年代以前的企业战略管理理论，大多建立在竞争的基础上，侧重于讨论竞争和竞争优势。随着信息技术和网络技术的广泛使用，企业面临的竞争环境更加变化和难以预测。在新的形势下，企业逐渐认识到，企业战略的目的不是仅仅保持优势，而是不断地创造新的优势，企业必须超越以竞争对手为中心的战略逻辑。因此，出现了一系列新的战略理论。

①集群竞争战略。20世纪90年代以来，经济学、管理学及社会学等学科对集群的研究越来越多。波特在《产业集群与竞争》中指出了企业集群可以有效维持企业竞争优势，一定地理位置上集中的相关联企业及机构可以为企业带来规模经济效应和降低成本，最终提升企业的竞争力。

②蓝海战略。钱·金和勒妮·莫博涅在2005年出版的《蓝海战略》一书中，首次提出"蓝海战略"的概念。蓝海战略与传统竞争激烈的"红海"形成对比，拓展新的非竞争性的市场空间已经势在必行。蓝海战略更多的是考虑如何创造需求、突破竞争。在当前已知竞争激烈的"红海"竞争之外，构筑系统性、可操作的蓝海战略，成为很多企业的追

求。只有构筑有效的"蓝海领域",企业才能实现机会的最大化和风险的最小化,获得持久的竞争优势。进入 21 世纪以来,战略管理有了新的发展,推动了战略管理理论的不断创新,新领域、新概念不断涌现,主要有企业国际化战略、技术创新战略等理论。

二、课程特点与主要内容

(一)战略管理的特点

战略管理具有如下显著特点:

1. **战略管理是一项综合性的管理活动**

战略管理不是单指制定战略,它还包括战略的实施、评估、调控和变革等全部管理活动;企业战略管理是指企业战略"分析与制定、评价与选择、实施与控制",它们形成了一个完整的、相互联系的管理过程,如图 9-1 所示。

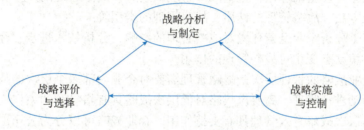

图 9-1 企业战略管理图

2. **战略管理是一个"无休止的管理过程"**

企业管理不是一次性的管理工作,企业战略管理关心的是企业长期稳定和高速发展,它是一个不断循环往复、不断完善、不断创新的过程,是螺旋式上升的过程。

3. **企业战略管理是一门"决策的科学与艺术"**

企业战略管理既是一门决策的科学,也是一项决策的艺术。企业战略管理能反映企业战略管理客观规律的系统化的知识,所以称之为"科学";另外企业战略管理的真正价值在于应用、在于实践,只要将其付诸实践,就会呈现出不同的风格和模式及其效果,所以称之为"艺术"。

4. **企业战略管理是一种"对未来的愿景"**

在企业外部环境,尤其是行业、市场和竞争变化越来越快和越来越复杂的情况下,少数能够不断建立、保持和发挥竞争优势的企业都是以愿景为导向,基于企业战略管理者或企业的价值追求,而不是基于经济理性对企业行为规范、目标市场、经营方式等方面的承诺,这样才有可能在经济转型过程中排除短期机会的干扰。

5. **企业战略管理是一种"恰当的定位"**

在经营环境越来越动态的环境中,如果事前制定的目标和行动方案过于具体或量化,企业有可能在环境变化和竞争过程中丧失一定的创新能力,并且错失发展机会。战略定位,包括企业在行业范围、目标市场、企业诉求、经营方式的恰当定位。无论企业经营环境发生什么样的变化,企业战略定位恰当、目标清晰,那么企业的战略选择就有可能有效并能有效地应对内外部环境的变化。

（二）战略管理的主要内容

1. 战略管理的研究对象

战略管理的研究对象是企业在动态适应和利用环境变化的过程中所做出的重大的和长期的决策或行动。这些决策或行动的内容涉及企业的经营目的、经营方式、市场定位、管理模式、企业文化建设等一系列重大问题。所以企业的战略选择、制定和实施等过程都需要高层决策者、中层管理者和基层执行者的共同参与，为保证战略的科学性和可执行性提供保障和依据。

2. 战略管理的主要内容

战略管理是以企业战略管理的规律性为研究对象的学科。根据战略管理活动的主要内容和目的，战略管理的主要内容包括以下五个部分：

第一部分战略管理基础理论，包括战略管理的定义、战略管理的产生和发展、战略管理的研究内容及方法、战略管理的性质、战略管理的类型等。

第二部分着重分析企业经营环境对战略管理的影响，分析技术进步、经济全球化、经济转型和经营环境动态变化对战略管理的作用。

第三部分企业战略的管理层次，战略管理需要对企业内部多个层次的战略制定、实施和评价与控制活动进行管理。高层次战略对低层次战略具有指导和约束作用，低层次战略的有效管理对高层次战略有效管理具有支持作用。企业战略可以分为公司层战略、业务层战略和职能层战略。

第四部分企业战略管理是为了获得持久竞争优势。战略管理强调从内外部环境分析入手来构建自身的竞争优势，寻求有利的竞争地位，强调企业对环境的适应性。对外了解所在行业的吸引力大小、未来的发展趋势以及主要竞争对手的特点；对内要评价企业的竞争能力如何、优劣势如何，以便了解企业具备什么样的核心竞争力并弥补自身的劣势。

第五部分是战略管理创新的研究，主要是对当代战略管理研究的新课题，如跨文化战略管理、国际战略管理、绿色战略管理等相关方面内容进行研究。

战略管理的主要内容框架如图 9-2 所示。

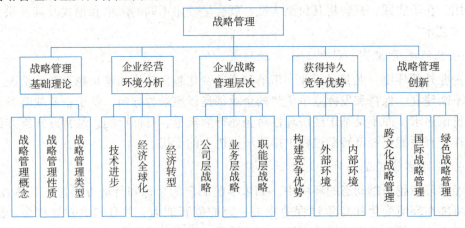

图 9-2　战略管理的主要内容框架

三、课程培养目标与学习意义

（一）战略管理的培养目标

学生学习战略管理之后，应能达到以下培养目标：

①掌握战略管理体系的内容：战略分析、战略选择与评价、战略实施与控制的依次展开，注重前后之间的逻辑关系。将战略管理作为一个统一的和系统的知识体系。

②熟练掌握扩张战略（如并购战略、一体化战略和多元化战略）及发展战略（如电子商务战略、虚拟经营战略、博弈论等）的内涵及应用场景。

③通过案例分析、情境模拟等方式，培养学生理论联系实际的能力，掌握战略制定分析工具，如 SWOT 分析、波士顿矩阵等方法，提升学生解决实际问题的能力。

（二）学习战略管理的意义

以往的企业管理是将企业的活动分成多种职能，如生产、财务、市场营销等，对不同的职能实行不同的管理，因此出现"职能管理"一词。企业从"职能管理"到"战略管理"是现代企业管理的一次飞跃。

1. 战略管理是整合性管理理论

营销管理、财务管理、生产管理、人力资源管理等职能管理理论是从企业管理的角度来讨论管理的问题。职能管理理论的发展及应用为解决企业某一方面的管理提供了丰富的管理方法。

职能管理也存在弊端，因为在实际的管理活动中企业的各部分是不能分割的，它是由具有执行不同功能的部分所组成的统一体。如何将企业的各个职能部门协调一致，有机协作，就需要企业综合管理发挥作用。企业战略管理理论从企业整体的、全局的角度出发，综合运用职能管理理论，处理涉及企业整体的和全面的管理问题，使企业的管理工作达到整体最优的状态。

2. 战略管理是企业高层管理者最重要的活动和技能

由于战略决策涉及一个企业活动的各个方面，虽然它也需要企业中下层管理者和全体员工的参与和支持，但企业最高层管理者介入战略决策是必不可少的。企业高层管理者不仅能够统管企业全局，了解企业的全面情况，更重要的是他们具备调动资源对战略实施进行支持的权力。

华为创始人任正非表示高层管理者要分清楚战略的主次，聚焦主航道，不在非战略机会点上消耗战略竞争力量。华为经历过小灵通、房地产等很多能快速赚钱的行业和机会，但是始终聚焦主业，拒绝与企业战略发展无关的业务，最终成为全球知名的科技企业。对于企业高层管理者来说，最重要的活动和技能是制定战略并推动战略管理，以保证企业整体的有效性。

3. 战略管理是为了提高企业对外部环境的适应性

企业的生存与发展很大程度上受内外部环境因素的影响。当今社会，企业存在于一个开放的系统中，它们影响着这些外部环境因素，但更普遍的是企业受这些不能控制因素的影响。企业外部环境既复杂多样，又动荡多变。如何在这种复杂多变的外部环境中生存并持续发展，是战略管理的任务和目的。

战略管理促使企业高层管理人员在制定、实施企业战略的各个阶段上，都要清楚地了解有哪些外部因素影响企业，从而不断提高企业适应能力。这就要求企业战略必须是具有弹性的、能随着环境的变化而及时做出调整。因此，战略管理的目的是促使企业提高对外部环境的适应能力，使其能够生产并可持续发展。

第二节 领导科学

一、领导科学的产生与发展

（一）领导科学的产生背景

人类社会从其诞生开始，就有了领导活动，领导活动与人类生活息息相关。领导科学的发展必然带来领导理论的发展，领导理论的发展也推动了人类社会活动的进步。人类在发展过程中通过不断探索和实践，总结领导经验、探索领导活动的基本规律，升华成为指导领导活动的理论，并且经历了从感性到理性、从经验到科学、从低级到高级、从传统到现代的发展过程。

追求目标和效率是科学发展的重要条件。领导活动是经历了长期的发展过程，作为一项重要的人类活动而存在。领导科学是对领导活动中各种要素之间内在的、本质的、必然联系的揭示和总结。领导科学作为研究领导活动的专门学科，有着自己独特的研究对象、研究特点和根本任务。领导科学是专门研究领导活动的各个因素之间的相互联系、相互作用的规律的科学，旨在揭示领导工作中规律性的知识，为领导活动提供科学指南，确保领导实践的科学化和规范化。

领导科学主要是对领导实践进行规范性的研究，在反作用于领导实践时则要求领导主体严格按照领导规律和原则来办事，领导科学是创造规范性领导实践典范的高度科学化、理性化的知识体系和理论体系。

领导科学的根本任务是提高领导活动的成效。领导科学的任务在于研究领导现象产生的原因和条件，研究现代领导活动的要素与过程，揭示现代领导活动中的规律性和艺术性的特征，研究各个领域、各个层面的领导活动。领导科学研究领导主体的内在构成和变化发展规律，研究直接或间接导致领导实践成败得失的主观因素和客观因素，总结领导实践的成功经验和惨痛教训，为日后的领导实践提供指导和帮助。在指导领导工作的实践中，领导科学不仅要提高领导工作的质量和效率，用科学决策代替经验决策，促进领导工作的科学化；而且要培养和造就一大批符合现代化建设需要的领导人才，提高干部队伍的质量，推动人们更好地开创新时期领导工作的新局面。我国领导科学发展的长期任务在于不断探索现实的领导工作规律，在总结中外领导工作经验和教训的基础上，创立具有中国特色的现代领导科学。

（二）领导科学的发展历程

1. 中国领导思想的发展

中国是四大文明古国之一，从有文字记录开始就有有关领导的记载。中国历史上无论是从先秦时期形成中国古代思想史上"百花齐放、百家争鸣"的繁荣局面，还是"罢黜百家、独尊儒术"的历代封建王朝，很多典籍记载的领导思想内涵丰富，包括领导哲学、理想社会模式、领导权术及领导体制等多个方面。

特别是近代，面对西方资本主义国家的日益强盛，很多有志之士开始向西方不但学习先进的科学技术，还学习西方的思想和制度，无论是洋务运动还是各种革新变法，取得的成就不明显。直到辛亥革命以后，西方近代民主科学思想传入中国，启发了中国思想界。以孙中山为代表的资产阶级民主革命者提出按照以民为主的革命思想治理国家。孙中山注重人才培养，建立人才选拔制度，运用任用与监督并重的原则，形成了"人尽其才"的用人思想。孙中山先生以坚定的意志和无畏的精神，成为近代中国领导思想的代表。

以毛泽东为代表的共产党人把马克思主义与中国实际情况相结合，不断发展新的理论，创造性地提出了毛泽东思想、邓小平理论、"三个代表"重要思想、科学发展观和习近平新时代中国特色社会主义思想。积极有效的领导实践为我国领导科学的发展提供了极为有利的条件和环境，同时成为提高领导水平和艺术的重要基础。

2. 西方国家领导思想的发展

从巴比伦人的《汉谟拉比法典》、古希腊的城邦管理到罗马帝国时期的中央集权制度等是西方较早的管理实践。从孟德斯鸠的"三权分立"学说到卢梭的《社会契约论》等都从不同的侧面对人类社会领导活动及其产生发展的过程、社会领导体制和领导结构做了一定的研究和论述。

（1）古代领导思想的发展

古代西方世界，从古代巴比伦到古希腊、古罗马，已经出现了灿烂的文明，大规模的建筑工程和战争都是在有效的组织管理过程中完成的。约公元前 4000 年，古埃及人建造了大批金字塔，并建设了规模庞大的灌溉工程。在社会经济、政治、法律和军事活动的不断发展和推动下，领导思想不断发展完善。

（2）近现代领导思想的发展

随着资本主义的兴起和工业革命的发展，随着大规模生产，管理作为一种独立的活动成为被研究对象。从管理职能的提出、计划到决策、集权和分权等方面的观点开始得到宣传和推广。

1911 年，美国工程师泰罗发表《科学管理原理》一书，标志着科学管理时代的到来，管理从经验管理发展到科学管理阶段。领导作为管理的重要职能构成了管理学的重要组成部分，大量有关领导者素质、领导结构、领导力和领导行为的研究成为管理者和学者探索的重要方向，各种管理著作、论文及研究成果不断涌现。在各种经典的管理文献中，管理和领导没有做详细的区分，如彼得·德鲁克的《有效的管理者》、哈罗德·孔茨的《管理学》、麦格雷戈的《X 理论和 Y 理论》、费德勒的《一种领导效能理论》等一些有影响力的著作中，都涉及了对领导科学的研究。随着发达资本主义国家生产力的进一步发展，管理和领导职能分工更加明确，有效地促进了管理理论和领导理论的发展，领导科学逐步成为独立的学科。

20 世纪 70 年代，现代科学技术突飞猛进，社会生产和生活方式发生了巨大的变化。跨国公司的组织规模日益扩大，结构日益复杂，知识成为一种重要的资源，组织间相互影响和制约的因素日益增多。传统的领导者依靠个人经验和智慧进行领导工作已经远远不能满足当今时代发展的要求,必须依靠科学的理论和方法的指导来适应新的形势。大量的领导活动实践中,人们通过不断地探索和努力,发现并总结领导活动的基本规律以追求提高领导成效的技能和技巧,因此,领导科学作为专门研究领导工作的学科应运而生。

现代科学的形成和发展,新兴学科群的建立,为领导理论的产生和发展提供了有利的理论背景。各种思想和学派分支越来越多,分类越来越细,学科之间相互交叉,出现了大量的新学科。相关学科和领域的发展也为领导科学的理论提供了非常丰富的理论借鉴和知识共享。管理学的发展为领导科学的发展提供了理论基础,领导科学就是从管理学中不断地汲取大量的学术养料后得以建立和发展的。心理学中的激励理论、社会学中的人际关系理论、数学中的预测决策理论等都为领导科学的形成和发展起到了推动和支持作用。

二、课程特点与主要内容

(一) 领导科学的课程特点

领导科学的研究对象决定了领导科学研究的范围,决定了领导科学的知识体系和理论体系的构成。领导科学具有以下特点:

1. 综合性

领导活动本身决定了领导活动是高度综合的活动,不仅涉及领导者、领导过程和领导环境等因素,并且领导活动要解决的问题几乎都是综合性的问题。在现代社会大生产的特定环境下,综合性将更加突出。从知识运用方面,领导科学综合了哲学、法学、社会学、管理学等方面的理论和方法;从研究内容方面,包括社会科学的领域有关上层建筑、生产关系等方面的问题,还涉及对客观环境的分析及控制等方面,还有人际关系、社会交往等诸多问题。

领导科学的综合性不仅体现在领导活动本身所涉及的对象上,而且体现在现代领导者的综合素质和领导科学知识体系方面。领导者面临的问题大多复杂多变,要从战略上解决这些复杂的综合性问题,需要领导者具备多方面的知识和高超的领导艺术。出色的领导者既要具备专业知识、心理素质和身体素质等一般素质,还要具备组织、沟通、用人和激励等方面的能力,只有这样才能够有效解决复杂的问题。

2. 应用性

领导职能决定了领导科学是应用性很强的学科。首先,领导科学所揭示的领导活动的基本规律和领导方法,来源于领导活动的具体实践,是人们进行领导活动经验的概括和总结。因此,离开了实践活动,领导科学就成为无源之水、无本之木。其次,领导科学的相关理论和知识的正确与否,要接受实践的检验,直接运用于领导实践,为领导者开展领导活动提供指导。因此,领导科学和领导实践紧密相连,为解决领导工作的实际问题而开展研究,为领导者的实践提供科学的理论依据,推动领导实践的不断发展和进步。所以,领导科学是一门应用性很强的学科。

3. 动态性

领导科学是实践发展和时代进步的产物。在人类社会发展过程中,不同社会制度下的领导活动具有不同的特殊性质。在同一社会的不同发展时期,领导活动被赋予不同的特征。领导科学不仅要研究特定时期和特定条件下领导活动的具体方式,同时也探讨不同领导发展阶段的特点，提出适合特定时期领导活动的具体方法。随着时代的发展和变化，对领导活动的要求也在不断提高，追求效益的目标也驱使人们不断探索更加有效的领导方式和领导方法，由此推动了领导科学的发展。因此，领导科学便成为一个动态发展的学科，不断地发展、变化并获得提升。

（二）领导科学的主要内容

现代社会对领导方式提出了新的要求，着眼于整个社会大系统，运用高科技手段实施更精准、全面、有效的现代化领导。领导就是引导、指挥、协调、组织和控制下属，为实现目标而不断努力的过程。因此领导科学包含的主要内容如下：

1. 引导

引导是指站在组织前方，带领组织向某个特定目标前进的过程。领导引导主要包括：

（1）确定组织的发展目标

领导者通过制定组织发展目标，确定组织的前进方向，激励组织成员为共同的目标而努力奋斗。

（2）制定组织发展战略

领导者通过制定组织发展战略，设定组织发展路线，团结组织成员，创造和引导变革，提升组织竞争力。

（3）创建组织的愿景、使命和价值观，营造组织文化

确立组织的愿景使命和价值观，构建组织文化，有助于使组织成员树立共同的责任感和使命感，增强组织的凝聚力，引导组织成员向正确的方向前进。

2. 指挥

指挥就是领导者通过下达命令、指示等形式，促使组织成员个人的意志屈服于统一的意志，各司其职，发挥作用，为达成组织目标实施的领导活动。领导指挥的目的在于下达命令、传达指示、协调关系、推进工作、保障组织正常运转等。生命周期理论又称情景领导理论，由科曼最早提出，后由赫西和布兰查德进一步发展，他们认为有效的领导风格应当具有适应其下属的成熟度。成熟度是指个人对自己的直接行为负责的意愿和能力，包括工作成熟度和心理成熟度。工作成熟度是指一个人的知识和技能，心理成熟度是指一个人做事的意愿和动机。根据二者之间的关系，指挥方式分别为：命令式、参与式和授权式。

（1）命令式

适用于下属成熟度很低的情况，指挥者采用单向沟通，通过命令式领导指挥，责令下属执行工作任务。

（2）参与式

适用于下属较成熟的情况，指挥者非常重视双向沟通和耐心倾听，与下属充分交流。

（3）授权式

适用于下属高度成熟的情况，指挥者赋予下属自主决策和行动的权力。

3. 组织

组织是指领导者通过设置结构、建立体制、配置权力等方式，设计和维持组织内部结构和相互之间的关系，使人们未来实现目标而相互协调和配合的过程。组织工作主要包括：

(1) 组织设计

包括纵向管理层次的划分和横向管理部门的设置，还有各个部门及工作人员职能和责任的划分。

(2) 组织联系

在保证各部门、各岗位各司其职的前提下，确定各个部门及其工作人员之间的相互联系和职权关系，保证组织各要素的充分协调。

(3) 组织变革

根据组织内外部环境变化和组织战略的调整，对组织结构进行变革。

4. 沟通

美国著名管理学者斯蒂芬·罗宾斯认为沟通就是传递与理解。领导的过程就是沟通的过程，成功的领导必然以有效的沟通为基础。沟通主要分为人际沟通和组织沟通。人际沟通是指作为个体而存在的领导活动主体之间的沟通，目的在于协调成员之间的关系，保证成员之间相互配合、协调一致；组织沟通主要指作为集体而存在的领导活动主体之间的沟通，目的在于协调组织内部各部门之间、组织内部与组织外部之间的各种关系，为组织发展营造良好的沟通环境。

5. 控制

领导控制是领导者在领导活动中，运用各种方式和手段如批评、监督、检查、沟通等，确保领导工作与计划标准相适应的过程。通过领导控制可以及时有效纠正执行偏差，确保组织目标的实现，并维持组织的持续发展。

斯蒂芬·罗宾斯从控制与活动发生的相对时间关系出发，将控制划分为前馈控制、同期控制和反馈控制。前馈控制就是在活动开始之前实施控制，这种模式可以预防问题，避免损失，但是由于信息难以获取，这种控制往往难以实施；同期控制是在活动进行的过程中实施控制，直接监督，走动式管理就是同期控制的典型代表；反馈控制是在活动完成之后实施的控制，具有信息充足、激励性强的优势。

近年来，随着管理实践的日益深化，控制工具贯穿于领导工作的各个流程，财务控制、信息控制、标杆管理、平衡积分卡等控制工具日益融入领导工作之中，成为领导工作不可缺少的组成部分。

领导科学的内容框架如图9-3所示。

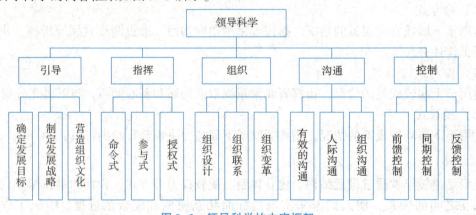

图9-3 领导科学的内容框架

三、课程培养目标与研究方法

（一）领导科学的培养目标

学生学习领导科学之后，应能达到以下培养目标：

①系统掌握领导科学的基本概念、基本理论、基本策略和方法，如领导科学的概念、领导科学的类型、领导科学的策略等。

②了解领导科学研究的最新成果、领导科学的新领域和新观念，如君子型领导、家长式领导和以人为本领导等。

③具有较强的分析问题、解决问题的能力，能够将理论与实践相结合，针对领导案例或领导实践能够正确运用领导理论和方法给出基本解决方案。

（二）领导科学的研究方法

学习领导科学，应当根据领导科学的学科特征选择适当而且有效的方法。领导科学作为一门理论性和实践性相结合的学科，其综合性、应用性和动态性的特点要求采用以下方法，才能取得良好的效果。

1. 理论联系实际的方法

领导科学随着社会的发展和进步也得到不断发展。尽管如此，领导科学依然是一门尚未完全成熟的学科，有许多现象和问题还有待进一步研究和探索，需要大量的领导实践来不断补充和创造新的经验，并且逐渐上升到理论层面，使领导科学得到不断充实和完善。我国在发展过程中出现的很多问题都没有先例可以参考，所以适合中国国情的领导科学的发展是至关重要的。如何有效实现领导现代化减少有待于在实践中探索，在理论发展中前进，因此理论联系实际是学习和研究中国特色领导科学的重要方法和途径。

2. 系统分析的方法

系统分析是运用系统论的观点分析领导活动的方法，是社会科学中常用的方法。系统分析方法是根据客观事物和人类活动所具有的系统特征，从事物的整体性和功能出发，着眼于分析系统的构成要素、研究系统的内在结构，从而更好地把握和理解社会现象的一种分析方法。

在研究领导科学过程中运用系统分析方法，即将领导活动看作系统，从分析领导活动的构成要素入手，深入研究领导各要素的内部构成方式和联结方式，把握领导活动的性质和功能，探究改变领导活动的方式方法，以提高领导科学的工作水平和绩效。系统分析方法通过探究领导外部环境中各种因素对领导活动的影响，分析领导活动与环境之间的关系，确保领导活动的顺利开展。采用系统分析方法可以保证对领导活动的整体性、系统性和复杂性的把握，便于对领导活动的各个要素和内在运行规律进行正确认识，以提高对领导科学的理解和掌握。

3. 案例分析方法

案例分析方法是一种实证研究的方法，通过对特定环境、客观条件、具体领导活动的状况和领导者行为进行再现，提出相应的分析和评价方法。案例分析的目的在于提出解决问题的可行方案，供人们参考，因此它成为领导经验研究的重要方式。由于环境因素和主观条件的影响，任何领导活动的发生和发展都不尽相同，同样的状况也不能够完全重现，但其中的经验教训往往可以成为后人的前车之鉴。

西方一些发达国家经历了长期的社会大生产实践，在社会、经济、政治等方面积累了丰富的领导经验，并且已经形成了领导科学的体系和结构，成为学习领导科学的重要理论基础。许多国家的政治制度和领导机构改革、大型跨国公司的并购活动、独角兽企业的发展壮大等案例都可以成为领导科学分析和研究的对象，为领导行为提供了可尝试的途径，为更加深刻地认识领导活动奠定了基础。

4. 比较研究的方法

比较研究方法是人们认识客观事物的基本思维方法。人们认识事物常常是从区分事物开始的，通过对不同事物或同一事物在不同历史时期、不同客观环境中、不同国家和地区等进行比较，从中找出共同点和不同点以及运行发展的规律性特点，来研究事物的普遍现象和客观规律。通过对社会主义中国与中国古代、外国的领导理论与领导实践的属性、特点进行比较研究，探索领导活动的最佳模式和一般规律，达到"古为今用、洋为中用"的目的。

运用比较法时，首先要注意对象是否可比的问题，要在同一环境和背景下，比较不同的对象或对象的特征；其次要选择与制定精确的、稳定的、统一的比较依据和比较标准；最后要探求异中之同、同中之异，努力在各类领导工作之间，探求其本质的共同点和不同点。

比较研究方法是在研究和学习不同国家和地区、不同文化背景及不同发展阶段条件下领导活动的发生、发展的基本规律。改革开放以来，我国企业管理制度逐渐完善，但是与发达国家相比还是有比较大的差距。其他国家和企业的管理实践可以给我们提供借鉴和启发，有助于我们更好地认清客观环境，根据具体情况选择合适的方法和方案。

本章小结

战略是目标、意图或目的，以及为达到这些目的而制定的主要方针和计划的一种模式。

肯尼斯·安德鲁斯在《公司战略概念》一书中，将战略划分为4个构成部分，即市场机会、公司实力、个人价值观和渴望、社会责任。

企业在制定战略的过程中必须做好两方面工作：一是企业所处行业的结构分析；二是企业在行业内相对竞争地位的分析。

蓝海战略更多的是考虑如何创造需求、突破竞争。在当前已知竞争激烈的"红海"竞争之外，构筑系统性、可操作的蓝海战略，成为很多企业的追求。

企业战略本质上是一种"谋划或方案"，而战略管理则是企业战略的一种"管理"。

领导科学的根本任务是提高领导活动的成效。

现代科学的形成和发展，新兴学科群的建立，为领导理论的产生和发展提供了有利的理论背景。

领导科学具有综合性、应用性、动态性的特点。

领导科学的主要内容包括引导、指挥、组织、沟通、控制。

领导科学的研究方法有系统分析的方法、案例分析方法、比较研究的方法等。

复习思考题

1. 简述战略管理的含义及特点。
2. 战略管理的主要内容包括哪些?
3. 学习战略管理的意义有哪些?
4. 简述领导科学的发展历程。
5. 领导科学的主要内容是什么?
6. 领导科学的研究方法有哪些?

第十章　公司治理与管理信息系统

🔔 **本章学习目标**

通过本章的学习，学生能描述公司治理和管理信息系统的产生与发展，能阐释公司治理和管理信息系统的特点与主要内容，能复述公司治理和管理信息系统的培养目标与学习意义。

🔔 **本章内容框架**

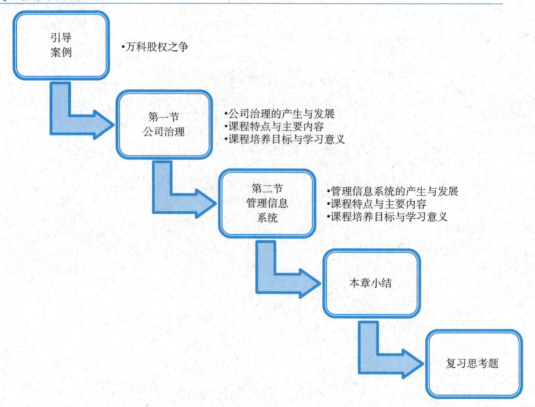

第十章 公司治理与管理信息系统

引导案例

万科股权之争

万科公司呈现出典型的"中国式内部人控制"的特点，即使没有控股权，以王石为首的职业经理团队也能实际控制公司。华润虽然是大股东，却没有过度干涉万科的决策，成为一个真正的财务投资者。股权的分散为万科营造了一个宽松、自由的企业环境。万科团队没有过度追求利润最大化的目标压力，能够自由地打造专属于自己的商业模式和长远规划。在过去的20年里，万科依靠股权分散的优势迅速崛起。

一、2015年宝能系几番争夺控股权

从"一股独大"走向"股权分散"是资本市场发展的必然趋势，但是公司股权的高度分散也容易遭受险资的大举入侵。2015年7月10日，前海人寿买入万科A约5.5亿股，占万科A总股本约5%。7月底，以钜盛华为主力的宝能系继续买入约5%的万科股权。截至8月26日，前海人寿及其一致行动人钜盛华共3次举牌，持股万科达到15.04%，以0.15%的优势首次超过原第一大股东华润集团，成为万科最大股东。为了应对"野蛮人"的恶意收购，一方面，万科于8月31日召开了2015年第一次临时股东大会，宣布了拟以100亿自有资金回购公司股票的计划。另一方面，华润耗资4.97亿元，分别于8月31日和9月1日两次增持，重新夺回万科的大股东之位。截至11月20日，华润总共持有约15.29%的万科股份，以微弱的优势超过宝能系。2015年11月27日至12月4日期间，钜盛华继续买入万科股份5.49亿股。12月6日，万科称前海人寿和钜盛华合计持股占公司A总股本的20.008%，成为第一大股东。钜盛华和前海人寿再次成为万科第一大股东一事引发了深交所的关注。但紧接着钜盛华回复问询称，钜盛华的资金来源合法、信息披露合规。2015年12月7日作为前海人寿的竞争对手安邦系也参与进来，持有万科A5.53亿股，约占万科A总股本的5%，达到举牌万科的条件。

为了不让万科轻易落入"野蛮人"之手，王石及其团队希望与深圳地铁集团合作，拟收购深圳地铁集团所持有的目标公司的全部或部分股权。2015年12月18日万科午间发公告称，因正在筹划股份发行用于重大资产重组及收购资产，万科A股从下午开市起停牌。

二、2016年宝能系提请改组董事会

2016年6月26日，宝能系提请罢免王石、郁亮等董事，理由是宝能系认为公司的高层所做出的资产重组的提议将损害广大股东的利益。该事件吸引了各大媒体的关注，引起的轰动性可见一斑。华润一直是万科最大的支持者，可是当万科提出要联合深铁，抵抗宝能系带来的威胁时，华润却和宝能系站在一起，共同反对万科资产重组及收购资产的计划。因为一旦深铁入主万科，将意味着华润和宝能系这两大股东的利润被摊薄。

2016年8月4日，中国恒大确认，入股万科。公司买入万科股票持股比4.68%，总投入91.1亿元。这意味着恒大已经进入万科前十大股东名单，位列第四。恒大认为万科作为中国最大的房地产开发商之一，财务表现强劲，是值得投资的对象。在随后的11月里，恒大公司通过其附属公司在市场上收购约1.29亿股万科A股，连同之前收购，占万科已发行股本总额的9.452%。恒大集团在股权竞争最激烈的时候加入也引发了众多的猜疑。但毫无疑问的是，大股东想要在股权之争中获取优势就要拉拢恒大，因为和恒大联手，就意味着拥有了绝对的话语权，能形成压倒性的优势，这样的局势对恒大而言绝对是有利的。

三、2017 年万科股权之争落幕

2017 年 1 月 12 日晚间,万科公告称,华润股份及其全资子公司中润贸易已与深铁集团签署了《股份转让协议》。股东华润股份及其全资子公司中润国内贸易有限公司拟以协议转让的方式将其合计持有的公司 16.896 亿股 A 股股份(占总股本的 15.31%)转让给深圳地铁集团。此次转让股份的价格为 371.7 亿元,对应每股交易价格为 22 元/股。而转让完成后,华润股份和中润贸易将不再持有公司股份,深圳地铁将成为万科第二大股东。

2017 年 6 月 9 日晚,恒大发布公告,将转让 14.07% 万科股权予深铁,打破了万宝之争僵局。此次转让将使深圳地铁正式成为万科第一大股东。

2017 年 6 月 30 日下午,万科举行了股东大会,这也是王石最后一次以万科董事会主席的身份出席股东大会。至此,长达两年的万科股权之争终于落幕,王石时代正式结束。

(资料来源:根据网络公开材料整理而成)

思考讨论题:
1. 万科股权之争有哪些启发?
2. 股东会、董事会和管理层如何相互制衡和促进?
3. 公司治理水平良好的企业如何应对恶意收购?

第一节 公司治理

一、公司治理的产生与发展

公司治理的概念来自英文"Corporate Governance",开始翻译为公司治理结构,后续有学者指出这种翻译不准确,应当翻译为公司治理。公司治理发源于西方市场经济国家,带有特定的制度环境背景。我国引入公司治理概念的背景,是为了建立现代企业制度。

公司治理问题是伴随着企业制度的产生而产生并且随着企业制度的演进而发展变化的,企业制度是指构成企业组织、运作和管理制度的总称,从法律形式上看,企业制度主要包括业主制、合伙制和公司制三种形式。通常把业主制和合伙制称为古典企业制度。

在业主制或合伙制传统企业制度下,企业的所有权和控制权是一体的,因此不会出现所有者和经营者的利益不同而产生分歧。1932 年,美国学者伯利和米恩斯出版了《现代公司与私有产权》一书,通过对 200 家美国大公司进行研究发现,股份公司的发展已经出现了所有权和控制权相分离的特征。1937 年,科斯《企业的性质》一文的发表,推动了新制度经济学的兴起,为后续公司治理的研究奠定了扎实的理论基础。威廉姆森在 1975 年出版《市场与层级制:分析与反托拉斯含义》中提出"治理结构"的概念,并在 1984 直接以"Corporate Governance"为题对公司治理进行了比较系统的分析,并指出公司治理的研究正在复兴。

20 世纪 60 年代以来,主要资本主义国家的大公司股权进一步分散,更多公司需要由职业经理人来负责日常管理,拥有专业管理知识的经理人员掌握了对公司的控制权。随着公司制企业的出现,融资市场的形成,股权结构日益分散,所有权和控制权逐步分离,公司治理问题日益突出,成为现代公司治理的焦点问题。

（一）公司治理的概念

公司治理的研究对象是各国经济中的企业制度安排问题。公司治理的概念，有狭义和广义之分。

玛格丽特·布莱尔认为，公司治理狭义上讲是指有关董事会的功能、结构、股东的权利等方面的制度安排，广义上讲是指有关公司控制权和剩余索取权分配的一整套返利、文化和制度安排，这些安排决定公司的目标，谁在什么状态下实施控制，如何控制，风险和收益如何在不同企业成员之间分配的问题。

南开大学中国公司治理研究院指出：狭义的公司治理是指股东对经营者的一种监督与制衡机制。通过制度来合理地配置所有者与经营者之间的权利与责任关系。公司治理的目标是保证股东利益最大化，防止经营者对所有者利益的背离。通过股东大会、董事会、监事会及管理层所构成的公司治理的内部治理。广义的公司治理不局限于股东对经营者的制衡，涉及广泛的利益相关者，包括员工、供应商、分销商等有利益关系的个体或组织。

公司治理狭义上指的是在企业的所有权与管理权分离的条件下，投资者与上市公司之间的利益分配与控制关系；广义的公司治理是关于企业组织方式、控制机制、利益分配的所有法律、机构和制度的安排，不仅是企业与其所有者之间的关系，还包括企业与所有利益相关者（顾客、供应商等）之间的关系。

（二）公司治理学的形成背景

20世纪60年代，随着资本主义国家经济迅速发展，很多公司的首席执行官同时兼任董事长，公司通过股票或期权激励管理层，公司的管理者和所有者为了得到更多的报酬，都以提升股价和利润为目的而不关心公司的长远发展，这种弊端逐步引起了人们的关注。20世纪80年代，很多公司出现利润增长而财务造假的丑闻，学术界和企业界开展重视有关公司治理的问题。学者们对公司治理问题的关注主要围绕着如何控制和监督经理人员的行为，保护股东权益。

20世纪90年代中期，随着国有企业改革的深入，由于很多企业高层管理人员对公司的控制力过大而没有相应的制衡措施，导致经理人员腐败问题频频发生。基于这样的背景，中国的公司治理研究，是从完善企业治理结构、限制企业管理人员权力方面开始的。

进入21世纪，随着资本市场的发展，很多公司通过上市融资来扩大公司的经营规模。公司的利益相关者的权益逐步受到保护和重视，因为从恶意收购的结果来看，目标公司的股东和利益相关者的差别很大。对目标公司而言，他们会从恶意收购中获利很多，而其他利益相关者的利益却受到损害。恶意收购发生后，收购者往往会对目标公司的董事会和高层管理团队进行重组（见本章引导案例），还可能进行大量裁员，造成大量员工失业，很多时候是为了短期获利而不关心目标公司长期发展。公司治理理论发展到这一阶段，对于公司的所有权问题进行了更为广泛而深刻的探讨，即公司不仅仅是股东出资形成的，更是所有的利益相关者投入了各自的专用性资产而形成的。

公司治理的结构取决于公司的价值观和公司的社会角色。从股东角度出发，公司的主要目标是股东利益最大化。有效的公司治理应该协调管理层与股东之间的关系，激励管理层为公司创造更多收益。从利益相关者角度出发，公司除了增加股东收益之外还应该承担社会责任。有效的公司治理应该保证员工安全，帮助政府稳定就业，保障员工的生活水平，减少债权人的风险及改善周围的社区和环境。基于两种价值观的公司治理结构和体系是不同的。

另外,资本市场、政策法律、会计准则、监管指导及社会和文化等外部因素,因国家和地区不同而有所差异也会影响公司治理水平,这些因素作为公司所有者和管理者的外部约束条件,其有效性决定了公司内部监督管理的力度。

(三) 公司治理的发展趋势

伴随着经济全球化的加深和网络经济的迅速发展,公司治理的方法和内涵也发生了很多变化,特别是对公司治理模式的探索和网络治理的研究引起了学术界和企业界的重视。

1. 全球化

(1) 金融市场全球化

金融市场是提高公司治理水平的重要力量。在大多数金融市场发育比较良好的国家,国际化投资现象比较普遍。同时,非金融机构意识到扩大投资范围会降低资本成本和金融风险。公司的投资者和所有者都希望在国际市场上融资,扩大公司的知名度和影响力。机构和国际投资者还坚持要求公司遵守国际公司治理规范,提高公司透明度,使公司的运营更加合规。因此,很多公司管理者既要遵守国内的法律和政策,也要提高公司治理水平与国际资本市场相匹配。

(2) 产品市场化

随着企业外部环境竞争的加剧,公司为了提高运营效率必须改进公司治理水平和方法,包括利益相关者(员工、消费者和供应商等)与企业相互作用方式、公司融资方式(是否收到投资者和资本市场的认可)、投资产出(科研经费投入)与未来发展等。有效的发展战略方法制定及实施,可以提高公司的生产效率和竞争优势。

(3) 法律制度的趋同

不同的国家对于公司治理及资本市场监管的规则不同。随着全球化进程的深入,很多法律和制度呈现趋同发展趋势。很多发展中国家借鉴发达国家的成功案例和规章制度,在提升公司治理水平、财务透明度、投资者利益保护等众多方面制定了很多相关规定和法律。

2. 网络治理

网络经济是以经济全球化为背景,以现代电子信息技术为基础,以国际互联网为载体,以电子商务为主导的新经济模式,互联网可以实现信息、资金和物资的快速流动,为大众的生活和生产带来巨大便利,有效促进国家经济持续增长。网络经济使公司面临的内外部环境更加复杂和不确定,因此公司治理的方法和策略等都发生了很大变化,如网文的所有权、公司产权虚拟化、治理决策的分散化、居家办公等,这些都是提升公司治理水平需要面对的新问题。

网络治理的关系契约基础不仅使网络治理的研究边界相对模糊,而且内容较多。网络治理的内涵取决于经济组织特别是企业网络组织影响经济主体决策行为的条件、方式和价值创造机制。网络治理研究主要包括网络组织之间的决策科学化的问题,网络技术条件下的工作治理问题,以及网络组织自身的决策科学化问题。作为一种新的组织形式,网络治理相比于市场治理和层级治理这样的组织交易模式,逐渐形成了自身特有的为经济主体创造价值的路径和机制。

在全球化的背景下，网络治理的研究正在日益成为全球学术界研究的重要内容，网络治理的研究有助于改革传统治理体制中不合理的地方，引导公司在变化的环境中提高治理水平。

3. 绿色治理

党中央国务院高度重视生态环境问题，企业要加快产业结构调整和绿色低碳转型发展，推动形成绿色发展方式，为社会提供更多的绿色产品。

治理作为一种行为的过程，具有多元的治理主体、互动的权力向度、基于合作的权威来源、以公共利益的实现为目标的特征。传统的公司治理一般侧重于公司利益最大化，对治理过程的描述主要侧重于沟通、协调和参与等具体行为，缺乏对治理过程的整体规范与治理质量的关注。中国特色社会主义进入新时代，新时代的绿色治理一定是高质量的治理。新时代的绿色治理对"如何治理"和"治理效果如何"提出了更为规范的要求：高效益的治理行为和高质量的治理结果。高质量的绿色治理既追求高效益的投入和产出比，更要保证质量。

绿色治理是共同体基于互信互赖和共建共享共治原则，以绿色价值理念为引导，实现经济、政治、社会、文化、生态的和谐持续发展的治理活动或活动过程。

二、课程特点与主要内容

（一）公司治理学的特点

公司治理学是以公司治理问题的产生和发展为研究对象，对其现象进行解释并挖掘基本原理、运作和方法，为公司治理实践提供指导的学科。公司治理学的特点如下：

1. 科学性和艺术性

公司治理学作为管理学的一个分支，具有科学性和艺术性的特征。公司治理学的理论体系基于公司经营和实践过程中对问题的归纳和总结。理论体系经过实践的检验，对解决问题具有指导性，能客观反映公司治理规律的知识体系，这是科学性的体现。公司治理的艺术性是指企业在发展过程中，出现无法用现有理论来解释和指导的问题，需要管理者依靠直觉和经验来做出决策，这种解决实际问题的直觉和经验就是艺术性的体现。

2. 实践性

公司治理是伴随着企业的发展而产生的，每个行业和企业的内外部环境不同，科学的治理理论在每个行业和企业中的应用是不同的。公司治理理论能否对具体问题具有指导作用，关键在于实践和应用。公司治理的实践性是把科学的治理理论知识具体化，公司治理理论体系通过实践才能得以完成和逐步完善。

3. 交叉性

公司治理涉及经济学、管理学、法学、社会学等诸多学科，因此对公司治理的研究不能孤立地从某一个方面进行，这样难免以偏概全。同时由于交叉性较强，导致其自身的理论完整性还相当差。从目前研究趋势来看，公司治理与管理学、会计学、法学等交叉部分较多。

（二）公司治理的主要内容

公司治理的内容因其内涵的不同而不同，从公司治理的定义和利益相关者角度出发，从内外部治理角度可以分为内部治理、外部治理、会计准则、监管制度和文化价值等。

1. 内部治理

内部治理主要是公司权力的分配和制衡，即在股东会、董事会、监事会、管理者之间如何分配权力并进行制衡的组织结构安排及机制的安排，保证公司内部利益的最大化。

从公司治理的具体内部治理对象来看，公司治理不仅包括权力的制衡，还包括组织治理、人力资源治理、财务治理、战略管理系统、激励制度、组织文化等一切与企业发展有关的制度。财务治理是公司治理内容最根本的体现形式。经济行为都是以经济利益为中心，公司治理很多问题都是由财务问题引起的，有效的公司治理活动更多的是通过财务治理来实现。

2. 外部治理

外部治理即如何从外部对公司的决策经营施加影响，迫使公司选择良好的治理结构安排，主要是从外部相关利益者的角度出发，诸如资本市场、产品市场、劳动力市场、公司声誉和社会知名度等方面。

资本市场在外部治理中占有十分重要的地位。资本市场的作用对于企业技术进步、提高企业竞争力及产品转型升级具有重要的促进作用。企业可以通过有效的兼并和资产剥离等方式来满足未来发展。另外，机构投资者和个人投资者通过"用手投票"的方式参与企业的经营治理，监督经理人员对企业的经营状况，这在很大程度上提高了上市公司的治理水平。

3. 会计准则

可靠合理的会计准则至关重要，因为可以通过财务报表向股东准确地传达公司运行信息。投资者正是依靠这些信息来评估投资风险和投资回报。财务信息不准确或不透明将会导致投资者做出错误决策，降低资本市场的有效性。企业雇佣外部审计师来审查基于会计准则的财务报表，增强了投资者对财务报告的信心。

4. 监管制度

法律和监管机制并不能够保护中小股东的权益，政府关于公平公正的执行很重要。通过对高管参与内部交易、信息误导、欺诈等行为进行惩罚，来保证法律和监督体系的权威性。

监管执法也会增强投资者的信心，使其确信管理层会受到监督，权益受到保护。如果监管执法乏力，股东在公司治理中不得不发挥直接作用，例如修改公司章程规定给予股东更多权力，或者直接担任董事。

5. 社会文化价值观

企业所在的社会文化环境也强烈地影响管理层的行为，在某些国家被允许的行为，在其他国家可能不被接受。经理人行为都受到社会文化和价值观的影响。同时，社会和文化价值观也影响企业、股东与利益相关者之间的关系。尽管文化价值观很复杂并难以量化，但对公司的治理有着深远的影响。

公司治理的内容框架如图 10-1 所示。

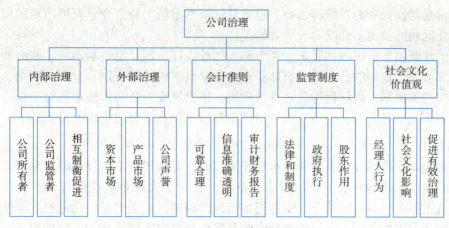

图 10-1 公司治理的内容框架

三、课程培养目标与学习意义

（一）公司治理课程培养目标

学生学习公司治理之后，应能达到以下培养目标：

①掌握公司治理的基本概念、基本理论、基本方法和技术，如公司治理的概念、内容和未来发展方向，社会和文化因素对公司治理产生的影响。

②了解公司治理的最新发展动态，国际公司治理，一些国家的公司治理标准和体系，公司治理与公司绩效之间的关系。

③通过案例分析、项目模拟等方式，培养学生理论联系实际的能力，运用公司治理的理论和方法解决实际问题的操作能力，以及组织协调、团队协作和沟通能力。

（二）学习公司治理的意义

进入 21 世纪以来，国际上很多大公司因管理不善、治理结构不合理等问题相继倒闭，特别是美国的安然公司会计造假案、雷曼兄弟公司因为巨额金融衍生品交易破产等，国内的中航油事件、瑞幸咖啡财务造假等，这一系列事件给资本市场、投资者带来巨大损失，给企业带来毁灭性打击，人们逐步意识到公司治理的重要性。在我国现在国有企业混合制改革的关键时刻，国有企业和民营企业的公司治理水平直接影响到国民经济的发展，因此公司治理在实践和理论方面都有重要意义。

1. 良好的公司治理有助于公司的权利平衡和公司组织的稳定

良好的公司治理要明确公司内部结构的权力分配，同时对各自的权力、责任进行有效的制衡，从而保证公司正常运营。公司中的股东会、董事会和管理层之间权力的合理分配和有效制衡。股东会通常是企业的最高权力机构，股东拥有企业的所有权，股东会授权给董事会经营决策的权力，董事会对企业的经营决策负有责任，管理层主要由董事会任命，总经理拥有管理权，对公司日常经营活动负责。三者之间既有相互依赖又相互制衡，公司的组织相对稳定，有利于公司的稳定发展。

2. 良好的公司治理有助于公司的融资及企业业绩的提高

良好的公司治理向投资者传递着公司运营良好的信息，使投资者对公司未来发展充满信心，公司受到投资者的青睐和追捧，也容易从资本市场上募集企业发展所需的资金，公司治理存在问题的公司不会受到投资者的关注。

公司治理既包括公司内部股东、董事和经理等内部治理，也包括市场、政府和供应商合作等外部治理。良好的公司治理有助于企业建立科学的决策机制、分权、制衡、有效的外部激励与约束机制，最终促进公司良性发展。根据研究，公司治理水平对于保持和提高企业绩效的作用是显著的，公司业绩与治理机制效率存在显著的正相关关系。

3. 良好的公司治理有助于资本市场的稳定繁荣和经济良好发展

良好的公司治理使投资者对资本市场充满信心，有利于资本市场的稳定和繁荣，从而刺激国家经济的正常运行。公司治理水平低下，特别是大型企业或国有企业质量出现问题，将会沉重打击投资者的信心，引起资本市场的动荡，甚至引起经济危机。即使在公司治理体系较为完善的美国，公司治理导致的丑闻也是层出不穷，例如，安然事件、雷曼兄弟破产事件和 Theranos 公司等一系列案件给美国乃至世界投资者带来前所未有的震动。在我国，恒大公司不仅在房地产主业上走激进扩张，还盲目多元化扩张，很多行业都是高投入，回报周期长，进一步加剧负债。股东会、董事会和管理层没有相互制衡，致使公司负债高达 2 万亿人民币，对行业发展产生巨大负面影响；瑞幸咖啡财务造假事件对在美国资本市场上上市的中国企业（中概股）的整体形象产生负面影响，而消除这种负面影响，需要"中概股"公司很多年共同的努力。

切实提高公司治理水平对于改善企业形象、提振投资者信心、促进企业或行业良性发展都有重要意义。

第二节 管理信息系统

一、管理信息系统的产生与发展

（一）管理信息系统产生的历史背景

管理信息系统是一个不断发展的概念。20 世纪 60 年代，美国经营管理协会首先提出建立管理信息系统（Management Information System，MIS）的设想，即建立一个有效的 MIS，使各级管理部门都能了解本单位的一切有关的经营活动，为各级决策人员提供所需的信息。由于当时的软、硬件水平的限制，成效甚微。20 世纪 80 年代，管理信息系统逐渐成为一门新学科。1985 年管理信息系统的创始人、明尼苏达大学卡尔森管理学院的高登·戴维斯教授给管理信息系统一个完整的定义：管理信息系统是利用计算机硬件和软件，分析、计划、控制和决策模型，记忆数据库的用户-机器系统。它能提供信息，指出企业或组织的运行、管理和决策功能。这个定义说明了管理信息系统的目标功能，反映了管理信息系统当时已达到的水平。

管理信息系统的目标在低、中、高三个层次，即执行层、管理层和决策层支持管理活动。管理信息系统是一个由人、计算机等组成的能进行信息的收集、传递、存储、维护和使用的系统，它能实测企业的行为，帮助企业内部不同层次的人员实现其规划目标。管理信息系统能有效降低企业运营过程中产生的各种成本，提高企业的经营效率，实现信息和人员的迅速处理和沟通。

（二）管理信息系统的发展历程

管理信息系统作为一门学科，是综合了管理科学、系统理论、信息技术的系统性的交叉学科，它依赖管理科学和技术科学的发展而形成，作为一门新兴学科，到目前为止还不很完善。

1. 管理信息系统（Management Information System，MIS）

20 世纪 70 年代初，随着数据库技术、网络技术和科学管理方法的发展，计算机在管理上的应用日益广泛，管理信息系统逐渐成熟起来。

管理信息系统最大的特点是高度集中，能将组织中的数据和信息集中起来，进行快速处理，统一使用。有一个中心数据库和计算机网络系统是 MIS 的重要标志。MIS 的处理方式是在数据库和网络基础上的分布式处理。随着计算机网络和通信技术的发展，不仅能把组织内部的各级管理连接起来，而且能够克服地理界限，把分散在不同地区的计算机网互联，形成跨地区的各种业务信息系统和管理信息系统。

管理信息系统的另一个特点是利用定量化的科学管理方法，通过预测、计划优化、管理、调节和控制等手段来支持决策。

2. 决策支持系统（Decision Support System，DSS）

20 世纪 70 年代，国际上展开了 MIS 为什么失败的讨论。人们认为，早期 MIS 的失败并非由于系统不能提供信息。实际上 MIS 能够提供大量报告，但经理很少去看，原因是这些信息并非经理决策所需。美国迈克尔·史蔼夫人在《管理决策系统》一书中首次提出了"决策支持系统"的概念。

决策支持系统不同于传统的管理信息系统。早期的 MIS 主要为管理者提供预定的报告，而 DSS 则是在人和计算机交互的过程中帮助决策者探索可能的方案，为管理者提供决策所需的信息。

由于支持决策系统是 MIS 的一项重要内容，DSS 无疑是 MIS 的重要组成部分。同时，DSS 以 MIS 管理的信息为基础，是 MIS 功能上的延伸。从这个意义上，可以认为 DSS 是 MIS 发展的新阶段，而 DSS 是把数据库处理与经济管理数学模型的优化计算结合起来，具有管理、辅助决策和预测功能的管理信息系统。

综上所述，电子数据处理系统（Electronic Data Processing System，EDPS）、MIS 和 DSS 各自代表了信息系统发展过程中的某一阶段，但至今它们仍各自不断地发展着，而且是相互交叉的关系。EDPS 是面向业务的信息系统，MIS 是面向管理的信息系统，DSS 则是面向决策的信息系统。DSS 在组织中可能是一个独立的系统，也可能作为 MIS 的一个高层子系统而存在。

3. 电子数据交换（Electronic Data Interchange，EDI）

20 世纪 90 年代以来，DSS 与人工智能、计算机网络技术等结合形成了智能决策支持系统（Intelligent Decision Support System，IDSS）和群体决策支持系统（Group Decision Support System，GDSS）。又如，EDPS、MIS 和办公自动化（Office Automation，OA）技术在商贸中的应用已发展成为电子商贸系统（Electronic Business Processing System，EBPS）。这种系统以通信网络上的电子数据交换（Electronic Data Interchange，EDI）标准为基

础，实现了集订货、发货、运输、报关、保险、商检和银行结算为一体的商贸业务，大大方便了商贸业务和进出口贸易。此外，还出现了不少新的概念，诸如总裁信息系统、战略信息系统、计算机集成制造系统和其他基于知识的信息系统等。

（三）管理信息系统在中国的发展

我国管理信息系统的发展过程可以划分为5个阶段。第一个阶段是20世纪80年代末基于DOS平台开发的单项核算财务软件，主要用于工资核算。第二个阶段是90年代初出现的局域网，管理软件的应用范围由单项的财务核算发展到整个财务核算，包括工资、成本、材料、报表等。第三个阶段是90年代中期，利用核算型财务软件产生的数据进行财务统计、查询，产生了包括全面核算财务的管理型财务软件。第四个阶段是指21世纪初，随着全球经济一体化，仅仅实现财务管理信息化已经不能满足企业发展的需要，必须对企业的所有资源进行管理，全面管理企业资源的企业资源计划软件ERP被引入我国，并得到大规模推广和应用。随着互联网的迅速普及和信息技术的快速发展，企业的竞争不再是个体层面的竞争，而是企业的供应链之间的竞争，因此必须加强对供应链上合作伙伴的管理，降低成本，提高企业的利润成为很多企业的追求目标。继ERP之后，基于供应链管理的供应链管理软件SCM产生了；为了提升顾客的忠诚度，为客户提供个性化服务，又产生了客户关系管理软件，CRM软件。企业信息管理已经发展到了在企业内部通过ERP进行全面资源管理，企业外部建立完善的电子商务环境，通过建立供应链管理系统（SCM）、客户关系管理系统（CRM）提升企业的竞争力。管理信息系统的第五个发展阶段到来了。

随着技术的发展和企业外部环境竞争的加剧，企业管理信息系统朝着协同方向发展，企业的供应商、分销商、客户等合作伙伴，都按照客户或市场的要求，步调一致地共同开展业务活动，保证产品和服务能够准时、保质、保量地交付给客户。

二、课程特点与主要内容

（一）管理信息系统的特点

1. 面向管理决策

管理信息系统是继管理学的思想方法、管理决策与行为理论之后的一个重要的体系，它是一个为管理决策服务的信息系统，必须能够根据管理的需要，为决策者及时提供有效的信息来做出有效的决策。

2. 管理信息系统是一个人机系统

管理信息系统的目的在于辅助人来做出决策，因此管理信息系统必然是一个人机结合的系统。在管理信息系统中，各级管理人员既是系统的使用者，又是系统的组成部分。因此，在管理信息系统开发的过程中，充分发挥人和计算机各自的长处，使系统整体达到最优。

3. 管理信息系统是一体化的集成系统

管理信息系统是以系统思想为指导来进行设计和开发的。从企业的总体出发进行全面考虑，保证各种职能部门共享数据，减少数据的冗余度，实现整个系统各自组成部分之间的相互协调，使系统中的数据具有一致性和兼容性。

4. 数据库的应用

管理信息系统的一个重要特点是集中统一的数据库。数据库中分门别类地存储各种工作所需要的信息，同时还具有功能完善的数据库管理系统，对数据进行筛选、组织和更新等管理，使数据更好地服务用户。数据库的应用表明管理信息系统是经过周密设计和科学开发，使系统中的信息能够成为各种用户的共享资源。

5. 数学模型的应用

通过数学模型来分析数据，对决策进行辅助，是管理信息系统的另外一个特点。对于不同的职能，管理信息系统提供了不同的数学模型，例如用于分析投资回报的投资决策模型、有效提高生产效率的生产调度模型及预测销售额的销售模型等。数学模型与运筹学的相关知识相结合，就可以对问题进行全面分析，从中找出可行解、一般解和最优解。在实践过程中，需要根据不同模型的分析结果，为做出各种决策提供依据。

6. 多学科交叉

管理信息系统作为管理学的一个分支，产生较晚，其理论体系尚处于发展和完善过程中。早期的研究者从计算科学与技术、管理理论、运筹学等角度进行研究，现在侧重从模糊数学、博弈论、系统工程等相关学科中抽取相应的理论，构成管理信息系统的理论基础，从而形成一个多学科交叉的学科。

（二）管理信息系统的主要内容

在企业中可以按照一定的职能将组织机构分成若干个部门。这些部门按照不同的职能建立起来的管理信息系统结构就称为管理信息系统的职能结构。根据各组织职能划分的不同，可以将管理信息系统划分为不同的子系统，管理信息系统就是各管理职能子系统的综合。每个系统用来完成相关功能的全部信息，包括业务处理、财务核算、经费支出等管理。

1. 市场销售系统

市场销售系统通常包括产品的销售及售后服务的全部活动。业务处理有销售订单、应收账款、推销订单等的处理。管理控制方面包括根据消费者、竞争者和销售能力等方面的信息，对总销售成果、市场规模和竞争对手等方面的情况进行分析和评价，确保完成销售计划。整个过程还包括销售人员培训费用、市场开拓费用、销售计划编制等项要。战略计划方面，依据新市场的开拓和战略，使用的信息有顾客分析、竞争者分析、顾客调查、收入预测等部分。

2. 生产管理系统

生产管理系统的功能主要包括产品设计、工艺改进、生产计划安排、生产设备调度、生产工作人员的培训及质量标准的实施等。在生产管理系统中，业务处理包括生产指令、产品组装、废品处理和工时核算等。运行控制要求把实际的生产进度和生产计划进行比较，及时发现并解决阻碍生产进度的问题。战略计划方面主要包括对改进工业过程的各种方案进行评价，选定最优的加工和自动化生产的方法。

3. 人力资源系统

人力资源系统主要指对员工的招聘、培训、工资福利、考核及离职等方面的管理。业务处理要产生聘用条件、培训要求、员工技能、工资变化及合同终止等内容。运行控制主要涉及对录用人员数量、应支付的工资和培训费用等情况的分析结果。管理控制包括员工的录用和解聘、招募费用、培训费用等变动情况。战略计划主要指对招聘、工资、福利待遇及人员配置等战略和方案的评价分析。

4. 财务会计系统

财务和会计的最大区别是目标不同。财务的目标是保证企业在资金使用方面的财务要求，并尽可能地减少支出；会计的目标是把财务方面的业务进行分类、总结，然后填入标准的财务报表，并制定预算、对成本数据进行核算分析与分类等。运行控制和业务处理主要包括分类和汇总每天的单据，提出差错和异常情况的报告，以及延迟处理业务的报告和未处理业务的报告等。管理控制主要是对预算和成本数据的计划执行情况进行分析和比较，处理会计数据的成本和差错率等。在战略计划方面，人们关心的是财务保证的长远计划、资金筹集计划、减少税收影响的长期计划以及成本会计和预算系统的计划，并且还要制定财会战略。

5. 信息处理系统

信息处理系统的作用是保证各职能部门获得必要的信息资源和信息处理服务。该子系统典型的业务处理有工作请求、采集数据、改变数据和请求、软硬件情况的报告以及设计方面的建议。管理控制主要将计划和执行情况进行分析比较，如设备成本、开发人员水平、新项目进度和计划的对比等。运行控制的内容包括日常工作任务的调整、差错率分析、设备利用率和设备故障以及控制新项目的开发进度和调试时间。战略管理层主要关心的是组织功能的集散度，信息系统的总体规划，硬件、软件系统的总体结构等内容。

管理信息系统内容框架如图10-2所示。

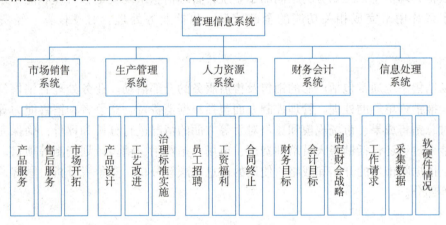

图10-2 管理信息系统内容框架

三、课程培养目标与学习意义

（一）管理信息系统课程培养目标

学生学习管理信息系统之后，应能达到以下培养目标：

①要求学生具备良好的数理基础、管理学和经济学理论知识、信息技术知识及应用能力，掌握信息系统的规划、分析、设计、实施和管理等方面的方法与技术，具有一定的信

息系统和信息资源开发利用实践和研究能力。

②熟练掌握计算机应用技术，具有在现代制造业、现代服务业等领域或政府机构从事信息管理工作的实际操作能力。

③具有较强的专业分析能力、语言表达能力、良好的沟通能力和组织协调能力。了解本学科的发展动态以及相关领域的前沿知识。

（二）学习管理信息系统的意义

信息技术的发展和运用引发了继农业文明、工业文明之后的第三次浪潮：信息化，给企业和组织的变革带来了新的契机，为社会的发展提供了新的动力。

1. 管理信息系统促进组织变革和产业创新

管理信息系统的开发与运行、信息技术的广泛运用给企业带来的变革是多方面的。主要体现在：

（1）支持业务流程的重组

管理信息系统的开发给企业重新认识自己、重新审视自己流程的契机，扁平化管理、供应链管理、大数据、云计算等新思想和理念层出不穷，导致企业内部结构的调整。

（2）管理过程的改善

设计良好的管理信息系统，能够帮助管理者随时掌握每一个客户的信息、订单的信息、销售商的信息等，也可以帮助管理者掌握每一个部门的工作状况，及时了解订单的生产情况、进度，分析各业务环节中出现的问题及原因，及时而有效地进行管理和控制。

（3）灵活的运营方式

信息技术的发展能够使企业更加迅速地满足企业个性化要求，为批量定制提供了手段和保障，使敏捷制造和灵活制造成为可能；在管理信息系统的支持下，企业处理信息的能力大大提高，帮助企业与供应商、消费者等保持密切的联系，使企业的运营方式更加灵活。

（4）协作程度的提高

管理信息系统使企业内部各部门之间、企业与其他企业之间的协作程度得以提高，尤其是线上购物、网络视频等更是为企业的协作提供了便利，企业间的密切协作形成了虚拟公司，从而创造出超越任何一个企业单独运作的实力。

（5）工作地点更加灵活

管理信息系统能够使决策者和管理者实现异地办公和远程办公。在外地的业务员可以把所需及得到的信息随时与企业总部进行沟通，企业内部的相关人员随时随地对这些信息进行处理。

2. 管理信息系统支持信息资源的开发和更新

信息是所有产品或服务性能、质量的描述，是管理控制和决策分析的基础和依据。信息对企业和组织的发展至关重要，管理信息系统可以有效实现信息的组织、采集、存储、传送和加工。企业内部大量的数据被有效地组织起来，储存在数据库中，利用计算机网络实现数据的传送和信息的共享，让信息不再被某人或某部门单独使用，而应该成为全企业或全组织共享的资源。

管理信息系统可以通过数据库把企业内部的各种业务数据进行整合，企业的决策者、管理者及客户按照特定的规则通过各种应用系统（如生产管理子系统、市场营销子系统、人事管理子系统、财务会计子系统等）向数据库输入或得到数据，及时完成各种数据的更新。

无论是企业高层的决策者、管理层的经理还是执行层的业务员，也无论是财务会计、市场营销及其他职能人员，日常工作中任何一项工作都离不开数据库的支持，管理信息系统的开发和运用对很多人的职业生涯非常重要。一个不懂得如何组织信息、运用信息的人在信息时代是无法有效地生产和发展的。

3. 管理信息系统可以实现数据矢量化分析

信息资源的开发和利用通常会借助一些工具，这些工具包括查询与报表工具、数据分析工具、数据挖掘工具等，在各种数据分析与挖掘工具的支持下，对综合数据库及数据进行有效分析和处理，来支持高层的决策。综合数据库及数据库中的数据通常来自已有应用系统中的数据库（如生产数据库、财会数据库、供应商数据库等），只要是能够为支持决策和分析过程提供所需要的数据，就可以成为数据库的数据源。从各种数据源中获取数据，在进入数据仓库之前经过检验，排除可能隐藏的错误，再经过特别的整理、加工和重新组织后传输到数据库中。

数据挖掘是从存储海量数据的数据库中提取隐含在其中的有用信息和知识的过程。它可以帮助企业对数据进行微观、中观和宏观的统计和分析，从而利用已有的数据预测未来，帮助企业提供竞争优势。例如，利用数据库挖掘可以对企业产生影响的客户资料，包括客户类型、客户需求、客户喜好变化等；利用数据挖掘可以进行市场研究，包括商品市场占有率预测、新产品投入市场情况等；进行经营战略研究，包括经营成本分析、风险控制等。

本章小结

企业制度是指构成企业组织、运作和管理制度的总称，从法律形式上看，企业制度主要包括业主制、合伙制和公司制三种形式。

公司治理的结构取决于公司的价值观和公司的社会角色。从股东角度出发，公司的主要目标是股东利益最大化。从利益相关者角度出发，公司除了增加股东收益之外还应该承担社会责任。

公司治理的发展趋势是全球化、网络治理和绿色治理。

公司治理学的特点：科学性和艺术性、实践性和交叉性。

公司治理的内容因其内涵的不同而不同，从公司治理的定义和利益相关者角度出发，可以分为内部治理和外部治理。

20世纪80年代，管理信息系统逐渐成为一门新学科。

1985年管理信息系统的创始人、明尼苏达大学卡尔森管理学院的高登·戴维斯教授给管理信息系统一个完整的定义。

管理信息系统的发展历程包括管理信息系统、决策支持系统、电子数据交换。

管理信息系统具有面向管理决策、管理信息系统是一个人机系统、管理信息系统是一体化的集成系统、数据库的应用、数学模型的应用、多学科交叉的特点。

复习思考题

1. 公司治理的含义及特点是什么?
2. 公司治理的主要内容包括哪些?
3. 学习公司治理的意义有哪些?
4. 简要阐述管理信息系统的发展历程。
5. 管理信息系统的主要内容是什么?
6. 管理信息系统对企业发展的作用有哪些?

第十一章　技术创新管理与创业管理

本章学习目标

通过本章的学习，学生能描述技术创新管理与创业管理的产生与发展，能阐释技术创新管理与创业管理的特点与主要内容，能复述技术创新管理与创业管理的培养目标与学习意义。

本章内容框架

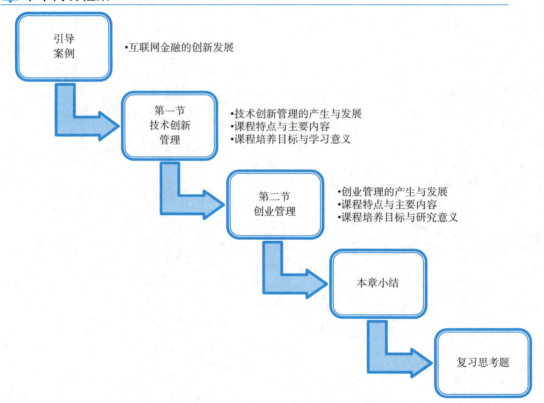

第十一章 技术创新管理与创业管理

> **引导案例**

互联网金融的创新发展

如果以 2013 年作为发展元年来看，互联网金融已经走过了 8 个年头。在这短短几年内，互联网金融的业态不断拓展，P2P、消费金融、第三方支付、众筹等多业态涌现，越来越丰富，行业加速细分，企业数量迅速扩大。大机构窥探到互联网金融的发展契机，也迅速加入战场。国资系、上市系、银行系等也来"凑热闹"，竞争激烈，这一现象对互联网金融企业的获客、技术和风控等提出了更大的挑战。

但是，互联网金融作为一个新兴的行业，起初监管并未做出相配套的政策管理措施，发展初期，野蛮粗暴的方式暴露了许多问题。2016 年 8 月，监管终于出击，发布《网络借贷信息中介机构业务管理暂行办法》，网贷行业也迎来首部业务规范指导细则。接着，2017 年 12 月《关于做好 P2P 网络借贷风险专项整治整改验收工作的通知》的出台，"备案"成为 P2P 企业的一张"免死金牌"。面对监管的施压，许多 P2P 企业的违法违规行为无所遁形，以至于 2018 年中行业掀起了一股"爆雷"潮，成批企业跑路、清盘。目前，备案未定，行业仍处于整改验收阶段，能存活下来的企业，必然要经受更多的考验。

以技术为核心的互联网金融浪潮席卷而来，也驱动着传统的金融机构转型，拥抱变化。对于商业银行而言，传统被动的风险防控方式已经难以满足风险管理的要求，如何运用风控技术，创新经营思路，是摆在商业银行面前的一道考验。

以中国工商银行为例。互联网金融发展得如火如荼之时，中国工商银行就开发了工行融 e 购平台。近年还打造了大数据云服务体系，一方面引入 Hadoop、分布式数据库等大数据技术平台，基于通用设备构建物理集群，采用分布式架构设计，实现平台的灵活可扩展能力，持续提升数据服务时效；另一方面稳步推进传统数据仓库平台自身优化和转型，将其纳入大数据体系中，发挥平台历史数据积累多、稳定性高的特性，为专有领域提供数据分析服务。

风险防控体系建设是互联网金融企业，也是传统金融机构的重点工作之一，越来越受到监管层重视。2018 年，中国互联网金融协会启动试运行互联网金融统一身份核验平台，通过整合各身份核验渠道主流数据资源，为从业机构提供客户身份核验的一站式接入。现已具备公民身份信息核验、银行卡账户信息核验、人脸识别等 5 个模块共 13 种接口的核验能力。目前已接入的机构包括商业银行、第三方支付机构、网络借贷平台等，待接入的包括证券、保险等机构。

与传统金融相比，互联网金融的两大特点，一是普惠金融，二是互联网技术。普惠金融已成为全球化的发展浪潮，金融的改革推进多年，但传统金融始终无法完全覆盖到有真正需求的小微企业和个人，很多人无法享受到真正的金融服务，但互联网金融做到了这一点。互联网金融通过技术的创新革新，解决信息不对称，防控风险，为金融的广泛渗透做出了巨大的贡献。

要真正发挥互联网金融的作用，技术是关键之一。合规的 P2P 平台大部分是深耕技术，重视技术人才的培养，有自己的研发团队。目前头部的一些互联网金融平台，长期探索风控技术、营销技术的改进，如蚂蚁金服、乐信、你我贷、萨摩耶金服等，已经多次对技术进行迭代更新，能够将大数据、云计算、人工智能等应用于公司的实际业务操作过程中，为公司的安全发展、为用户的账户安全增加保障。甚至连一些传统金融机构也开始采用新的互联网技术，助推传统金融业务的发展。

（资料来源：根据道客巴巴 https：//www.doc88.com/p-94387128655604.html 相关内容改编）

思考讨论题：
1. 从本案例可以窥视到的互联网金融得以继续发展的原因有哪些？
2. 请谈一谈互联网金融今后的发展趋势。
3. 传统金融与互联网金融的不同之处有哪些？

第一节 技术创新管理

一、技术创新管理的产生与发展

技术创新管理（Technology Innovation Management）又称为技术革新，是技术变革中继发明之后的一个技术应用阶段，技术创新管理的概念提出迄今已有70多年，但至今尚未形成一个严格统一的定义。

熊彼特认为技术创新管理是生产要素与生产条件的新组合，国际经济合作与发展组织（OECD）的定义是技术创新管理包括新产品与新工艺以及产品与工艺的显著变化。国内学者认为技术创新管理是在经济活动中引入新产品或新工艺从而实现生产要素的重新组合，并在市场上获得成功的过程。

企业技术创新管理的主要活动由产品创新管理和工艺创新管理两部分组成，包括从新产品新工艺的设想、设计、研究、开发、生产和市场开发、认同与应用到商业化的完整过程。

产品创新管理——为市场提供新产品或新服务，创造一种产品或服务的新质量。

工艺创新管理——引入新的生产工艺条件、工艺流程、工艺设备、工艺方法。

技术创新管理不仅是把科学技术转化为现实生产力的转化器，而且也是科技与经济结合的催化剂。技术创新管理的根本目的就是通过满足消费者不断增长和变化的需求来保持和提高企业的竞争优势，从而提高企业当前和长远的经济效益，为了实现这一根本目的，企业除了在充分重视核心产品的技术创新管理的同时还必须重视管理创新管理。

（一）西方技术创新管理的产生与发展

技术创新管理是随着产品创新、工艺创新、市场创新、材料创新和组织管理创新而产生和发展起来的。西方技术创新理论的研究和发展已形成了新古典学派、新熊彼特学派、制度创新学派和国家创新系统学派等四大理论学派。

1. 新古典学派

技术创新的新古典学派关于技术创新的研究建立在"市场失灵"的基础上。这一流派主要围绕两个方面进行研究。其一是分解技术创新对于现代经济增长的贡献率。其二是将技术创新纳入经济增长模型。他们的共同特点是都把技术创新视为同资本、劳动力和自然资源一样的经济增长要素。

此学派以索洛（S. C. Solow）等人为代表，认为技术创新是经济增长的内生变量，是经济增长的基本因素，技术与其他商品一样存在公共商品、创新收益的非独占性、外部性等市场失灵，适当的政府干预将极大地促进技术创新的进行，并建立了著名的技术进步索洛模型，专门用于测度技术进步对经济增长的贡献率。1957年索洛在其发表的《技术进步与总量增长函数》一文中，对美国1909—1949年间的非农业部门的劳动生产率发展情况进行实证分析，结果发现在此期间，劳动生产率提高的主要贡献来自技术进步。在继续深入研究技术进步对经济增长作用的同时，新古典学派还开展了技术创新中政府干预作用的研究，提出当市场对技术创新的供给、需求等方面出现失效时，或技术创新的资源配置不能满足经济社会发展要求时，政府应当采取金融、税收、法律以及政府采购等间接调控手段，对技术创新活动进行干预，以提高技术进步在经济发展中的促进带动作用。

2. 新熊彼特学派

20世纪50年代和60年代的创新研究，在相当大的程度上受到熊彼特的影响，集中讨论企业规模、市场结构和创新的关系、创新与扩散以及科技进步与经济结合的方式、途径、机制、影响因素等，有些学者把这些研究称之为"新熊彼特主义"。技术创新的新熊彼特学派坚持熊彼特创新理论的传统，强调技术创新和技术进步在经济发展中的核心作用，认为企业家是推动创新的主体，侧重研究企业的组织行为、市场结构等因素对技术创新的影响，提出了技术创新扩散、企业家创新和创新周期等模型。20世纪70年代，经济学家阿罗（K. J. Arrow）、卡米恩（M. Kamien）、施瓦茨（N. Schwartz）等人从垄断与竞争的角度对技术创新的过程进行了研究，探讨了技术创新与市场结构的关系，提出了最有利于技术创新的市场结构类型。

阿罗在1970年发表的《经济福利和发明的资源配置》一文中，比较了完全垄断和完全竞争两种不同的市场结构对发明（创新）的影响。他的结论是完全竞争比完全垄断更有利于发明（创新），但两种市场结构都低于社会期望的最优状态。

卡米恩、施瓦茨认为，最有利于创新活动开展的乃是垄断竞争型的市场结构。因为在完全竞争市场条件下，企业规模一般较小，缺少足以保障技术创新的持久收益所需的推动力量，难以筹集技术创新所需的资金和物资条件，同时也难以开拓技术创新所需的广阔市场，因此难以引起较大的技术创新动机。而在垄断统治的条件下，由于缺乏竞争对手的威胁，难以激发出企业重大创新的活力。所以介于垄断和完全竞争之间的垄断竞争的市场结构，既避免了上述两种极端市场结构的缺陷，又兼有二者之优点。因此，垄断竞争型的市场结构是最适宜于技术创新的市场结构的选择。

3. 制度创新学派

技术创新的制度创新学派以兰斯·戴维斯和道格拉斯·诺斯等人为代表，该学派利用新古典经济学理论中的一般静态均衡和比较静态均衡方法，对技术创新的外部环境进行制度分析，认为"由于技术创新活动存在个人收益与社会收益的巨大差距，改进技术的持续努力只有通过建立一个能持续保证人们创新的产权制度，个人收益才会出现"。制度创新决定技术创新，好的制度选择会促进技术创新，不好的制度设计将扼制技术创新或阻碍创新效率的提高。

兰斯·戴维斯和道格拉斯·诺认为，促进制度创新的主要因素有：

（1）规模经济性

市场规模扩大，商品交易额增加，促进制度变革，降低经营管理成本，获取更多经济利益。

（2）技术经济性

生产技术和工业化的发展，城市人口增加，企业规模扩大，促使人们去进行制度创新，以获取新的潜在经济利益。

（3）预期收益刚性

社会集团力量为防止自己预期收益的下降而采取的制度变革措施。例如在通货膨胀持续增长的情况下，工资、利息等固定收入者就要求实行收入指数化制度，以保障自己的实际收入不因通货膨胀而下降或不至于下降得过快过多。

兰斯·戴维斯和道格拉斯·诺斯进一步把制度创新的全过程划分为5个阶段：

①形成"第一行动集团"阶段。所谓"第一行动集团"是指那些能预见到潜在市场经济利益，并认识到只要进行制度创新就能获得这种潜在利益的人。他们是制度创新的决策者、首创者和推动人，他们中至少有一个成员是熊彼特所说的那种敢于冒风险的，有锐敏观察力和组织能力的从事全新的"企业家"。

②"第一行动集团"提出制度创新方案的阶段。先提出制度创新方案，再进入下一阶段的创新活动。

③"第一行动集团"对已提出的各种创新方案进行比较和选择的阶段。方案的比较和选择必须符合能获得最大利益之经济原则。

④形成"第二行动集团"阶段。所谓"第二行动集团"是指在制度创新过程中帮助"第一行动集团"获得经济利益的组织和个人。这个集团可以是政府机构，也可以是民间组织和个人。

⑤"第一行动集团"和"第二行动集团"协作努力，实施制度创新并将制度创新变成现实的阶段。

制度创新学派在充分肯定制度创新对技术创新的决定性作用的基础上，也并不否定技术创新对改变制度安排的收益和成本的普遍影响，认为技术创新不仅可以增加制度安排改变的收益，并且可以降低某些制度安排的交易成本，从而使建立更为复杂的经济组织和股份公司变得有利可图。制度创新的具体形式包括股份公司、社会保障制度、工会体系以及国有企业制度的建立。制度创新往往是通过组织或管理形式方面的创新来体现的。

4. 国家创新系统学

技术创新的国家创新系统学派以英国学者克里斯托夫·弗里曼、美国学者理查德·纳尔逊等人为代表，该学派通过对日本、美国等国家或地区创新活动特征的实证分析后，认为技术创新不仅仅是企业家的功劳，也不是企业的孤立行为，而是由国家创新系统推动的。国家创新系统是参与和影响创新资源的配置及其利用效率的行为主体、关系网络和运行机制的综合体系。在这个系统中，企业和其他组织等创新主体，通过国家制度的安排及其相互作用，推动知识的创新引进、扩散和应用，使整个国家的技术创新取得更好绩效。国家创新系统理论侧重分析技术创新与国家经济发展实绩的关系，强调国家专有因素对技术创新的影响，并认为国家创新体系是政府企业、大学研究机构、中介机构等为寻求一系列共同的社会经济目标而建立起来的，将创新作为国家变革和发展的关键动力系统。由此，弗里曼提出了技术创新的国家创新系统理论，将创新主体的激励机制与外部环境条件有机地结合起来，并相继发展了区域创新、产业集群创新等概念和分支理论。

西方发达国家技术创新管理表现出以下特点：第一，各国努力将本国的科技发展规划与经济发展战略紧密结合起来，实现科技规划与经济发展战略的协调一致。冷战结束后，各国将资金、人力以及政策投入重点转向科技、经济领域，实现依靠科技推动经济发展的战略目标。第二，科技界、工商界以及政府三者之间的多种形式的合作是政府科技管理的重点目标。当今世界科技研究和开发正在由单兵作战向合作研究方式转移。英国政府于1995年4月公布了《技术展望》，为科技界、工商界和政府的合作提出了一系列具体计划，还制定了工业企业技术人员在大学接受再教育，学生参与工业界研究工作的培养计划，加强高等学院与工业企业的密切联系。第三，科学技术管理的着眼点在于充分发挥产业界主力军的作用。据统计，美国、日本和德国这三大科技强国，企业界的研发活动占全国的百分比均超过或接近70%，但企业主力军作用的发挥与政府的扶植和帮助是分不开的。第四，充分发挥政府在国际科技合作竞争中的参与和协调作用。近年来，国际科技合作与交流进入空前活跃的阶段。在这一过程中，各国政府一方面积极参与国与国之间的科技合作计划，另一方面积极组织协调跨国企业之间的科技合作。双边或多边合作成为各国政府参与国际科技合作的主要形式。第五，注重科技发展前景的预测，分析科技成果的评估工作，力争使本国的经济和科技发展战略及重点项目符合国际经济发展大趋势对高科技成果的评估，对其经济和科学价值的充分估价，有利于科技成果的商品化，有利于促进科技与经济的结合。

西方技术创新管理发展大事记如表 11-1 所示。

表 11-1　西方技术创新管理发展大事记

序号	时间	活动内容
1	1841 年开始	李斯特发表《政治经济学的国家体系》首次提出"国家体系"概念
2	1912 年	熊彼特出版《经济发展理论》提出"创新"概念
3	1957 年	索洛发表《技术进步与总量增长函数》
4	1965 年	谢勒尔（F. Scherer）提出专利发明（创新）并不与企业规模的增长成正比观点
5	20 世纪 70 年代	经济学家阿罗（K. Arrow）、卡米恩（M. Kamien）、施瓦茨（N. Schwartz）等人提出了最有利于技术创新的市场结构类型
6	1970 年	阿罗发表《经济福利和发明的资源配置》
7	1971 年	兰斯·戴维斯和道格拉斯·诺斯发表《制度变革和美国经济增长》
8	1987 年	弗里曼（C. Freeman）首次提出了"国家创新体系"这个全新的概念

（二）中国技术创新管理的发展

"科教兴国"战略是江泽民同志在1995年科技大会上提出的。江泽民同志在十六大报告中再次强调"走新型工业化道路，大力实施科教兴国战略和可持续发展战略"。

"走出一条科技含量高、经济效益好、资源消耗低、环境污染少、人力资源优势得到充分发挥的新型工业化路子"。温家宝总理在十届全国人大二次会议上的政府工作报告中也强调"要继续实施科教兴国战略""要推进科技体制改革和机制创新管理""加快国家创新管理体系和科技基础设施建设,切实加强基础研究"。在深化科技和教育体制改革中,要充分发挥市场和社会需求对科技进步的导向和推动作用,支持和鼓励企业从事科研、开发和技术改造,理顺政府、企业和社会各方关系,努力把科技对经济增长的贡献率从现在的30%提高到60%以上。

随着我国经济的不断深入发展,拼资源式的粗放型增长已经很难适应我国现代化建设的要求。现代经济增长更多地依赖于技术创新管理,技术创新管理成为现代企业发展的重要基础和动力。实践证明,企业搞技术创新管理不仅可以提高经济效益,发展规模经济,实现结构优化,而且有利于节约资源,缓解能源、交通、重要原材料供给等方面的"瓶颈"制约,提高生产要素的质量和使用效率,从而实现经济的可持续发展。

技术创新管理是提高企业的增长质量和效益,用高新技术改造传统产业的根本途径。国有企业发展正在进入提高增长质量和效益的关键时期,用高新技术改造传统产业,实现工艺升级、产品换代,根本途径在于推进科技进步,在于技术创新管理。同时,技术创新管理是推动企业实行产业结构调整,大力发展高新技术,增强企业发展后劲的倍增器。高新技术产业是国际经济和科技竞争的重要阵地。发展高新技术,实现产业化,是带动产业结构升级,大幅度提高劳动生产力的倍增器。从一定意义上讲,企业的生命力就在于企业技术创新管理的能力。

二、课程特点与主要内容

(一)技术创新管理的特点

技术创新管理具有以下显著的特点:

1. 技术创新管理是基于技术的活动

技术创新管理与非技术创新管理的区别在于基本手段,技术创新管理是基于技术的活动,而不是基于管理、组织、制度的变动。这里的"技术"是一种广义概念,它应包含3个层次:一是根据自然科学原理和生产实践经验而发展成的各种工艺流程、加工方法、劳动技能和诀窍等;二是将这些流程、方法、技能和诀窍等付诸实现的相应的生产工具和其他物质装备;三是适应现代劳动分工和生产规模等要求的,对生产系统中所有资源(包括人、财、物、信息)进行有效组织与管理的知识经验与方法。

2. 技术创新管理对"技术"变动的程度有较大的弹性

从技术的发展来看,既存在技术的根本性变动,也存在技术的渐进、微小的弱变化。技术创新管理在概念的外延上,不仅包括新产品、新工艺,也可以包括对产品、工艺的改进;在实现方式上,既可以是在研究开发获得新知识、新技术的基础上实现创新管理,也可以将已有技术进行新组合而实现创新管理。而且技术创新管理的效益高低不能直接仅用技术变动的强弱和大小来衡量,它还与市场的销售量及市场份额、单件产品或服务的收益率等因素有关。

3. 技术创新管理是技术与经济结合的概念

与技术发明(创造)不同,技术创新管理不是纯技术活动,而是技术与经济结合的活动,从本质上讲,技术创新管理是一种以技术为手段实现经济目的的活动。技术创新管理的关键在于商业化,检验技术创新管理成功与否的基本标准是商业价值(有时也包含社会价值)。

(二) 技术创新管理的主要内容

技术创新管理的内容包括技术创新管理理论、决策、过程管理和要素管理。

技术创新基本理论包括技术创新概念、分类、过程、技术创新进化理论、技术制新壁垒论、技术、技术成长、技术轨道和广义轨道理论等。

技术创新决策贯穿于技术创新管理的各个部分,既有战略层次的决策,也有战术层次的决策,包括技术预测与评价、技术创新战略分析基础、技术创新的战略选择、技术创新决策的评估方法。技术预测与评价让决策的长期技术发展趋势与环境更为明确,技术创新战略分析基础为决策者了解产业环境和企业内部要素分析提供理论和分析方法,技术创新战略选择为战略层次的决策提供思路,技术创新决策的评估方法为战术决策提供工具。

技术创新过程管理为企业实施技术创新提供管理工具和方法,主要包括外部技术获取、创意开发方法、新产品开发、服务创新管理、技术创业管理和技术创新项目管理。技术创新要素管理主要包括技术创新的信息与知识管理、能力基础和组织管理。

这些内容是围绕技术创新活动组织的,由两条线贯穿:一条循着技术创新活动延伸,由决策和过程管理篇构成;另一条贯穿在技术创新活动各环节之中,由要素管理篇构成。

技术创新管理的内容框架如图11-1所示。

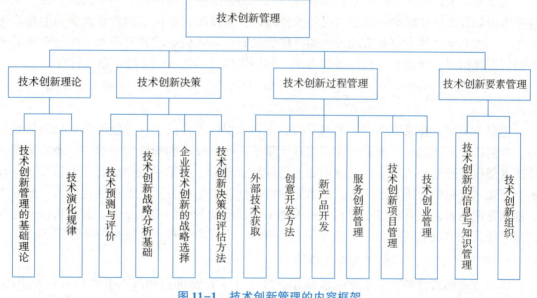

图11-1 技术创新管理的内容框架

三、课程培养目标与学习意义

(一) 技术创新管理的培养目标

学生学习技术创新管理之后,应能达到以下培养目标:

①掌握技术创新管理的基本概念、基本理论、基本方法与技术,如技术创新管理的概念、特点、作用、技术创新管理的重要性、如何加强企业技术创新管理风险管理,我国企业技术创新管理的发展现状及原因等。

②了解技术创新管理的新进展，了解大数据与人工智能等高新技术在技术创新领域的运用。

③通过案例分析、项目模拟等方式，培养学生理论联系实际、运用技术创新管理的理论和方法解决实际问题的实操能力，以及组织协调、团队协作与沟通能力。

（二）学习技术创新管理的意义

1. 有利于企业提高对市场环境的适应能力

通过学习技术创新管理，能够使企业对市场环境变化有较强的应对能力，从而提高企业对市场环境的适应能力，增加企业对市场环境变化的承受力。创新管理能力主要由三方面反映：创新管理战略、创新管理机制、创新管理速度。技术创新管理战略决定和统率企业创新管理的具体行为。企业能否正确选择并贯彻实施良好的创新管理战略，其能否顺利推进技术创新管理，是赢得创新管理收益的先决条件。企业要在正确地分析自身的内部条件和外部环境的基础上，做出企业技术创新管理总体目标部署，并为实现创新管理目标而做出具体谋划和根本对策，高度重视自己的技术创新管理速度，缩短与西方发达国家企业的差距。

2. 有利于切实加大企业技术创新管理的投入，促进企业转型升级

大量的资金投入是企业技术创新管理活动的必备条件。经费投入多少在很大程度上决定技术创新管理活动的空间规模和时间的持续性，是反映企业技术创新管理实力的重要标志之一。加大企业技术创新管理投入的具体做法有：加强企业的自有投入、增加企业的技术创新管理积累、增加企业直接融资力度、利用资本市场推动企业技术创新管理。

3. 有利于培养和造就一批具有敏锐的创新管理意识、会管理、敬业精神强的企业家队伍

企业家不同于普通管理者，能够及时感觉和捕捉住各种机会，并能够采取创新管理行为获取创新管理利润。企业家的作用贯穿于整个企业的技术创新管理过程中，企业家常常是技术创新管理活动的倡导者，技术观念的创新管理者，技术手段创新管理的投资者，技术创新管理成果的采用与推广者，技术创新管理活动的组织者。企业家通过权力、感召力和创新管理精神，培育和建立有利于技术创新管理活动场所的文化氛围，通过自己卓越的管理才能，创造性地利用企业资源开拓商品市场，组织和管理企业技术创新管理活动。

4. 有利于提升企业的研究开发能力

学习技术创新管理有利于继续推动建立健全技术开发机构和高水平的技术开发中心。可以对企业的研究开发条件进行改善，并吸收独立科研院所和高等学校的科研力量以多种形式投入企业技术创新管理中来，以抓好重大关键技术的攻关，带动创新管理性的研究开发。对引进技术要在消化吸收的基础上进行二次开发，以提高自主开发和创新管理能力。同时，还要按照市场经济的要求，大力开发有知识产权的生产技术和有较高附加价值的名牌产品、新产品，成为进入市场的有力武器。

5. 有利于提高企业的制造能力

大量培养技术熟练的"蓝领工人"，提高企业的设备先进性，使企业的制造能力和创新管理能力相适应。

6. 有利于加强企业的营销能力

系统学习技术创新管理，有利于努力开发适销对路、节能降耗、降低成本、高附加值的产品，并以产品为龙头，带动相关技术的发展；努力发展和保护知识产权，加强工业性实验，促进应用和推广新技术的积极性；提高市场开拓能力，通过大量的市场调研制定正确可行的市场营销战略，建立起快速的市场反应网络体系，并与国际标准接轨，采用现代化的管理方式，大幅度地提高企业市场预测和快速反应能力，促进创新管理产品的市场化。

第二节 创业管理

一、创业管理的产生与发展

（一）创业管理产生的历史背景

创业管理不同于传统管理。它主要研究企业管理层的创业行为，研究企业管理层如何延续注入创业精神和创新活力，增强企业的战略管理柔性和竞争优势。

创业管理反映了创业视角的战略管理观点。Stevenson 和 Jarillo 于 1990 年提出创业学和战略管理的交叉，作者使用"创业管理"这个词以示二者的融合，他们提供了一个从创业视角概括战略管理和一般管理的研究框架，创业是战略管理的核心。

随着创业管理研究的深入，创业管理研究形成了非常有价值的概念框架模型。如 W. B. Cartner（1985）提出了个人、组织、创立过程和环境的创业管理模式。William（1997）在 Cartner 概念框架的基础上，提出了由人、机会、环境、风险和报酬等要素构成的创业管理概念框架；Timmons（1999）提出了机会、创业团队和资源的创业管理理论模型；Christian（2000）提出了创业家与新事业之间的互动模型，强调创立新事业随时间而变化的创业流程管理和影响创业活动的外部环境网络是创业管理的核心。

创业管理的核心问题是机会导向、动态性等。所谓机会导向，即指创业是在不局限于所拥有资源的前提下，识别机会、利用机会、开发机会并产生经济成果的行为，或者将好的创意迅速变成现实。而创业的动态性，一方面即创业精神是连续的，创业行为会随着企业的成长而延续，并得以强化；另一方面即机会发现和利用是动态过程。

创业管理是一个系统的组合，并非某一因素起作用就能导致企业的成功。决定持续创业成功的系统必然包括创新活力、冒险精神、执行能力以及团队精神等。通过这样的系统来把握机会、环境、资源和团队。创业管理的根本特征在于创新，创新并不一定是发明创造，而更多是对已有技术和要素的重新组合；创业并不是无限制地冒险，而是理性地控制风险；创业管理若没有一套有效的成本控制措施以及强有力的执行方案，只能导致竞争力的缺失；创业管理更强调团队中不同层级员工的创业，而不是单打独斗式的创业。

（二）创业管理的由来

虽然对创业现象的分析始于 18 世纪中期，但直到第二次世界大战结束，真正意义上的创业研究仍未出现。在当时，只是哈佛商学院的一个小团体，包括著名的约瑟夫·熊彼特和亚瑟·科尔等学者，从企业发展历程的角度开展了创业研究活动。在 20 世纪 80 年代,创业研究作为一个新的学术研究领域开始出现并得到迅速发展。1987年,美国管理学会将创业研究作为一个单独的领域正式纳入了管理学科。到90年代末,创业研究和其他领域之间的联系已相当紧密。创业研究在主流的商业和社会科学期刊中也成为越来越常见的文章主题。在中国,由于创业热潮的兴起,创业现象也开始引起人们的关注,许多科研院所也着手对创业现象进行观察和研究,并开始与国外创业学界进行接触和交流。2001年,中国正式成为全球创业研究协会(GEM)的成员。

狭义创业是创业者依自己的想法及努力工作来开创新事业,包括新公司的创立、组织中新单位的成立以及提供新品或新服务,以实现创业者的理想。而广义创业是指创业精神,它包括精神层面和实质层面的含义,创业精神代表一种发掘机会并组织资源建立新公司,进而提供市场新的价值。由此,进一步定义创业管理是指通过捕捉和利用创业机会,组织和优化创业资源,以创造价值为最终目的的过程。

在对创业的广义理解基础上,创业活动从个体拓展到现存公司并进一步拓展到社会。公司创业(Corporate Entrepreneurship,简称CE)的概念因此而提出,并很快受到学者的普遍关注。公司创业突出表现在,一是由组织而非个人表现出来的企业家特征,二是这些特征转化为企业绩效是依靠组织而非个人的力量。公司创业可以存在于各种组织,强调的是在现有组织基础上的创业精神与创业行为。

(三) 创业管理的发展

1. 国内外的创业活动

各国的创业活动大多可以通过科技园区的发展来体现,比如美国硅谷、英国的硅沼(Silicon Fens)、印度班加罗尔科技园、日本筑波科技城、德国慕尼黑高科技工业园区和中国的科技工业园区等。下面以美国硅谷为例具体说明。

硅谷位于美国加利福尼亚州的旧金山南部,从圣克拉拉到圣何塞之间近50公里的一条狭长地带,是美国重要的电子工业基地,也是世界最为知名的电子工业集中地。

自第二次世界大战以来,至少有四次技术浪潮主要是在美国硅谷的影响下发展起来的。这一发展过程如下:

(1) 第一次技术浪潮

"二战"尤其是朝鲜战争引发美国国防部对电子产品的大量需求,为惠普等电子类企业发展带来了巨大的推动力。

(2) 第二次技术浪潮

1959年集成电路的发明,导致了20世纪60、70年代半导体工业的急剧增长。

(3) 第三次技术浪潮

20世纪70年代,Intel推出一系列微处理器,导致第一代计算机的出现。

(4) 第四次技术浪潮

20世纪80年代,随着网络技术的发展,个人计算机进入网络化时代。

硅谷是以附近一些具有雄厚科研实力的一流大学为依托,如斯坦福、伯克利和加州理工等世界知名大学,以高技术的中小公司群为基础建立起来的。

目前硅谷已拥有10 000多家大大小小电子工业公司。鉴于美国硅谷的影响力,"硅谷"已成为世界各国半导体工业聚集区的代名词。20世纪80年代以后,生物、空间、海洋、通信、能源材料等新兴技术的研究机构又纷纷在这里出现,客观上硅谷已经成为美国高新技术的摇篮。经过几十年的发展，美国硅谷已经成为人们心目中多种标志性的象征。

①硅谷是高技术的象征。可以说硅谷高新科技的发展是日新月异的，平均18个月就上一个新台阶。

②硅谷是财富的象征。多年来，其经济活动也持续繁荣，1999年硅谷的营业额达2 500亿美元至3 000亿美元。在硅谷一夜之间成为百万富翁、千万富翁，都是平常的事，即使亿万富翁也不是不可能的。

③硅谷是奋斗的象征。在硅谷，知识就是工作，知识就是财富。对于所有科技员工来说，除了完成每天的工作，知识更新也是一门必修课。为了跟上高新科技的飞速发展，人人都不得不废寝忘食，每天的工作和学习时间都在12小时以上，如稍有懈怠，明天就会有被淘汰的可能。

④硅谷是智慧的象征。硅谷是美国高科技人才的集中地，更是美国信息产业人才的集中地。这里集结着美国各地和世界各国的科技人员达100万人以上，美国科学院院士在硅谷任职的就有近千人，获诺贝尔奖的科学家就达30多人。硅谷是美国青年心驰神往的圣地，也是世界各国留学生的竞技场和淘金场。

⑤硅谷是创新的象征。在硅谷，一般公司都实行科学研究、技术开发和生产营销三位一体的经营机制，高学历的专业科技人员往往占公司员工的80%以上。硅谷的科技人员大都是来自世界各地的佼佼者，他们不仅母语和肤色不同，文化背景和生活习俗也有较大差异，所学专业和特长也不一样。这些科技专家聚在一起，必然思维活跃，互相切磋中很容易迸发出创新的火花。

互联网浪潮的兴起，硅谷更是成为新闻媒体关注的焦点，众多的研究人员纷纷从各个不同的角度探讨硅谷成功发展的原因。世界很多国家开始效仿美国的硅谷模式，希望也能借此模式获得成功。

美国就已经有39个州依照"硅谷"模式建立了200多个高新技术园区，如美国波士顿"第二硅谷"等。自20世纪80年代后，世界上的其他国家为了更快地促进地方经济发展，都试图借此模式建立起自己的硅谷，如英国剑桥科技园、"日本筑波"、印度班加罗尔、德国慕尼黑、"韩国硅谷"等。

2. 国内创业活动现状

（1）国内创业活动的发展过程

从20世纪80年代开始，在我国就出现了一些个体创业现象，这是改革开放之后的制度变革所带来的。从20世纪80年代一直到今天，国内的创业活动可以分为五个发展阶段，具体如表11-2所示。

表11-2 国内创业活动发展阶段

发展阶段	创业活动内容
发展阶段一	80年代左右，小买卖开始
发展阶段二	80年代中后期，乡镇企业
发展阶段三	90年代初期，自主创业
发展阶段四	90年代中后期，网络出现
发展阶段五	21世纪以来，网络专业化

中国创业整体蓬勃发展，不仅创业数量大、创投活跃，而且创业质量、创业生态也逐步向好。第一，创业数量：年新设企业超过 700 万家，2019 年新设企业 70% 存在招工、生产经营、购置设备等活动，万人均新设市场主体数量海南、浙江、陕西、江苏领先；第二，创业质量：以独角兽数量表征创业企业质量，2019 年中国有独角兽企业 107 家，占全球 25%，仅次于美国的 214 家，行业上以互联网和高新科技为主，地域上集中在北上杭深四城；第三，创投机构：现有近 3 000 家创投机构，管理资产近万亿，累计投资近 5 000 亿，主要集中在经济发达地区；与美国相比，中国对种子期等前期投资比例较低；第四，创服机构：现有 1.2 万家各类创业服务机构，解决就业约 400 万人，已初步形成创服生态。但是，由于受到疫情的影响，创业主体受冲击明显，就业吸纳明显下降，2020 年三季度中小企业发展指数 86.8，较二季度有所回升，但仍低于去年同期的 92.8。

3. 创业活动对社会的影响

成功的创业活动对于创业个体的影响显而易见，通过创业活动，创业者可以实现个人价值。相对个体层面的价值来说，创业活动的意义更多的是体现在其巨大的社会效益上。创业活动的社会影响可以分为五个方面：第一，创业活动对于技术发展的促进作用；第二，创业活动对于就业岗位的增加作用；第三，创业活动对于产业结构调整的促进作用；第四，创业活动与经济发展之间的关系；第五，创业活动对于社会文化的塑造和改变作用。

（四）国内外创业教育的发展

随着社会的发展和时代的进步，我们国家的发展理念和发展道路发生了一定的改变。就现阶段的时代来说，我们清楚地认识到高素质的创新创业人才对于社会发展的重要性。其对于建设创新型国家与全面建设小康社会有着鲜明的现实意义，在实现伟大民族复兴道路过程中起着重要的作用。创新型强国战略的实施，与我们国家改革开放的不断深化，充分地证明了创新创业教育的重要性。下面将分别介绍美国的创业教育、英国的创业教育、德国的创业教育、法国的创业教育和中国的创业教育。

1. 美国的创业教育

美国创业教育涵盖了从小学、初中、高中、大学本科、研究生的正规教育计划。大学中创业教育发展得最为迅速，在过去的 25 年中，创业学成为美国商学院和工程学院中发展最快的学科领域。学院和大学开设与创业有关方面的课程情况：1977 年有 50~70 所；1980 年有 160 多所；1984 年增加到 260 所；1997 年大约 400 所商学院开设创业课程，125 所商学院设置了系统的创业教学计划；1999 年，大约有 1 100 所学院和大学开设了这一领域的课程。美国拥有全球创业教育领先的院校，分别是百森学院（Babson College）、贝勒大学（Baylor University）、卡内基梅隆大学（Carnegie Mellon）、得克萨斯大学 IC2 学院（IC2 Institute）、仁斯里尔理工学院（Rensselaer Polytechnic Institute）、科罗拉多大学玻尔德分校（University of Colorado at Boulder）、伊利诺伊大学芝加哥分校（University of Illinois at Chicago）、马里兰大学学院公园分校（University of Maryland at College Park）和宾夕法尼亚大学沃顿商学院（University of Pennsylvania, Wharton School）。

2. 英国的创业教育

英国的创业教育分为"创业启蒙教育""创业通识教育"和"创业专业教育"，即除了在全国范围内开展广泛的创业教育外，还分别在本科阶段和研究生阶段开展创业专业的学历教育。以东伦敦大学为例，该校本科 3 年制，其创业专业要求学生在前两年修一定的商科和法律课程，第三年的创业课程由 7 门课组成，修完第三年的课程，学生即可获得创业专业的本科学历。

创业教育三层次的实践，使得创业教育不仅能够成为英国高等教育中学生进入社会前的必要培训环节，而且还满足了职业人士的终身教育需要。据 NCGE 的最新调查，在 2007 年，英国有 127 所大学提供与企业和创业有关的教育，接受这类教育的在校学生人数达到 176 万。此外，英国高校还对公司职员提供创业教育培训，从而实现了创业教育与职业培训的良好结合。

3. 德国的创业教育

大力促进创业活动以解决失业问题是目前德国就业政策改革的总体目标之一，为此政府不仅注重创业意识的培养，提倡创业机会平等，而且提供创业补贴，鼓励失业人员进行自主创业，尤其是创办微型企业。据德国经济与劳工部统计，全国 50% 以上劳动力是通过自主创业实现就业的。此外，德国还有鼓励创业教育的行动：

（1）积极培养学生的创业意识

德国政府和金融研究机构联合在中学、大学开设创业课程，让学生们很早就开始尝试自己开公司，接触和熟悉企业管理及经营知识。在部分大学邀请企业界人士开设讲座。

（2）重视就业人员的培训援助

德国为中小企业，特别是新成立的中小企业的领导参加职业培训和各种讲座提供补贴，还可以得到优惠的贷款。

（3）设计实用性强的创业培训产品

通过模拟公司创业实训模式来提高创业者的实践能力，弥补理论学习与实际应用之间的差距，使创业人员能够真正做到理论联系实际。

（4）支持大学创业的"EXIST"计划

德国联邦教研部通过实施"EXIST"区域创业计划，支持大学与校外经济界、科学界和政府部门建立合作伙伴关系，推动和支持大学的创业活动，提高创业质量。

德国联邦教研部通过实施"EXIST"区域创业计划，选出哈根、德累斯顿、耶拿/魏玛、卡斯鲁厄和斯图加特 5 个地区，支持这些地区的大学与校外经济界、科学界和政府部门建立合作伙伴关系，推动和支持大学的创业活动，提高创业质量。

"EXIST"计划的目标是：改善德国大学和专科大学的创业环境，促进大学自身的改革，重点放在支持早期的创业构想。经过 3 年的实践，政府投入了 4 200 万马克，使 200 多所大学得到了该计划的支持，取得了丰富的经验和成果。

4. 法国的创业教育

鼓励农村青年创业是法国创业政策的突出特点。

（1）大力发展农业教育

除正规农业教育机构以外，还创办了多种形式的农民技术培训班，增强了农民从事职业的能力，鼓励农民就地创业。1973 年法国政府曾规定：凡是具备条件的 25~35 岁的青年农民在落后地区创业，可获得基金会颁发的 2.5 万法郎的创业定居补助金，农业互助银行提供各种低息创业贷款。

（2）重视职业教育

除了学校职业教育、企业继续培训外，还重视社会职业培训。通过全国职业培训协会、地方工商工会等专门机构，还针对个人特点及其职业选择进行培训。

5. 中国的创业教育

1998年清华大学开设创新与创业管理方向，随后一些高校也陆续开设创业管理课程。2002年教育部确定清华大学、北京航空航天大学、中国人民大学、上海交通大学、西安交通大学等8所学校作为我国创业教育的试点院校。

各个学校除了开设创业管理课程外，还不断通过开展创业教育研讨会等形式探索创业管理教育道路。但总体来看，我国创业教育还处于不断探索的发展过程之中，与国外很多国家和地区还存在较大差距。主要体现为教育体系的系统性和整体性存在不足，相关课程设置不完善，教学内容还存在明显不足，师资力量及素质也亟待提高。

（五）我国开展创业管理教育的必要性

1. 我国社会实现持续快速发展的需要

①我国要实现经济的可持续发展，有依赖于更多的创新性企业的建立和发展。

②积极鼓励新企业的创立是今后较长一段时间内解决我国就业压力的需要。

2. 我国创业教育发展的自身需求

①创业教育的研究主题和内容还处于介绍和引进的阶段。

②从事创业与创业教育的专业研究队伍还极为匮乏。

③缺少创业与创业教育的沟通交流平台。

二、课程特点与主要内容

（一）创业管理的特点

创业管理不同于传统管理。它主要研究企业管理层的创业行为，研究企业管理层如何延续注入创业精神和创新活力，增强企业的战略管理柔性和竞争优势。创业管理具有以下特点：

1. 创业管理是"以生存为目标"的管理

新事业的首要任务是从无到有，把自己的产品或服务卖出去，掘到第一桶金，从而在市场上找到立足点，使自己生存下来。在创业阶段，生存是第一位的，一切围绕生存运作，一切危及生存的做法都应避免。最忌讳的是在创业阶段提出不切实际的扩张目标，盲目铺摊子、上规模，结果只能是"企而不立，跨而不行"。

2. 创业管理是"主要依靠自有资金创造自由现金流"的管理

现金对企业来说就像是人的血液，企业可以承受暂时的亏损，但不能承受现金流的中断，这也是创业为什么强调"赚钱"而不是"盈利"的原因。什么是企业的自由现金流呢？就是不包括融资，不包括资本支出，以及不包括纳税和利息支出的经营活动净现金流。自由现金流一旦出现赤字，企业将发生偿债危机，可能导致破产。自由现金流的大小直接反映企业的赚钱能力，它不仅是创业阶段也是成长阶段管理的重点，区别在于对创业管理来说，由于融资条件苛刻，只能主要依靠自有资金运作来创造自由现金流，从而管理难度更大。

3. 创业管理是充分调动"所有的人做所有的事"的团队管理

新企业在初创时，尽管建立了正式的部门结构，但很少有按正式组织方式运作的。典型的情况是，虽然有名义上的分工，但运作起来是哪急、哪紧、哪需要，就都往哪里去。这种看似"混乱"，实际是一种高度"有序"的状态。每个人都清楚组织的目标和自己应当如何为组织目标做贡献，没有人计较得失，没有人计较越权或越级，相互之间只有角色的划分，没有职位的区别，这才叫作团队。这种运作方式培养出的团队精神、奉献精神和忠诚，即使将来事业发展了，组织规范化了，这种精神仍然存在，成为企业的文化。在创业阶段，创业者必须尽力使新事业部门成为真正的团队，否则是很难成功的。

4. 创业管理是一种"经理人亲自深入运作细节"的管理

经历过创业的经理人大都有过这样的体验：曾经直接向顾客推销过产品，亲自与供应商谈判过折扣点，亲自到车间里追踪过顾客急要的订单，在库房里卸过货、装过车、跑过银行，催过账，策划过新产品方案，制订过工资计划，被经销商骗过，让顾客当面训斥过等。这才叫创业，要不一切怎么会从无到有？由于对经营全过程的细节了如指掌，才使得生意越做越精。

5. 创业管理是彻底奉行"顾客至上，诚信为本"的管理

创业的第一步，就是把企业的产品或服务卖给顾客，这是一种惊险的跨越，如果不是顾客肯付钱，怎么收回成本还加上利润？企业是出自生存的需要把顾客当作衣食父母的。经历过创业艰难的企业家和经理人，一生都会把顾客放在第一位，可以说是铭心刻骨。再有，谁会借钱给没听说过的企业？谁会买没听说过的企业的东西？谁会加入没听说过的企业？企业靠什么迈出这三步？靠的是诚信，也只有靠诚信。所以，一个企业的核心价值观不是后人杜撰的，是创业阶段自然形成的。创业管理是在塑造一个企业。

（二）创业管理的主要内容

创业管理是指企业在其现有资源的基础上，发挥人的积极性和创造性，通过一种新的或更经济的方式来整合企业的资源。创业管理的内容主要包括创业导论、企业创建、企业成长和创业收获。

创业导论包括创业与创业精神和创业机会的识别与评估。关于"创业"，一个常用的定义是：创业是一个发现和捕获机会并由此创造出新颖的产品、服务或实现其潜在价值的过程。创业必须要贡献出时间和付出努力（心理与生理），承担相应的财务、精神和社会的风险，并获得金钱的回报、个人的满足和独立自主。

创业类型可以从动机、渠道、主体和项目等不同的角度进行分类。从动机角度看，创业分为机会型创业与生存型创业；按照新企业建立的渠道，可以分为自主型创业和企业内创业；按创业主体分类，可以分为大学生创业、失业者创业和兼职者创业；按创业项目分类，可以分为传统技能型、高新技术型和知识服务型。创业过程一般包括四个阶段：识别与评估市场机会；准备并撰写创业计划；获取创业所需资源；管理新创企业。

创业精神的本质是一种创新活动的行为过程，而非指企业家的人格特质。创业精神的

主要含义为创新,也就是创业者通过创新的手段,将资源更为有效地利用,为市场创造出新的价值。虽然创业常常是以开创新公司的方式产生,但创业精神不一定只存在于新事业中。一些成熟的组织,只要创新活动仍然旺盛,这个组织依然具备创业精神。

创业机会首先来自创意。产生创意的途径主要从市场缺失中、顾客不满中、法规变化中、专利公告中、偶然和意外中发现机会。

企业创建包括创业计划书、创业融资和成立新企业。对于一位创业者来说,如何将自己的产品或技术向公众推介,如何吸引风险投资家们的眼球,主要取决于创业计划书。创业计划书,又叫商业计划书,是一份全方位的项目策划书。它从企业内部的人员、制度、管理,以及企业的产品、营销、市场等各个方面对即将展开的商业项目进行可行性分析。创业计划书是企业融资成功的重要因素之一。

创业融资,是指创业者为了将某种创意转化为商业现实,根据未来新创企业经营策略与发展需要,经过科学的预测和决策,通过不同渠道,采用不同方式向风险投资者或债权人筹集资本,组织创业启动资本的一种经济行为。创业融资是为了解决企业成立前后的创业启动资金问题,是创业者的第一次融资,也是最重要的一次融资。

在创建新企业之前,创业者应该事先确定企业的法律组织形式。一个新创企业可以选择不同的组织形式,或者由个体独立创办单一业主制企业和一人有限责任公司,或者由几个人创办合伙制企业,或者成立法人公司制企业。成立新企业是指对已具备法定条件、完成申请程序的公司由主管机关发给经营执照从而取得公司法人资格的过程,公司成立日期就是营业执照的签发日期。

创业团队是两个或两个以上具有一定利益关系的、拥有所创建企业所有权或处于高层主管位置并共同承担创建和领导新企业责任的人所组成的工作群体。团队创业有助于创业的成功和新事业的发展。

企业文化是企业在成长过程中,逐步生成和发展起来的日趋稳定的独特的价值观,以及以此为核心而形成的行为规范、道德准则、群体意识、风俗习惯等。企业文化的优良与否对于企业的生存发展有着重大的影响,而企业文化需要很长时间才能形成,一旦形成又趋向于稳定不变。

企业的运营管理包括企业组织设计与人力资源管理、技术创新与产品开发、市场开发与营销策略、会计报表与财务管理。

生命周期理论是经济学与管理学理论中最普遍的假设之一。产品、技术、产业或事业都有一个从产生到消亡的周期,如同人的寿命一样,企业的创建与成长过程也存在生命周期规律。由于创业企业平均寿命短,如何做强、做久,就成了许多创业者共同关心的问题。对企业生命周期的研究首先体现在企业成长阶段的划分上。就成长阶段的划分,最基础也最常见的划分是将企业创立与发展过程划分为四个阶段,分别是培育期、成长期、成熟期和衰退期。

企业尽管有生命周期,但随着转型的实现,可以持续地经营下去;而人的寿命是有限的,特别是随着生理上的衰老以及精力的下降,就会难以继续经营企业,这时就需要将企业传承下去,使创业者创建的事业得以保持和延续下去。企业传承的主要方式可选择子女(或家人)继承、管理层收购、员工持股计划等。

企业退出，不是在企业面临无以为继、破产时救火式的出售，更不是清算。这两种行动为时已晚，对于家族、企业与社会来说都是巨大损失。我们谈的退出，是在企业正常发展过程中，有计划、适时适量、渐进式地释出企业的所有权或者经营权。

企业退出有两种方式。第一种是退出企业的经营，但保留企业的所有权。这种方式适合已高度标准化、市场化的企业。由于不依赖家族的特殊投入，家族可退出经营层，改由非家族的职业经理人经营，但由于资金充足，家族仍可保留企业所有权。若是资金不足以应对未来企业的发展需求，家族亦可在评估利弊后适量出售股份。

企业收获是指创业者退出公司并从公司创造的价值中获取收益（通常是现金收益）。收获是创业者决定退出时的一种特殊选择，如果不准备保留自己在公司中的股权的话，创业者可以因此获得现金收益，并从公司中退出，去另谋高就或再创业。

创业管理的内容框架图如图11-2所示。

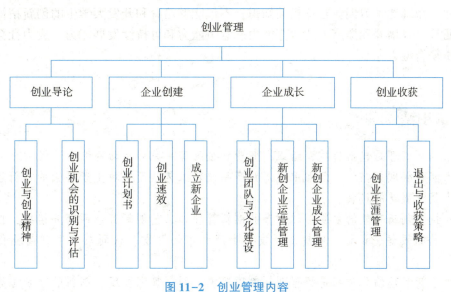

图11-2　创业管理内容

三、课程培养目标与研究意义

（一）创业管理的培养目标

学生学习创业管理之后，应能达到以下培养目标：

①系统掌握创业管理的基本概念、基本理论、基本策略和方法。

②了解创业管理研究的新成果、新理论、新领域和新观念。

③具有较强的分析问题、解决问题的能力，能够将理论与实践相结合，针对创业管理案例或实践，正确运用创业管理理论和方法给出基本解决方案。

（二）创业管理的研究意义

20世纪80年代之前，企业管理以大公司为核心，是大公司主导的管理范式。但80年代以后，传统的管理范式受到严重的挑战，伴随从工业社会向信息社会的转型，速度、创新、知识、创造力显得日益重要。著名创业管理学家、哈佛商学院教授斯蒂芬森认为，自

20世纪80年代以来,那些长盛不衰的大公司轻而易举地被击溃,大公司迫切需要创新和创业精神。创业管理大师拉里·法雷尔则断言:"发展创业型经济是打赢21世纪这场全球经济战争的关键。"这就与传统的企业管理理念发生了冲突。用传统方法管理大公司的新事业并不能奏效;并且,用传统方法管理新创企业将导致极其糟糕的结果。在知识经济和信息化时代,面对全球化竞争激烈程度的日益加剧,企业既要创造满足原有需求的新方法,又要创造新的需求,这就必须进行管理转型。

创业管理属于企业管理活动的范畴,但又不同于传统的企业管理,是一种具有综合性的、不确定的、动态的管理,是更加复杂的企业管理工作。传统管理通常针对企业运营各方面的具体问题,是单一的、确定的、静态的管理。而创业管理则需要创造性地运用管理理论,同时能够综合运用多学科知识解释和总结创业活动规律,促使人们像企业家那样思考和行动。

因此,系统地学习创业管理相关知识,不仅能够培育和开发大学生的创新精神和创业素质,而且可以培养和提高人的生存能力、竞争能力和可持续发展能力,成为社会所需要的高素质复合型人才。

本章小结

技术创新管理是包括科技、组织、商业和金融等一系列活动的综合过程。

技术创新管理是在经济活动中引入新产品或新工艺从而实现生产要素的重新组合,并在市场上获得成功的过程。

企业技术创新管理的主要活动由产品创新管理和工艺创新管理两部分组成,包括从新产品新工艺的设想、设计、研究、开发、生产和市场开发、认同与应用到商业化的完整过程。

技术创新管理的分类都是根据创新管理对象、创新管理程度、创新管理来源等角度来进行分类。

创业管理不同于传统管理。它主要研究企业管理层的创业行为,研究企业管理层如何延续注入创业精神和创新活力,增强企业的战略管理柔性和竞争优势。

各国的创业活动大多可以通过科技园区的发展来体现。比如美国硅谷、英国的硅沼(Silicon Fens)、印度班加罗尔科技园、日本筑波科技城、德国慕尼黑高科技工业园区和中国的科技工业园区等。

创业是一个发现和捕获机会并由此创造出新颖的产品、服务或实现其潜在价值的过程。创业必须要贡献出时间和付出努力(心理与生理)。

创业机会首先来自创意。产生创意的途径主要从市场缺失中、顾客不满中、法规变化中、专利公告中、偶然和意外中发现机会。

创业融资,是指创业者为了将某种创意转化为商业现实,根据未来新创企业经营策略与发展需要,经过科学的预测和决策,通过不同渠道,采用不同方式向风险投资者或债权人筹集资本,组织创业启动资本的一种经济行为。

创业团队是两个或两个以上具有一定利益关系的、拥有所创建企业所有权或处于高层主管位置并共同承担创建和领导新企业责任的人所组成的工作群体。

企业文化是企业在成长过程中逐步生成和发展起来的日趋稳定的独特的价值观，以及以此为核心而形成的行为规范、道德准则、群体意识、风俗习惯等。

企业退出是在企业正常发展过程中，有计划、适时适量、渐进式地释出企业的所有权或者经营权。

企业收获是指创业者退出公司并从公司创造的价值中获取收益（通常是现金收益）。

复习思考题

1. 技术创新管理的含义及特点是什么？
2. 技术创新管理的主要内容包括哪些？
3. 什么是技术创新管理和创业管理？
4. 创意产生的途径有哪些？
5. 如何加强国内的创业教育管理？
6. 什么是创业团队和企业文化？
7. 什么是企业退出和收获？

第三篇

实 践 篇

第十二章　工商管理专业的实践课程学习

本章学习目标

通过本章的学习，学生能说明实践课程学习的意义、特点、培养目标和教学模式，能复述课堂实践的主要形式和基本内容，能描述实习实践的主要形式、目的要求和主要内容，能列举第二课堂的主要形式及其内容。

本章内容框架

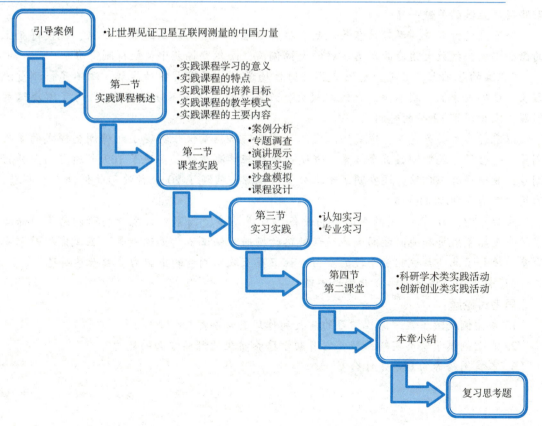

引导案例

让世界见证卫星互联网测量的中国力量

2020年11月17—20日，以"我敢闯 我会创"为主题的第六届中国国际"互联网+"大学生创新创业大赛总决赛在华南理工大学召开。683个项目从117个国家和地区、4 186所学校147万个国内外参赛项目中脱颖而出，入围总决赛。经过高教主赛道金奖争夺赛、"青年红色筑梦之旅"赛道金奖争夺赛、三强争夺赛、职教赛道金奖争夺赛、冠军争夺赛的层层角逐，共决出冠军1个、亚军2个、季军3个、金奖143个。

"在随后的五分钟里，请大家和我一起，把眼光投向太空。"一袭红衣，在白衬衫黑西服的人群中，尤为耀眼；冠军争夺赛的舞台上，仅有的一位女参赛选手声起，似乎就注定成为全场的焦点。

经过最终打分，北京理工大学的"星网测通"项目以1 310分之高，夺冠成功。项目负责人宋哲也成为大赛举办以来的首位女冠军。

宋哲的美，不仅美在一身荣誉，更美在她那颗"想要让世界见证卫星互联网测量的中国力量"的坚定决心。

2008年汶川地震，灾区大部分地区通信设施毁坏，救援人员肩扛通信设备的场景深深触动了当时正在做本科毕业设计的宋哲，她将毕业设计定位在了卫星互联网领域，力图解决更多通信问题。

"从2014年马斯克和星链项目横空出世，再到今年我国提出新基建，卫星互联网正在带领着人类大踏步地进入太空Wi-Fi时代。"宋哲认为，测量就是给卫星做体检，是卫星互联网产业链的关键一环。

给卫星进行测量，说起来容易做起来难。卫星的轨道高度高达数万公里，就使得星上的微小偏差会被放大为地面覆盖区域的大幅偏离，而想要偏差小，就得测得准。

"在准的基础上，卫星测量还要解决通信场景多，通用设备功能弱，测不了；测量流程长，设备效率低，测不快；产线规模大，设备售价高，测不起等问题。"为了解决这些问题，宋哲用了12年的时间。

以宋哲为主要完成人，项目团队发明了宽带链路测量仪，实现了九种调制模式的柔性测量，一台设备就能测数百个场景；发明的参数矩阵测量仪，实现了109个通道的全并行测量，效率提升100倍；还发明了十二分量模拟源，实现了20余种波形的低复杂度测量，为用户节省了90%的成本。

宋哲介绍，目前，"星网测通"的设备已可满足多个国家重大型号的研制急需，保障了神舟飞船宇航员和地面之间天地通话链路的畅通，保证了"天通一号"卫星能按时飞向太空，填补了北斗系统测量手段的空白，让卫星互联网测量的中国力量被世界所见证。

（资料来源：根据网络公开资料整理）

思考讨论题：
1. 本案例反映了实践课程学习的意义和作用有哪些？
2. 本案例属于哪类实践课程？它有助于培养学生的哪些方面的能力？
3. 本案例给你的启示是什么？

第一节　实践课程概述

一、实践课程学习的意义

实践课程是工商管理专业培养方案的重要组成部分。通过实践课程学习，可以提高学生的认知与思维能力、操作与解决问题的能力、交往与社会活动的能力，提高学生分析问题和解决问题的能力，对发展学生的创新精神和实践能力、建构创新性人才培养体系具有十分重要的意义、作用和价值。

二、实践课程的特点

（一）能力取向性

作为一种体验性的、实践性的、亲身参与性的课程，实践课程在课程目标上，具有比较明显的能力目标取向。所谓课程目标的能力取向，是指课程实施对发展学生能力的重视，把发展学生各种能力作为核心目标。实践课程的总体目标是"发展学生的创新精神与实践能力"。但在实施过程中，教师不能仅仅以"通过某某主题活动，发展学生的创新精神和实践能力"来表达对某一具体实践课程的能力目标的预设，而需要明确地提出发展学生哪些能力，分解为哪些类型和层次，在不同的实践活动主题实施中，要达到哪些质性的要求。实践课程能力目标的清晰设计和有效达成，直接体现了实践课程的有效性。实践课程的实施应能够切实促进学生能力的发展。

（二）开放性

实践课程超越了封闭的学科知识体系和单一课堂教学的时空局限，面向学生的整个生活世界，其课程目标和内容具有开放性；实践课程活动强调富有个性的学习活动过程；关注学生在这一过程中获得的丰富多彩的学习体验和个性化的表现，其学习活动方式与活动过程、评价与结果均具有开放性。

（三）自主性

实践课程尊重学生的兴趣和爱好，注重发挥学生的自主性。学生是实践课程活动的主体，它客观要求学生主动参与实践性学习的全过程，在教师的指导下进行自主学习、自主实践、自主反思。指导教师对学生实践学习的全过程进行有针对性的指导，但不包揽学生的活动。

（四）生成性

实践课程注重发挥学生在活动过程中自主建构和动态生成的作用，处理好课程的预设性与生成性之间的关系。一般来说，学生的活动主题、探究的课题或活动项目产生于对生活中现象的观察、问题的分析，随着实践活动的不断展开，学生的认识和体验不断丰富和深化，新的活动目标和活动主题将不断生成，实践课程的形态也将随之不断完善。

（五）综合性

综合性是由实践课程活动中学生所面对的完整的生活世界所决定的。学生的生活世界是由个人、社会、自然等彼此交织的基本要素所构成的。学生认识和处理自己与自然、社会、自我的关系的过程，也就是促进自身发展的活动过程。因此，学生个性发展不是多门学科知识的简单汇总，而是通过对知识的综合运用而不断探究世界与自我的结果。实践课程活动的综合性，要求课程的设计和实施要尊重学生在生活世界中的各种关系及其处理这些关系的已有经验，运用已有知识，通过实践活动来展开。

三、实践课程的培养目标

实践课程的培养目标主要体现在认知与思维能力、操作与问题解决能力、交往与社会活动能力等维度。

（一）认知与思维能力

认知与思维能力目标维度，可分为以下具体层面的能力。

1. 收集处理信息的能力

在开放的学习情境中，搜集处理信息是解决问题的基本途径和基本方式。实践课程实施和学生学习过程，要注重引导学生提升搜集处理信息的能力。收集处理信息的能力具体包括：搜集第一手资料的能力；整理和利用各种信息或资料的能力；呈现、表达各种信息的能力等。

2. 自主获取知识的能力

获取知识是实践课程学习的基本任务和目标之一。尽管实践课程的实施不以获得系统的书本知识为目的，但引导学生在实践学习的过程中自主获取知识，形成对自然、对社会、对自我的正确认识，是实践课程认知目标的一个方面。实践课程不是一种"无知"的课程。自主获取知识的能力具体包括：提炼观点，形成见解的能力；整合知识，形成新的知识结构的能力；区分自己的观点和他人的观点的能力；运用概念表述自己见解的能力等。

3. 创造性的思维能力

良好思维品质和思维能力的发展是实践课程的重要目标，是发展学生的创新精神与实践能力的基础。在实践课程的实施过程中，要将创新精神和创新能力目标具体分解和落实到主题活动的操作过程之中。创造性思维品质和思维能力目标具体包括：基本的逻辑思维能力，如分析能力与综合能力、归纳能力与演绎能力、系统化与综合化能力等；发现问题与提出问题的能力、合理地表述问题与分解问题的能力，如把握问题实质的能力、分解问题的基本要素的能力、建立问题的分析框架的能力、将问题表述为可操作的研究课题的能力等。

（二）操作与解决问题的能力

实践能力的核心是解决问题的能力和动手操作的能力。实践课程作为一种实践性学习活动，发展学生在实际情境中利用工具和已有知识解决问题的能力，是实践课程的核心目标之一。操作与解决问题的能力目标维度，可分为以下具体层面的能力：

1. 操作能力

操作能力是指在实际情境中解决问题的能力，包括安排和组织资源的能力；使用工具

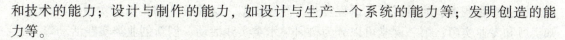
第十二章　工商管理专业的实践课程学习

和技术的能力；设计与制作的能力，如设计与生产一个系统的能力等；发明创造的能力等。

2. 解决问题的能力

解决问题的能力是一种综合能力，其核心目标要素是创造性思维的能力，具体包括以下方面：运用基本的科学方法解决问题的能力，如调查研究与访谈的能力、实验研究与观察的能力、参与与服务的能力等；运用数学思想和技巧的能力，如数理统计的能力；发现问题解决策略的能力，如策略选择的能力等。

（三）交往与社会活动的能力

学生在实践课程活动的实施过程中需要处理好多种关系，参与多样性的社会活动过程，在这一过程中，引导学生了解社会关系、社会活动的结构，学会参与社会生活，学会与他人共同生活和共同工作，发展学生的社会实践能力，这也是实践课程应达成的重要能力目标。交往与社会活动的能力目标维度，可分为以下具体层面的能力：

1. 规划能力

在实践课程实施的准备阶段，要注重发展学生的规划能力，引导学生学会制定活动方案、制定可行性强的实践性学习活动方案或计划。在制定活动方案的过程中，培养学生的规划能力。

2. 协调能力

在活动实施过程中，引导学生处理好同学之间、活动场景中不同部门的人员之间的关系，培养学生协调人际关系的能力和解决冲突的能力。

3. 交往能力

学会与他人共同生活和共同工作的能力，即学会交往、学会合作，是实践课程的重要目标。实践课程的实施要有目的地发展学生的交往能力、合作意识和能力，认知自我以及与他人进行有效沟通的能力等。

4. 管理能力

在实践活动以及参与社会活动的过程中，要引导学生学会管理与自我管理，发展学生的组织能力、管理能力等。

四、实践课程的教学模式

实践课程的基本教学模式是"教师主导+学生主体+教师指导+学生自主学习、自主实践、自主反思"。实践课程以实践活动为主要开展形式，以实践学习为主要特征。学生是实践课程活动的主体，在指导教师的指导下进行自主学习、自主实践、自主反思。指导教师对学生实践学习的全过程进行有针对性的指导，但不包揽学生的活动。通过引导学生亲身经历各种实践的学习方式，积极参与各种实践课程活动，在调查、考察、实验、探究、设计、操作、制作、服务等一系列活动中发现和解决问题，积累和丰富经验，自主获取知识，发展实践能力和创新能力，引导学生在实践中学习，在实践中成长。

五、实践课程的主要内容

实践课程的主要内容包括：课堂实践、实习实践、第二课堂等。课堂实践可以分为案例分析、专题调查、演讲展示、课程实验、沙盘模拟、课程设计等；实习实践可以分为认知实习和专业实习；第二课堂可以分为科研学术类实践活动、创新创业类实践活动等。

第二节　课堂实践

一、案例分析

案例分析是工商管理专业课程中常用的实践教学方法。案例是包含某些决策或疑难问题的教学情境故事。案例分析教学法是在学生掌握了有关基本知识和分析方法的基础上，根据教学目的和教学内容的要求，在教师的精心策划和引导下，运用典型的实例，向学生提供素材，模拟或重现企业经营管理中的一些真实场景，将学生带入特定事件中进行案例分析，通过学生的独立思考和师生间的互动交流，让学生分析、比较和讨论管理者所面临的现实管理问题，总结成功或失败的管理经验，提出解决问题的措施和方案，提高学生识别、分析和解决某一具体管理问题能力的教学方法。

案例教学是一种互动式、开放式的教学方法。管理类案例通常是为了达成明确的教学目的，基于一定的事实而编写的故事。它是实际企业中已经发生或正在发生的事例，通过把抽象的概念和原理具体化，可以为学生学习提供一定的情境。管理案例容易引发学生的兴趣，拓宽其视野，使学生愿意投入课程学习中来，提高学习的主动性和自觉性。学生可以从典型案例中感悟管理理念，理解管理活动规律，从案例思考中激发学习兴趣，培养认识问题、分析问题和解决问题的能力。

案例教学一般要结合一定理论，通过各种信息、知识、经验、观点的碰撞来达到启示理论和启迪思维的目的。一般而言，教师会在专业课程教学大纲中设计案例分析环节，以配合相应的理论教学，选取特定的案例并指导学生提前阅读，组织引导学生开展案例讨论，形成互动与交流。对学生来说，要做好案例分析，就必须积极参与，在阅读分析案例和课堂讨论中发挥主体作用。学生要学会收集各种信息资料，学会运用适当方法对已有资料进行分析，在寻求解决方案的过程中能够深入了解所学理论知识，培养其创造性思维，提高自身能力。同时，通过某门专业课程的案例分析，学生还可以对企业中的实际管理工作情境有所了解，根据专业课程的理论知识，对实际管理问题进行分析研究，提出解决问题的方法，提高学生的职场适应能力。

案例教学的关键在于案例选取的合理性和有效性，合理性体现在选取的案例要与某一阶段的教学内容相互呼应，有效性体现在选取的案例大小难易适中，学生容易理解和接受。案例分析可以分为阅读案例材料、独立思考、小组讨论、演讲展示、点评归纳等环节，前两个环节一般在课下（课前）完成，后三个环节在课堂完成，教师负责案例材料的搜集下达、过程控制及点评归纳。

二、专题调查

专题调查是为了了解和研究某种情况或某项问题而专门组织的一种调查。它是针对调查内容而言的。专题调查根据是否对被研究对象中的每一个单位进行调查，可以分为全面性专题调查和非全面性专题调查两种。

就工商管理专业教学而言，专题调查是学生在教师的指导下，为了了解课程知识涉及的某项问题，经过确定调查选题、设计调查方案、组织实施调查、资料整理分析、撰写调查报告并进行展示交流的一种调查方法和学习方法。调查选题一般是由教师根据课程教学内容设定，并向学生发布任务和要求；调查方案实质上是一个调查工作计划，由学生调查小组拟定，一般包括调查选题、调查对象、调查时间、调查地点、具体调查方式方法等，如采用问卷调查法还需设计调查问卷，如采用访谈法则需设计访谈提纲；专题调查的组织实施是调查资料的收集过程，一般由学生小组分工合作自行完成；资料整理分析是对所收集资料进行的资料整理、审核、筛选以及统计分析等一系列工作；调查报告是学生小组综合运用所学相关理论知识，围绕调查专题共同撰写完成的一个总报告，要求调查方案合理、条理清晰、分析计算正确、论述充分、文字通顺、图表规范、有独到见解、符合报告文本格式要求；展示交流可在课堂进行，它具有锻炼学生语言表达能力、总结交流经验教训、便于成绩评定等多方面的作用。

专题调查一般以分组方式进行，要求学生利用课余时间进行。根据专业课程中教学目标的不同，学生可以选择的专题调查的具体方法有观察法、问卷调查法、访谈法和文案调查法等。专题调查作为一种研究性学习活动，它通过学生的亲身实践，有利于提高学生学习的积极性和主动性，加深学生对相关理论知识的理解，同时提升学生的决策能力、组织能力、合作能力、执行能力、沟通能力、创新能力以及分析问题、解决问题的综合能力。

三、演讲展示

演讲展示是学生个体或团队以演讲的方式来展示其观点、工作成果或风采的学习活动方式，通常与案例分析或专题调查报告配合使用。演讲又称讲演或演说，是指在公众场所，以有声语言为主要手段，以表情、肢体等语言为辅助手段，针对某个具体问题，完整、鲜明地发表自己的见解和主张，阐明事理、抒发情感或进行宣传的一种语言交际活动。

教师可以根据课程教学大纲的要求，将演讲展示安排到具体的教学日历或教案中，明确演讲展示的具体内容和时间，并在课前布置给学生，让学生有充足的时间去查阅资料以做好准备。

学生的演讲展示可以从演讲内容、语言表达、仪表风范、逻辑性、创新性及时间掌控等方面来评判，评分可以分为 A（5 分）、B（3 分）、C（1 分）三级，并计入学生平时成绩。

演讲展示的过程是一个不断提高学生的口语表达能力、综合素质能力、敏锐的观察能力、深刻的分析能力、敏捷的思维能力、准确的判断能力、超人的想象能力、机智的应变能力和良好的记忆能力的过程，是学生不断完善自我的过程，对于学生未来发展具有十分重要的意义。

四、课程实验

课程实验一般是在实验室里，由学生按照教师根据教学内容要求设定的题目独立动手完成。课程实验的题目大多是验证前人在书本中论述的结论是否正确，需要学生使用有关工具或计算机及软件等进行。课程实验是一种有目的、有计划、有步骤的实验研究活动，同时又是一种现实的教育教学实践活动。在工商管理专业教学中，某些课程如运筹学、统计学、会计学基础、管理信息系统等的学习可以借助课程实验的方法以提高学习效果，教师可以在设计课程教学内容和教学方式时设置一定学时的课程实验。

课程实验一般需要教师事先编制实验大纲，并在实验开始前一周发给学生进行预习和准备。实验大纲应包括实验的性质、目的和任务，实验要求，实验内容，学时分配，与其他课程的联系，实验报告格式要求、考核方式与成绩评定、使用教材和参考书目等内容。

五、沙盘模拟

模拟是对真实事物或者过程的虚拟。沙盘模拟又称为软件模拟，是利用有关计算机软件和网络技术，通过仿真模拟的手段，使学生真正理解相关课程理论知识并掌握相关课程实际操作技能的教学方法。沙盘模拟（企业经营模拟）是一门使学生系统地理解企业管理、战略管理、市场营销、生产管理、财务管理等多领域的知识、掌握基本的决策方法和财务分析方法、全面提升学生的企业经营管理实际应用能力的综合实训课程。它作为一种企业管理综合技能实战训练系统，通过全程模拟实战的训练方式，让学生在实践中学习企业管理知识、企业财务运作、企业战略规划以及企业经营成本控制等综合技能，在真实体验中提升各方面的管理技能，并站在企业发展的角度来更好地认识真实的企业。沙盘模拟具有对抗性和团队协作性的显著特点。

由于沙盘模拟涉及的经管类知识的领域非常广泛，为了使学生能较快地理解商业环境，并快速融入课程，要求参加沙盘模拟课程的学生需要具备一定的经管知识的储备，或是对经管知识有着浓厚的兴趣。因此，它比较适合于本科三年级、四年级的经管类专业学生或是硕士研究生（MBA、EMBA 等）。

进行沙盘模拟，教师需做好的课前准备包括：

（1）学生管理准备

①提前一周将参加课程的学生名单、所属院系统计完全。

②课程要求学生组成 4~6 人的实践小组参加课程。因此，教师需要与学生沟通，或由教师自行决定参加课程学生的分组结果。

③将分组名单告知学生，以便于学生在课前进行相关知识的准备工作。

④如采用电子对抗软件平台，教师应至少提前一天登陆平台创建新的班级。并将分组完成的学生信息输入软件平台中，以便于学生在上课时通过自己的名字登录学习系统。

（2）教学授课准备

①教师应在课程实施前根据教学任务，完成备课工作。

②在课程实施前将课程的教学目标告知学生，以便于学生在课前就相关的知识进行预、复习。

③在课程实施前 3 天，将沙盘模拟（含电子对抗软件平台）中有关于模拟商业环境的介绍、模拟软件中与经营有关的数据规则下发给学生，以便于学生在课前对模拟商业环境有所熟悉。

④在每一轮模拟经营结束之后，下一轮模拟经营开始之前，教师应将各小组的经营结果和分析图表下发给学生，以供学生在课后总结，并为下一轮模拟经营课程做学习准备。

学生的课前准备包括：

①与自己所在的小组组员建立联系，并打造良好的合作情感基础。

②与小组成员一起就模拟商业环境的数据规则和背景介绍进行讨论，熟悉将要参与竞

争的环境。

③在课前完成财务管理三大报表（资产负债表、损益表和现金流量表）的自学或复习。

④在课前根据教师下发的教学目标，完成相关知识内容的预、复习。

⑤在每一轮模拟经营结束之后，下一轮模拟经营开始之前，将教师所下发的经营结果和分析图表进行分析，在课后与组内成员一起对竞争形势进行探讨，并完成一些必要的知识储备。

沙盘模拟的竞赛程序主要包括：

①学生登录电子对抗软件平台，选择自己的姓名进入模拟实验课程界面。

②根据教师事先布置的分组方法，每4~6人组成一个模拟企业，每期模拟参与企业建议不超过8组，由总经理任职人选对小组的成员任职情况在系统里设置完全。

③学生根据教师的任务发布进行商业模拟。

④学生结合所学的经管类知识根据模拟经营的结果进行讨论，并实践演练。

⑤教师针对学生在课程中出现的情况进行针对性讲解和辅导。

⑥模拟经营（一般为6年）结束后，学生需要结合模拟竞赛体验，完成相应的实验报告。

沙盘模拟综合运用了多种管理模拟技术，包括角色扮演、电脑模拟、竞争博弈、训练模拟等，通过对真实企业的仿真模拟，让参加训练的学生在模拟经营竞赛中体会并学习企业运营管理知识，熟悉企业的业务流程，理解财务管理知识，掌握财务分析与决策方法，变被动学习为主动学习，变填鸭式学习为创造性学习，最大限度地调动学生的学习积极性，实现教与学的有机结合，形成教师与学生的良性互动。

学生在沙盘模拟中担任公司中的各个职位 CEO、CFO、CMO、CTO、COO 等企业中的各种管理角色，通过对虚拟企业的模拟经营，从而涉及真实企业中的各种情况，让学生置身于真实企业中体会企业管理的各大因素，让学生在轻松愉快的环境中学到企业实战的管理知识，使学生真正做到学以致用。

六、课程设计

工商管理专业的某些专业课程，如市场调查与预测、管理信息系统等，在学生学完相关理论课程之后，一般还会安排一个为期1周的课程设计，通过加强实践教学在课程中的运用，调动学生的学习积极性和创造性，强化学生应用动手能力，使学生对于理论知识的理解更具体、更深入、更有兴趣，从而收到更好的教学效果。课程设计既可以与课堂讲授穿插进行，也可以在理论课程学习结束后展开。在布置课题时，选题不宜太大，但涉及的知识点要尽量全面。如有条件，最好能有真实用户的配合，使学生真正体会设计的滋味。

教师可以选择一些典型、复杂程度适中的课程设计课题，提供给学生，由学生进行设计和开发，培养学生综合组织能力，以及对大局的掌控能力，使学生受到应有的培养和锻炼。为了强化学生设计过程中的训练效果，同时让学生在课程设计过程中，明白应该做什么和怎么做等问题，需要教师提供一系列的指导，主要包括：组织和分配课程设计小组，设定考核内容与成绩评定方法，提供完成课程设计的参考步骤及方法，提供课程设计内容及文档规范、课程设计的结果形式等。同时鼓励学生根据学校周围环境提出一些能解决实际问题的选题。

下面以市场调查与预测课程设计为例介绍课程设计的一般内容。

（一）课程设计的目的

市场调查与预测课程设计是工商管理专业集中实践性教学环节之一，是学生学习完市场调查与预测课程后进行的一次全面的综合练习。其目的在于使学生加深对市场调查与预测基础理论和基本知识的理解，掌握市场调查与预测的基本方法，提高运用这些方法进行实际市场调查和预测的能力。

（二）课程设计时间

市场调查与预测课程设计计划时间为 1 周。

（三）课程设计内容

课程设计要求课程设计小组学生在查阅相关理论和文献后，选择一个有代表性的、典型性的和实际应用价值的市场调查问题，首先设计市场调查总体方案，即市场调查策划报告；其次设计合理的调查问卷，并根据总体方案的要求，将调查问卷付诸实施；最后对调查结果进行定性和定量分析，撰写调查报告。根据课程设计 1 周时间安排选择调查问题并设计合理的问卷。具体要求如下：

①根据实际调查的项目情况，拟订该项目的调查大纲。

②按照以下要求设计相应的问卷并付诸实施。

- 包括态度测量问题的设计；
- 问卷问题设计要完整；
- 每份问卷不少于 30 个问题；
- 提问的形式要力求多样化；
- 封闭式问题与开放式问题相结合。

实施过程中，抽样样本数目即被调查者人数不少于 30 人，且有效问卷不少于 30 份。

③对调查结果进行汇总、统计、整理。

④撰写一份市场调查与预测报告，对此次调查结果进行分析和预测。

⑤将调查大纲及在调查中所使用的问卷作为附件一并上交。

（四）课程设计参考选题

课程设计的题目可根据课程设计参考选题所列的参考选题和范围自拟课程设计选题名称，也可根据本小组课程设计需要，结合小组市场调研的理论和文献、针对调研问题自拟题目。课程设计题目严禁雷同，先报的题目优先，后报的题目若与已报题目雷同，则需要重新定题。

《市场调查与预测》课程设计参考选题如下（部分）：

- 新冠疫情期间，××市××产品销售过程中的消费心理分析；
- 20××年家居 Mall 电子商务调查与分析；
- 网上购物的顾客满意度调查及其模型研究；
- 新冠疫情期间，营销活动与消费者行为之间的关系研究；
- ××市××产品市场销售滞销原因分析；
- ××省××市汽车消费需求调查；
- ××市大学生花呗接受意愿调查；

- 20××年××市居民住房需求调查与分析；
- 城市地摊经济的成因和进程研究；
- 智慧政府形成的原因和进程分析；
- ××市民营企业疫情期间经营状况调查与分析；
- ……

注：涉及的调查地点可根据学生所在省市确定。

（五）课程设计报告撰写规范

①课程设计报告 3 000～6 000 字。

②列出目录，标清页码。

③应列出参考资料 10 篇以上。

④要求将相关市场调查问卷、调查记录及数据分析表格等作为课程设计报告的附件。

（六）课程设计的排版、装订要求

①字体：宋体。

②行距：1.5 倍。

③纸张大小：A4。

④页边距：默认。

⑤装订：左侧。

⑥封面：见封面模板。

⑦目录：四号字。

⑧封面上标题：加粗，3 号字居中。

⑨标题：一级标题四号字、二级标题小四号字、三级标题五号字，标题均加粗。

⑩参考文献：参考文献另起一页，标题居中、四号字。下边所列参考文献五号字。文献格式参照以下示例：

［序号］作者姓名．书名（或论文名）［文献类别］．出版社（或期刊名称、报纸名称），出版或发表时间：起止页码或版面。各类文献举例如下：

［1］景奉杰．市场调研［M］．北京：高等教育出版社，2005．

［2］张昆，冯立群，余昌钰，等．机器人柔性手腕的球面齿轮设计研究［J］．沈阳工业大学学报，1994，34（2）：1-7．

［3］姜英敏．国际理解教育的发展及其问题［N］．中国教育报，2007-05-05（03）．

［4］萧钰．出版业信息化迈入快车道［EB/OL］．（2002-04-15）［2022-05-07］．http://www.creader.com/news/20011219/200112190019.html.

（七）课程设计的成绩评定

课程设计完成后，由指导教师根据学生完成任务的情况、课程设计报告的质量和课程设计过程中的工作态度等综合打分，成绩分为五档：优秀（90～100 分）、良好（80～89 分）、中等（70～79 分）、及格（60～69 分）、不及格（59 分及以下）。不及格者不能得到相应的学分。课程设计要独立完成，严禁雷同。

课程设计成绩评定参考标准如下：

1. 优秀（90~100分）

按设计任务书要求圆满完成规定任务；综合运用知识能力和实践动手能力强，设计方案合理，计算、分析正确，设计成果质量高；设计态度认真，独立工作能力强，有独到见解，水平较高。

设计报告条理清晰、论述充分、文字通顺、图表规范、符合设计报告文本格式要求。

2. 良好（80~89分）

按设计任务书要求完成规定设计任务；综合运用知识能力和实践动手能力较强，设计方案合理，计算、分析基本正确，设计成果质量较高；设计态度认真，有一定的独立工作能力。

设计报告条理清晰、论述正确、文字通顺、图表较为规范、符合设计报告文本格式要求。

3. 中等（70~79分）

按设计任务书要求完成规定设计任务；能够在一定程度上综合运用所学知识，但有所欠缺，有一定的实践动手能力，设计方案基本合理，计算、分析基本正确，设计成果质量一般；设计态度较为认真，独立工作能力较差。

设计报告条理基本清晰、论述基本正确、文字通顺、图表基本规范、符合设计报告文本格式要求。

4. 及格（60~69分）

在指导教师及同学的帮助下，能按期完成规定设计任务；综合运用所学知识能力及实践动手能力较差，设计方案基本合理，计算、分析有错误，设计成果质量一般；设计态度一般，独立工作能力差。

设计报告条理不够清晰、论述不够充分但没有原则性错误、文字基本通顺、图表不够规范、符合设计报告文本格式要求。

5. 不及格（60分以下）

未能按期完成规定设计任务，不能综合运用所学知识，实践动手能力差，设计方案存在原则性错误，计算、分析错误较多。

设计报告条理不清、论述有原则性错误、图表不规范、质量很差。

第三节 实习实践

实习实践是指学生利用学校安排的实习或寒暑假期采用多种形式在校外开展的实习活动。各类实习实践一般通过建立大学生实习实践就业基地或校企合作产教融合协同育人平台等方式开展，各类企业是工商管理专业学生实习实践的主要场所。学生通过参观学习、企业调查、顶岗实习等方式，达到增加感性认识、加深专业认知、理论联系实际、学以致用的目的。工商管理类专业的实习实践一般包括认知实习和专业实习。

一、认知实习

认知实习是指组织低年级学生进行参观实习，以获取各自专业领域的感性认识，巩固所学理论。

（一）实习目的

认知实习是工商管理专业教学计划中的一个重要的实践性教学环节。通过认知实习，使学生对企业经营管理、财务管理、生产管理、市场营销、商品流通、财政税收、金融保险等有一个初步的认识，为后续的工商管理类专业课程学习建立感性认识，进行必要的准备，借此达到扩大学生视野、加强理论联系实际以及热爱专业的目的。

（二）实习方式

建议采取"集中实习"方式进行。认知实习主要通过有组织的集中参观学习、现场劳动学习，以开拓视野、增加知识面，同时可适当分组参加少量的班组活动。实习期间，学生主要在指定的实习单位，按时报到、跟班、虚心向工人师傅、管理人员、工程技术人员学习。

（三）实习时间和地点

实习时间：建议将认知实习安排在第二学期进行，为期1周。

实习地点：宜选择工业企业、商业企业、银行、证券公司、保险公司等单位进行。

（四）实习内容

1. 参观学习

主要在以生产经营为主的厂矿企业、以营销为主的商业企业或财政部门、银行、税务局、证券、保险公司等单位参观学习，重点了解企业的构成要素、组织结构概况、生产经营决策机制、主要产品（服务）及其用途和销售概况、工艺和设备、人员组成、原材料种类、成本控制、产品及服务质量、年产量、年销售额、年利润、建筑总体规划与布局等。

2. 分组劳动实习

学生实习期间，根据工商企业的具体情况，可在现场指导教师指导下按照相关操作规程进行操作和劳动实习，如分工种辅助生产实习、按商品分类分组辅助销售实习等。

二、专业实习

专业实习是指组织高年级学生在完成大部分专业课教学任务的基础上，进行实际操作练习，使学生了解各自领域管理活动的主要内容和基本规则，运用专业知识对现实问题进行综合性的研究，并试图提出解决方案。不同学校、不同专业可以根据专业需要和实际情况设置销售管理实习、社会经济调查实习、生产管理实习、专业管理实习、毕业实习等具体实习形式。

（一）销售管理实习

1. 实习目的

销售管理实习旨在通过深入商业企业，通过查阅相关资料及进入企业实习，使学生了解商业企业从商品的采购、运输、贮藏到销售和售后服务的全过程，以及新媒体营销策略的运用，掌握商业企业经营管理特别是商业企业销售管理的基本工作流程和策略方法。

2. 实习方式

建议采取"集中或分散"方式进行实习。在征得实习单位同意并在现场指导教师指导下，允许学生按照工作程序和操作规程进行具体操作。

3. 实习时间和地点

实习时间：建议将销售管理实习安排在第四学期进行，为期2周。

实习地点：建议选择商场、超市、便利店、批发市场等商业企业。

4. 实习内容

具体内容可以包括：

①企业概况，包括企业销售组织形式、销售额、销售利润、全员职工、全员效益、固定资产、企业制度、组织结构形式、面临的问题等。

②企业商品的采购、储运、应付货款的支付形式。

③商品的定价、货架摆放设计、商品销售、迎送顾客注意事项、应收账款回收方式等。

④公共关系与促销方式、营业推广方式。

⑤企业的新媒体营销方式。

⑥企业的促销文案设计。

⑦企业促销文案推送的时机选择等。

（二）社会经济调查实习

1. 实习目的

社会经济调查实习是工商管理专业教学计划中的一个重要环节，通过实习，使学生学会观察社会经济实际问题，掌握搜集资料、整理资料、分析资料的方法，培养学生观察问题、分析问题、解决问题的能力，进一步巩固深化所学知识，为后续课程学习奠定基础。

2. 实习方式

建议采取"集中实习、分组进行"的实习方式。将学生按5~6人/组进行分组，结合实习单位实际情况，有针对性地选择专题进行调查研究。实习主要针对选择的调查专题，设计调查问卷，深入实地调查研究，使学生自觉运用科学方法，在与被调查者的互动过程中认识社会经济现象，为进一步开展研究奠定基础。

3. 实习时间和地点

实习时间：建议将社会经济调查实习安排在第五学期进行，为期2周。

实习地点：工业企业、商业企业、银行、证券公司、保险公司等单位均可。

4. 实习内容

实习内容包括撰写调查开展的过程，选择调查课题，确定调查对象，设计调查问卷，整理分析调查数据，撰写调查报告等。

（三）生产管理实习

1. 实习目的

生产管理实习旨在通过深入工业企业，通过查阅相关资料及进入企业生产车间实习，了解工业企业从原料采购、生产要素配置、工艺流程生产到产品检验合格出厂销售的全过程管理策略和方法。

2. 实习方式

建议采取"集中或分散"方式进行实习。在征得实习单位同意并在现场指导教师指导下,允许学生按照工作程序和操作规程进行具体操作。

3. 实习时间和地点

实习时间:建议将生产管理实习安排在第六学期末进行,为期2周。
实习地点:建议选择工业企业。

4. 实习内容

具体实习内容可以包括:第一,企业概况;第二,企业主、辅生产系统的配置;第三,生产计划;第四,材料需求;第五,新产品开发;第六,半成品、成品的运输和贮存;第七,产品销售情况等。

(四)专业管理实习

1. 实习目的

专业管理实习旨在通过深入到工商企业的各职能部门、各车间、各销售部等,深入了解工商企业的组织、决策、计划、人力资源、企业文化、财务、销售、技术、采购、质量、工艺设备、成本、材料等全方位的管理策略与方法。

2. 实习方式

建议采取"集中或分散"方式进行实习。在征得实习单位同意并在现场指导教师指导下,允许学生按照工作程序和操作规程进行具体操作。

3. 实习时间和地点

实习时间:建议将经营管理实习安排在第七学期末进行,为期2周。
实习地点:建议选择工业企业、商业企业、银行、保险、证券公司等单位。

4. 实习内容

可以根据实习单位的性质确定具体的实习内容:

①工业企业实习:一般包括企业概况、企业组织、企业经营战略与目标体系、企业财务、生产过程组织、质量管理、设备管理、管理信息系统、市场营销等内容。

②商业企业实习:一般包括企业概况、经营系统、经营计划与决策、商品采购与运输、营业地点的选择与分布、商品营销与商务谈判、人力资源管理、财务管理等内容。

(五)毕业实习

1. 实习目的

毕业实习要求学生与毕业论文选题相结合,旨在围绕学生的毕业论文选题相关内容进行实习,运用自己所学的专业知识,深入企业开展企业管理实践,同时,挖掘实习单位的管理实践,独立进行毕业论文的资料搜集工作。

2. 实习方式

建议采取"分散实习为主、集中实习为辅"的方式进行实习。在征得实习单位同意并在现场指导教师指导下,允许学生按照工作程序和操作规程进行具体操作。

3. 实习时间和地点

实习时间：建议将毕业实习安排在第八学期初进行，为期 4 周。

实习地点：建议选择工业企业、商业企业、银行、保险、证券公司等单位。

4. 实习内容

毕业实习单位以工业和商业企业为主，实习内容一般应结合毕业论文选题和实习单位的具体情况而定。由于毕业论文选题多是基于问题导向，因此，毕业实习内容应在尊重实习单位统一安排的前提下，可以实习单位比较薄弱的管理方面为主，通过调查研究解决企业管理中存在的问题，并提出相应的改进方案或对策。在实习过程中，一方面要完成实习单位安排的相关工作任务，另一方面要注意收集实习单位与毕业论文选题有关的企业管理数据资料，为论文写作奠定基础。

第四节　第二课堂

第二课堂是相对于第一课堂而言的。第一课堂是指学校依据教学大纲和教学计划，在规定的教学时间开展的课堂教学活动。而第二课堂是指培养方案中所规定的主要教学环节以外的其他教育教学环节，是学生个性培养的关键环节，旨在拓宽学生的知识领域，开阔视野，培养学生的团结协作意识和吃苦耐劳品格，培养学生的创新精神、创业意识和创新创业能力，按照发挥学校学科和科研优势、课内外相结合、产学研相结合、强化实践的原则设置灵活多样的第二课堂活动，设置创新学分，拓宽学生的学习、实践空间，激发学生的学习兴趣。

第二课堂的内容设置，除了由学校统一安排的入学教育、体质健康标准测试、军事训练、社会实践等内容以外，工商管理专业应突出创新创业教育，与通识教育、专业教育深度融合，注重创新创业能力拓展，设置学术活动、科研训练、创业训练、学科竞赛等内容。

一、科研学术类实践活动

(一) 学术会议

学术会议是一种以促进科学发展、学术交流、课题研究等学术性话题为主题的会议。学术会议一般都具有国际性、权威性、高知识性、高互动性等特点，其参会者一般为科学家、学者、教师等具有高学历的研究人员。由于学术会议是一种交流的、互动的会议，因此参会者往往都会将自己的研究成果以学术展板的形式展示出来，使得互动交流更加直观、效果更好。

大学生参加学术会议的主要意义在于：

(1) 了解学科领域前沿

大学生在短时间内连续倾听多场学术报告，最直接的收获就是快速了解本领域及相近领域的学术前沿，了解行业动态，从而知晓其他学者都在做什么，做到了什么程度，有什么意义和价值。

（2）启迪科研思维

在听取学术报告的过程中，各种学术思想的碰撞，有助于拓展学生的科研思路，激发研究灵感，很多科研想法会灵光乍现，进而丰富、发展自己当前的研究，优化自己的学术体系。

（3）重新认识自己

在参加学术会议过程中，听别人报告、看别人成果，也是重新认识自己、评估自己的过程。看到好的科研成果，让自己羡慕，也感到自己不足。同时，也会让自己看到自信，给自己前进的力量。

（4）提高学术鉴赏能力

一般的学术会议很短，少则1天，多则2～3天，但学术报告相对集中，是学界同行密集展示自己科研成果的时候。"不怕不识货，就怕货比货。"通过同行横向比较，可以清楚哪些单位、哪些学者做的研究水平高，进而提高了自己的学术鉴赏能力，同时也提高了自己的学术品位。

（二）大学生学术研讨会

大学生学术研讨会是借鉴学术会议的形式，通过征集学术论文、审核筛选、评定奖项、成果展示交流等形式，以达到分享观点、发布成果、提升学校学术氛围、培养大学生学术研究和实践能力的目的。大学生通过参加学术研讨会，分享自己最新的研究成果，通过向大会做报告和会后讨论，可以让与会老师和同学给自己提出建议，明确下一步应该做什么、怎么做，从而有助于培养大学生的学术研究和实践能力。

大学生参加学术研讨会的载体是学术论文。一般地，一篇学术论文要历经提出问题、阅读文献、形成假设、开展研究、收集资料、写作修改等几个阶段，其中某些阶段可能还存在反复，比如在开展研究中遇到困难，可能需要重新阅读文献，修改相关研究假设等。因此，学术论文写作是一个较为漫长的工作过程，不会一蹴而就，这有利于培养学生严谨细致、求真务实的科学态度和精益求精的科学精神，但要求学生要做好面对困难的心理准备。

多数大学生缺乏学术论文写作经验，因此，一般需要在指导教师的指导下来完成论文写作。指导教师通过对论文选题与内容的严格把关，从而保证论文质量。在学术论文的写作过程中，大学生要特别注意树立学术诚信，避免出现学术不端行为。

考虑到专业实践性强的特点，工商管理专业学生的学术论文选题应坚持"问题导向"，选题既可以来源于指导教师的科研课题，也可以由学生自主选题、与指导教师商议确定，还可以是学生针对某个具体问题开展的假期社会调查、企业实习经历或课程调查报告，也可以是学生通过关注时政财经新闻观察到的各类经济现象、管理问题或统计数据。学生在导师指导下，尝试使用管理理论、调查方法、统计分析等去解释分析现象背后的原因，总结提炼可能的规律，并根据研究结果提出相应的对策建议，形成学术论文。

学术论文既是学生对所学专业知识的综合运用，又是学生科研能力、创新能力的具体体现，可为其今后的升学、求职等职业发展奠定良好的基础。对于获奖级别较高的学术论文，经学生在导师指导下做进一步修改，可以寻求在适合的学术期刊上公开发表。

（三）大学生科研训练计划

大学生科研训练计划（Student Research Training Program，简称SRTP）是针对在校本

科生开展的科学研究训练项目。SRTP 是高等学校培养人才的一种计划，要求学生不仅要学习和掌握本专业的基本知识与技能，而且要学习具备创造性地解决所学专业领域内理论和实践问题的基本能力。

清华大学于 1996 年开始实施 SRTP 计划。这一计划的主要形式是在教师指导下，以学生为主体开展课外科学研究活动，参加对象主要为本科生。全国高校中开展 SRTP 较早的高校有重庆大学、浙江大学、东南大学和中国海洋大学，目前中山大学、中国矿业大学、北京林业大学、西南交通大学、云南财经大学、山东大学（威海）、南京大学、北京科技大学、北京航空航天大学、福州大学等高校均在开展此项计划。不同学校对此类计划项目的名称叫法不同，如本科生科研训练计划、大学生创新计划项目、青年研究计划项目等，但其本质都是针对大学生开展的科研训练计划项目。

1. 研究课题来源

SRTP 研究课题的来源主要有：第一，教师的教学、科研、生产、管理等不同领域中基础性、应用性和开发性的研究课题，根据学生的实际情况，经细化或转化为学生能够完成的研究课题；第二，企业界需求的研究课题；第三，学生自己设定的科研项目和研究课题；第四，其他来源的合适课题。

2. 经费来源

经费来源主要有：第一，学校设立的 SRTP 专项基金；第二，有关院（系）及教师提供的资助和支持；第三，各种赞助。

3. 运作模式

SRTP 采取项目化的运作模式，通过设立创新基金和本科生自主申报的方式确定立项并给予资金支持，鼓励学生在导师指导下独立完成项目研究。SRTP 的核心是支持本科生开展科研训练，学生参与 SRTP 的过程木质上是在进行研究性学习。它注重学生参与研究的学习过程，而并非期望本科生创造出多少原创性成果。SRTP 为学有余力的大学生提供直接参与科学研究的机会，引导学生进入科学前沿，了解社会发展动态。大学生通过发现问题、激发创新思维、独立完成课题等过程，积极主动地探索新的知识领域，从而体验到一种全新的研究性学习的乐趣。

SRTP 通常采用科研项目式的管理办法，分为申报、立项、中期检查、结题等环节。学校组织评审专家对 SRTP 项目申请书进行审查，选择论证充分、切实可行、经费预算合理，且研究团队有能力按计划完成任务的项目予以立项，给予经费支持。研究课题原则上在 1 年内完成，如有特殊情况可延期至 2 年。中期检查的目的在于及时了解项目执行进展情况，发现和解决项目实施中的问题，对项目能否完成预定任务目标做出判断。项目研究结项时需要取得实质性研究成果，研究成果可采用调研报告、论文、软件、设计、硬件研制、专利等形式，鼓励学生利用研究成果公开发表论文或申请专利等。

二、创新创业类实践活动

创新创业类实践活动包括大学生创新创业训练计划项目、"挑战杯"全国大学生课外学术科技作品竞赛和中国大学生创业计划竞赛、中国"互联网+"大学生创新创业大赛以及其他各类创业计划大赛等。实践证明，创新创业类实践活动是激发大学生的创造力，多角度提升大学生综合素质和能力，培养造就"大众创业、万众创新"的主力军，以创新引领创业、创业带动就业,推动高校毕业生更高质量创业就业的有效途径。

(一)大学生创新创业训练计划项目

根据《教育部 财政部关于"十二五"期间实施"高等学校本科教学质量与教学改革工程"的意见》(教高〔2011〕6号)和《教育部关于批准实施"十二五"期间"高等学校本科教学质量与教学改革工程"2012年建设项目的通知》(教高函〔2012〕2号),教育部决定在"十二五"期间实施国家级大学生创新创业训练计划。

通过实施国家级大学生创新创业训练计划,促进高等学校转变教育思想观念,改革人才培养模式,强化创新创业能力训练,增强高校学生的创新能力和在创新基础上的创业能力,培养适应创新型国家建设需要的高水平创新人才。

1. 计划内容

国家级大学生创新创业训练计划内容包括创新训练项目、创业训练项目和创业实践项目3类。

创新训练项目是本科生个人或团队,在导师指导下,自主完成创新性研究项目设计、研究条件准备和项目实施、研究报告撰写、成果(学术)交流等工作。

创业训练项目是本科生团队,在导师指导下,团队中每个学生在项目实施过程中扮演一个或多个具体的角色,通过编制商业计划书、开展可行性研究、模拟企业运行、参加企业实践、撰写创业报告等工作。

创业实践项目是学生团队,在学校导师和企业导师共同指导下,采用前期创新训练项目(或创新性实验)的成果,提出一项具有市场前景的创新性产品或者服务,以此为基础开展创业实践活动。

2. 经费支持

国家级大学生创新创业训练计划面向中央部委所属高校和地方所属高校。中央部委所属高校直接参加,地方所属高校由地方教育行政部门推荐参加。国家级大学生创新创业训练计划由中央财政、地方财政共同支持,参与高校按照不低于1:1的比例,自筹经费配套。中央部委所属高校参与国家级大学生创新创业训练计划,由中央财政按照平均一个项目1万元的资助数额,予以经费支持。地方所属高校参加国家级大学生创新创业训练计划,由地方财政参照中央财政经费支持标准予以支持。各高校可根据申报项目的具体情况适当增减单个项目资助经费。对中央部委所属高校创业实践项目,每个项目经费不少于10万元,其中,中央财政经费应资助5万元左右。

中央部委所属高校分为A、B、C三组。2012年,中央财政经费支持A组高校各200项,B组高校各150项,C组高校各70项。为保持学生项目的连续性,各高校2013年及以后各年的实际项目数额,将根据上一年的年度评价决定。鼓励各参与高校利用自主科研经费或其他自筹经费,增加立项项目。

3. 组织实施

中央部委所属高校直接向教育部提交工作方案,非教育部直属的中央部委所属高校同时报送其所属部委教育司(局)。地方教育行政部门将推荐的地方所属高校的工作方案汇总后,一并提交给教育部。教育部组织专家论证,通过论证后即可实施。

各高校制定本校大学生创新创业训练计划学生项目的管理办法。规范项目申请、项目实施、项目变更、项目结题等事项的管理，建立质量监控机制，对项目申报、实施过程中弄虚作假、工作无明显进展的学生要及时终止其项目运行。

各高校在公平、公开、公正的原则下，自行组织学生项目评审，报教育部备案并对外公布。项目结束后，由学校组织项目验收，并将验收结果报教育部。验收结果中，必需材料为各项目的总结报告，补充材料为论文、设计、专利以及相关支撑材料。教育部将在指定网站公布项目的总结报告。

国家级大学生创新创业训练计划项目面向本科生申报，原则上要求项目负责人在毕业前完成项目。创业实践项目负责人毕业后可根据情况更换负责人，或是在能继续履行项目负责人职责的情况下，以大学生自主创业者的身份继续担任项目负责人。创业实践项目结束时，要按照有关法律法规和政策妥善处理各项事务。

各高校根据本校实际情况，适当安排创新训练项目和创业训练项目的比例，并逐步覆盖本校的各个学科门类。A组和B组高校，要设立一定数量的创业实践项目。

中央财政支持国家级大学生创新创业训练计划的资金，按照财政部、教育部《"十二五"期间"高等学校本科教学质量和教学改革工程"专项资金管理办法》进行管理。各高校参照制定相应的专项资金管理办法，负责创新创业训练计划项目经费使用的管理。项目经费由承担项目的学生使用，教师不得使用学生项目经费，学校不得截留和挪用，不得提取管理费。

教育部对各高校实施国家级大学生创新创业训练计划进行整体评价。每年组织一次分组评价，根据评价结果，适度增减下一年度的项目数。

（二）"挑战杯"全国大学生课外学术科技作品竞赛和中国大学生创业计划竞赛

"挑战杯"是"挑战杯"全国大学生系列科技学术竞赛的简称，是由共青团中央、中国科协、教育部和全国学联共同主办的全国性的大学生课外学术实践竞赛，竞赛官方网站为 www.tiaozhanbei.net。"挑战杯"竞赛在中国共有两个并列项目，一个是"挑战杯"中国大学生创业计划竞赛，另一个则是"挑战杯"全国大学生课外学术科技作品竞赛。这两个项目的全国竞赛交叉轮流开展，每个项目每两年举办一届。

1. "挑战杯"全国大学生课外学术科技作品竞赛

"挑战杯"全国大学生课外学术科技作品竞赛（以下简称"'挑战杯'竞赛"）是由共青团中央、中国科协、教育部、全国学联和地方省级政府共同主办，国内著名大学、新闻媒体联合发起的一项具有导向性、示范性和群众性的全国竞赛活动。自1989年首届竞赛举办以来，"挑战杯"竞赛始终坚持"崇尚科学、追求真知、勤奋学习、锐意创新、迎接挑战"的宗旨，在促进青年创新人才成长、深化高校素质教育、推动经济社会发展等方面发挥了积极作用，在广大高校乃至社会上产生了广泛而良好的影响，被誉为当代大学生科技创新的"奥林匹克"盛会。竞赛的发展得到党和国家领导同志的亲切关怀，江泽民同志为"挑战杯"竞赛题写了杯名，李鹏、李岚清等党和国家领导同志题词勉励。历经十七届，"挑战杯"竞赛已经成为：

——吸引广大高校学生共同参与的科技盛会。从最初的19所高校发起，发展到1 000多所高校参与；从300多人的小擂台发展到200多万大学生的竞技场，"挑战杯"竞赛在广大青年学生中的影响力和号召力显著增强。

——促进优秀青年人才脱颖而出的创新摇篮。竞赛获奖者中已经产生了两位长江学者、6位国家重点实验室负责人、20多位教授和博士生导师，70%的学生获奖后继续攻读更高层次的学历，近30%的学生出国深造。他们中的代表人物有：第二届"挑战杯"竞赛获奖者、国家科技进步一等奖获得者、中国十大杰出青年、北京中星微电子有限公司董事长邓中翰，第五届"挑战杯"竞赛获奖者、"中国杰出青年科技创新奖"获得者、安徽中科大讯飞信息科技有限公司总裁刘庆峰，第八届、第九届"挑战杯"竞赛获奖者、"中国青年五四奖章"标兵、南京航空航天大学2007级博士研究生胡铃心等。

——引导高校学生推动现代化建设的重要渠道。成果展示、技术转让、科技创业，让"挑战杯"竞赛从象牙塔走向社会，推动了高校科技成果向现实生产力的转化，为经济社会发展做出了积极贡献。

——深化高校素质教育的实践课堂。"挑战杯"已经形成了国家、省、高校三级赛制，广大高校以"挑战杯"竞赛为龙头，不断丰富活动内容，拓展工作载体，把创新教育纳入教育规划，使"挑战杯"竞赛成为大学生参与科技创新活动的重要平台。

——展示全体中华学子创新风采的亮丽舞台。香港、澳门、台湾众多高校积极参与竞赛，派出代表团参加观摩和展示。竞赛成为海峡两岸暨港澳地区青年学子展示创新风采的舞台，增进彼此了解、加深相互感情的重要途径。

参加"挑战杯"大学生课外学术科技作品竞赛的作品一般分为三大类：自然科学类学术论文、社会科学类社会调查报告和学术论文、科技发明制作，凡在举办竞赛终审决赛的当年7月1日起前正式注册的全日制非成人教育的各类高等院校的在校中国籍本专科生和硕士研究生、博士研究生（均不含在职研究生）都可申报参赛。每个学校选送参加竞赛的作品总数不得超过6件（每人只限报一件作品）、作品中研究生的作品不得超过3件，其中博士研究生作品不得超过1件。各类作品先经过省级选拔或发起院校直接报送至组委会，再由全国评审委员会对其进行预审，并最终评选出80%左右的参赛作品进入终审，终审的结果是，参赛的三类作品各有特等奖、一等奖、二等奖、三等奖，且分别约占该类作品总数的3%、8%、24%和65%。

2. "挑战杯"中国大学生创业计划竞赛

创业计划竞赛起源于美国，又称商业计划竞赛，是风靡全球高校的重要赛事。它借用风险投资的运作模式，要求参赛者组成优势互补的竞赛小组，提出一项具有市场前景的技术、产品或者服务，并围绕这一技术、产品或服务，以获得风险投资为目的，完成一份完整、具体、深入的创业计划。

1999年，"挑战杯"增设了中国大学生创业计划竞赛，与原有的"挑战杯"全国大学生课外学术科技作品竞赛形成了两个并列项目，这两个项目的全国竞赛交叉轮流开展，每个项目每两年举办一届。2014年，"挑战杯"中国大学生创业计划竞赛更名为"创青春"全国大学生创业大赛，依然是每两年举办一次。

"挑战杯"中国大学生创业计划竞赛采取学校、省（自治区、直辖市）和全国三级赛制，分预赛、复赛、决赛三个赛段进行。相比于课外学术科技作品竞赛，创业计划竞赛更注重市场与技术服务的完美结合，商业性更强。创业计划竞赛奖项设置为金奖、银奖、铜奖，各参赛高校只能推荐3件作品进国赛，对参赛选手没有学历限制，每队参赛人数最多可以报10人。

作为学生科技活动的新载体，创业计划竞赛在培养复合型、创新型人才，促进高校产学研结合，推动国内风险投资体系建立方面发挥出越来越积极的作用。

通过参加创业计划竞赛，使学生置身于创建企业、发展企业的动态过程之中，使学生亲身经历创建企业所需的收集相关资料以及创业各个环节，真正做到将课堂所学理论知识运用到现实经济生活中。通过前期调研、创业计划书的撰写和修改、作品展示、接受各级评委的评审和答辩等一系列环节，提高学生的决策能力、计划能力、组织能力、领导能力、执行能力、创新能力和团队合作能力。

（三）中国"互联网+"大学生创新创业大赛

1. 中国"互联网+"大学生创新创业大赛概况

中国"互联网+"大学生创新创业大赛，是由教育部与政府、各高校共同主办的一项技能大赛。大赛旨在深化高等教育综合改革，激发大学生的创造力，培养造就"大众创业、万众创新"的主力军；推动赛事成果转化，促进"互联网+"新业态形成，服务经济提质增效升级；以创新引领创业、创业带动就业，推动高校毕业生更高质量创业就业。自2015年首届大赛举办以来，已成功举办了七届大赛。

第一届中国"互联网+"大学生创新创业大赛以"'互联网+'成就梦想，创新创业开辟未来"为主题，于2015年在吉林大学成功举办，参赛项目主要包括"互联网+"传统产业、"互联网+"新业态、"互联网+"公共服务和"互联网+"技术支撑平台4种类型。首届"互联网+"大赛采用校级初赛、省级复赛、全国总决赛三级赛制。在校级初赛、省级复赛基础上，按照组委会配额择优遴选项目进入全国决赛。全国共产生300个团队入围全国总决赛，其中创意组100个团队，实践组200个团队。大赛共吸引了31个省份及新疆生产建设兵团1 878所高校的57 253支团队报名参加，提交项目作品36 508个，参与学生超过20万人，带动全国上百万大学生投入创新创业活动。从2020年第六届开始，中国"互联网+"大学生创新创业大赛更名为中国国际"互联网+"大学生创新创业大赛。

2. 中国国际"互联网+"大学生创新创业大赛的基本内容

下面以2022年第八届中国国际"互联网+"大学生创新创业大赛为例，介绍中国国际"互联网+"大学生创新创业大赛的基本内容。

（1）大赛主题

第八届中国国际"互联网+"大学生创新创业大赛的主题是"我敢闯，我会创"。

（2）总体目标

第八届中国国际"互联网+"大学生创新创业大赛的总体目标是：更中国、更国际、更教育、更全面、更创新，传承和弘扬红色基因，聚焦"五育"融合创新创业教育实践，激发青年学生创新创造热情，线上线下相融合，打造共建共享、融通中外的国际创新创业盛会，开启创新创业教育改革新征程。

——更中国。更深层次、更广范围体现红色基因传承，充分展现新发展阶段高水平创新创业教育的丰硕成果，集中展示新发展理念引领下创新创业人才培养的中国方案，提升高等教育新时代感召力。

——更国际。深化创新创业教育国际交流合作，汇聚全球知名高校、企业和创业者，服务以国内大循环为主体、国内国际双循环相互促进的新发展格局，搭建全球性创新创业竞赛平台，提升中国高等教育的影响力。

——更教育。落实立德树人根本任务，推动思想政治教育、专业教育与创新创业教育深度融合，弘扬劳动精神，加强学生创新实践能力培养，造就理想信念坚定、勇于创新创造的新时代青年奋斗者，提升高等教育新时代塑造力。

——更全面。鼓励各学段学生积极参赛，形成创新创业教育在高等教育、职业教育、基础教育、留学生教育等各类各学段的全覆盖，打通创新创业人才培养各环节，提升高等教育新时代引领力。

——更创新。丰富竞赛形式和内容，优化赛制选拔，改革赛事组织，激发全社会创新创业创造动能，促进高校创新成果转化应用，服务国家创新发展，提升高等教育新时代创造力。

（3）主要任务

一是以赛促教，探索人才培养新途径。全面推进高校课程思政建设，深入推进新工科、新医科、新农科、新文科建设，不断深化创新创业教育改革，引领各类学校人才培养范式深刻变革，形成新的人才培养质量观和质量标准，切实提高学生的创新精神、创业意识和创新创业能力。

二是以赛促学，培养创新创业生力军。服务构建新发展格局和高水平自立自强，激发学生的创造力，激励广大青年扎根中国大地了解国情民情，在创新创业中增长智慧才干，坚定执着追理想，实事求是闯新路，把激昂的青春梦融入伟大的中国梦，努力成长为德才兼备的有为人才。

三是以赛促创，搭建产教融合新平台。把教育融入经济社会发展，推动成果转化和产学研用融合，促进教育链、人才链与产业链、创新链有机衔接，以创新引领创业、以创业带动就业，推动形成高校毕业生更高质量创业就业的新局面。

（4）大赛内容

①主体赛事。包括高教主赛道、"青年红色筑梦之旅"赛道、职教赛道、萌芽赛道和产业命题赛道。

②"青年红色筑梦之旅"活动。

③同期活动。即"创撷硕果"——国际大学生创新创业成果展、"创联虹桥"——大赛优秀项目资源对接会、"创享未来"——"新工科、新医科、新农科、新文科"世界高等教育发展校长论坛。

（5）组织结构

①大赛由教育部、中央统战部、中央网络安全和信息化委员会办公室、国家发展改革委、工业和信息化部、人力资源社会保障部、农业农村部、中国科学院、中国工程院、国家知识产权局、国家乡村振兴局、共青团中央和重庆市人民政府共同主办，重庆大学承办。

②大赛设立组织委员会（以下简称大赛组委会），由教育部和重庆市人民政府主要负责同志担任主任、教育部和重庆市分管负责同志担任副主任、教育部高等教育司主要负责同志担任秘书长、有关部门（单位）负责同志作为成员，负责大赛的组织实施。

③大赛设立专家委员会，负责项目评审等工作。

④大赛设立纪律与监督委员会，负责对赛事组织、参赛项目评审、协办单位相关工作等进行监督，对违反大赛纪律的行为予以处理。

⑤大赛总决赛由中国建设银行冠名支持，各省级教育行政部门可积极争取中国建设银

行分支机构对省级赛事的赞助支持。

⑥各省级教育行政部门可成立相应的赛事机构,负责本地比赛的组织实施、项目评审和推荐等工作。

(6) 参赛要求

①参赛项目能够紧密结合经济社会各领域现实需求,充分体现高校在新工科、新医科、新农科、新文科建设方面取得的成果,培育新产品、新服务、新业态、新模式,促进制造业、农业、卫生、能源、环保、战略性新兴产业等产业转型升级,促进数字技术与教育、医疗、交通、金融、消费生活、文化传播等深度融合。

②参赛项目应弘扬正能量,践行社会主义核心价值观,真实、健康、合法。不得含有任何违反《中华人民共和国宪法》及其他法律法规的内容。所涉及的发明创造、专利技术、资源等必须拥有清晰合法的知识产权或物权。如有抄袭盗用他人成果、提供虚假材料等违反相关法律法规和违背大赛精神的行为,一经发现即刻丧失参赛资格、所获奖项等相关权利,并自负一切法律责任。

③参赛项目只能选择一个符合要求的赛道报名参赛,根据参赛团队负责人的学籍或学历确定参赛团队所代表的参赛学校,且代表的参赛学校具有唯一性。参赛团队须在报名系统中将项目所涉及的材料按时如实填写提交。已获本大赛往届总决赛各赛道金奖和银奖的项目,不可报名参加本届大赛。

④参赛人员(不含产业命题赛道参赛项目成员中的教师)年龄不超过35岁(1987年3月1日及以后出生)。

⑤各省级教育行政部门及各有关学校要严格开展参赛项目审查工作,确保参赛项目的合规性和真实性。审查主要包括参赛资格以及项目所涉及的科技成果、知识产权、财务状况、运营、荣誉奖项等方面。

(7) 比赛赛制

①大赛主要采用校级初赛、省级复赛、总决赛三级赛制(不含萌芽赛道以及国际参赛项目)。校级初赛由各院校负责组织,省级复赛由各地负责组织,总决赛由各地按照大赛组委会确定的配额择优遴选推荐项目。大赛组委会将综合考虑各地报名团队数(含邀请国际参赛项目数)、参赛院校数和创新创业教育工作情况等因素分配总决赛名额。

②大赛共产生3 500个项目入围总决赛(港澳台地区参赛名额单列),其中高教主赛道2 000个(国内项目1 500个、国际项目500个)、"青年红色筑梦之旅"赛道500个、职教赛道500个、萌芽赛道200个、产业命题赛道300个。

③高教主赛道每所高校入选总决赛项目总数不超过5个,"青年红色筑梦之旅"赛道、职教赛道每所院校入选总决赛项目各不超过3个。产业命题赛道每道命题每所院校入选项目总数不超过3个。萌芽赛道每所学校入选全国总决赛的项目总数不超过2个。

(8) 赛程安排

①参赛报名(2022年4—7月)。参赛团队通过登录全国大学生创业服务网(网址:cy.ncss.cn)或微信公众号(名称为"全国大学生创业服务网"或"中国互联网+大学生创新创业大赛")任一方式进行报名。在服务网"资料下载"板块可下载学生操作手册指导报名参赛,微信公众号可进行赛事咨询。各省级教育行政部门及各有关学校负责审核参赛对象资格。

报名系统开放时间为2022年4月15日,报名截止时间由各地根据复赛安排自行决定，但不得晚于 7 月 31 日。国际参赛项目通过全球青年创新领袖共同体促进会官网进行报名（网址：www.pilcchina.org），具体安排另行通知。

②初赛复赛（2022 年 6—8 月）。各地各学校登录 cy.ncss.cn/gl/login 进行大赛管理和信息查看。初赛复赛的比赛环节、评审方式等由各校、各地自行决定，赛事组织须符合本地新冠肺炎疫情常态化防控要求并制定应急预案。各地应在 8 月 15 日前完成省级复赛，并完成入围总决赛的项目遴选工作（推荐项目应有名次排序，供总决赛参考）。国际参赛项目的遴选推荐工作另行安排。

③总决赛（2022 年 10 月）。大赛设金奖、银奖、铜奖；另设省市组织奖、高校集体奖及若干单项奖。入围总决赛的项目将通过网评和会评，择优进入总决赛现场比赛，决出各类奖项。大赛组委会通过全国大学生创业服务网、国家 24365 大学生就业服务平台（https://www.ncss.cn/）为参赛团队提供项目展示、创业指导、人才招聘、资源对接等服务，各项目团队可登录上述网站查看相关信息，各地可利用网站提供的资源，为参赛团队做好服务。

本章小结

实践课程是工商管理专业培养方案的重要组成部分。通过实践课程学习，可以提高学生的认知与思维能力、操作与解决问题的能力、交往与社会活动的能力，提高学生分析问题和解决问题的能力，对发展学生的创新精神和实践能力、建构创新性人才培养体系具有十分重要的意义、作用和价值。

实践课程具有能力取向性、开放性、自主性、生成性、综合性等特点。

实践课程的培养目标体现在认知与思维能力、操作与解决问题的能力、交往与社会活动的能力等三个维度，具体可细分为收集处理信息的能力、自主获取知识的能力、创造性的思维能力、操作能力、解决问题的能力、规划能力、协调能力、交往能力、管理能力等多个方面。

实践课程的基本教学模式是"教师主导+学生主体+教师指导+学生自主学习、自主实践、自主反思"。

实践课程的主要内容包括课堂实践、实习实践、第二课堂等。课堂实践可以分为案例分析、专题调查、演讲展示、课程实验、沙盘模拟、课程设计等；实习实践一般包括认知实习和专业实习，专业实习又可分为销售管理实习、社会经济调查实习、生产管理实习、经营管理实习、毕业实习等；第二课堂可以分为科研学术类实践活动、创新创业类实践活动等。

复习思考题

1. 实践课程学习的意义有哪些？
2. 实践课程的特点有哪些？
3. 实践课程的培养目标有哪些？

4. 实践课程的基本教学模式是什么?
5. 实践课程的主要内容有哪些?
6. 学生在学习中应如何使用案例分析的方法?
7. 如何进行专题调查?
8. 学生在学习中应如何使用沙盘模拟的方法?
9. 经营管理实习的主要内容有哪些?
10. 如何开展毕业实习?
11. 科研学术类实践活动的具体形式有哪些?
12. 创新创业类实践活动有哪些?

第十三章 工商管理专业的学年论文与毕业论文

本章学习目标

通过本章学习,学生能说明工商管理专业的学年论文和毕业论文在整个培养计划中的重要作用,能复述学年论文和毕业论文的写作过程、写作方法和写作规范。

本章内容框架

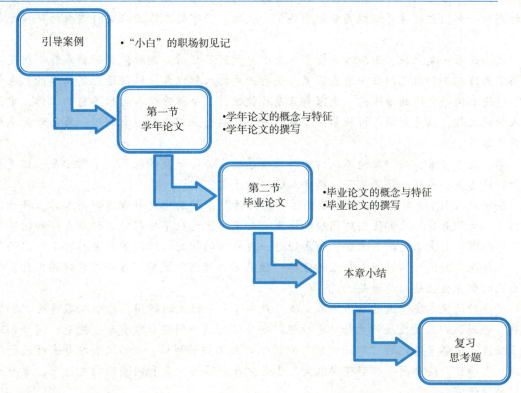

引导案例

"小白"的职场初见记

2018年,安宁就读于某大学工商管理专业,是一名刚步入大四的学生。按照学校的要求,从这个学期开始她就要写毕业论文了。虽然学校分配了相应的指导老师,且指导老师已经向自己大致交代了毕业论文的选题、基本框架与结构。可是她仍然觉得非常迷茫,不知道该从何处入手,不知道该如何开始。

在学校的时间只剩一年了,身边很多同学都已经决定好了考研继续深造还是毕业直接工作,安宁也不例外,她和室友历历很早就做了直接工作的打算,所以没有准备考研,而是参加了学校的招聘会。由于处于企业的秋季招聘期,所以很多企业都来学校办招聘会,安宁对这些企业进行了选择和取舍,每周定期去参加招聘会给相应的公司投递简历、参加面试。由于安宁每次面试之前,都要做很多的准备,所以一个月下来,安宁就同时获得了3家公司的offer。这3家公司所处行业不同,但安宁面试的岗位都跟人力资源有关。在对这3家公司的情况有了一定了解后,安宁选择了先去其中一家从事互联网业务的RN公司进行实习,通过实习加深对这家公司的了解,最后再决定是否转正留在这家公司。而历历选择了一家零售公司实习,两个人的实习生活就开始了。

第一天上班,安宁和历历早早起床打扮自己,打算美美地开启自己新的生活。安宁刚进入公司,说明自己来意,就有专人接待了她,并协助她办理了相关手续,领取了所需的电脑、鼠标等办公用品。除此之外,人力资源部的成员还举办了简单温馨的欢迎会,欢迎她的到来,部门里的哥哥姐姐还给她准备了小礼物。安宁的工作就在这样温馨的环境里展开了。

因为是第一天上班,历历特意提早半个小时就到了公司,期待能够好好表现。但是入职当天的情况却和自己想象中有点落差。没有正式的入职仪式,仅仅进行了简单的信息登记,也没有同事之间的亲近感,大家都只是礼貌性打了个招呼就各自忙各自的工作,更没有人带她工作,只是简单告诉她第一天熟悉一下公司企业文化和规章制度,历历对此感到非常失落。

第一天下班后,安宁就迫不及待和历历分享她在公司一天的经历,干劲十足,但是历历却情绪不高,感到迷茫又失落,两个人的心情千差万别。

安宁进入RN公司后,公司给她安排了"师傅"来帮助她更好地适应新工作,并且定期给实习生们开会,了解他们的问题和感受。安宁快速适应了公司的工作节奏,和同事们也日渐熟络,对未来充满了希望。历历经过一段时间的相处,对同事和公司有了一定的了解,但是很多时候历历只能以自己的理解"摸着石头过河"式地完成一些琐碎的工作,对于自己的职业生涯越来越迷茫。

这段时间里,安宁通过与历历的交流,产生了一个很大的疑问,每个人不同的"职场初见"会对他以后的发展产生什么影响呢?安宁认为这个问题非常有趣,先是和同事们进行了交流,了解了他们的"职场初见"对他们之后工作的影响,之后又和指导老师进行了沟通,老师认为这个问题很有现实意义,于是,在老师的指导和同事们的支持下,安宁开始了她的研究。

为了进一步了解不同的"职场初见"对员工工作的影响,安宁设计了一个调查问卷,从初入职场时的期待、感受、是否有心理落差、工作状态,以及对之后工作效率、工作满意度等方面对这个问题进行深入了解。随后，安宁通过对问卷数据的分析和研究，了解了员工"职场初见"对后续员工工作的影响。在获取了这些资料后，安宁开始了她的毕业论文的写作。在老师的指导下，她从介绍不同的"职场初见"开始，利用问卷得来的调查数据，进一步分析了其中的影响因素以及对员工工作效率的影响。最后，针对结果提出了一些对策建议。

对于这个研究结果，同事们看了之后都表示非常赞同，如果有的公司能根据这些对策建议对员工的"职场初见"进行重视，一定会有意想不到的结果。同时，安宁在当前研究上进行了理论的提升和完善，形成了最终的毕业论文。该篇论文由于选题有现实意义、基础调查翔实、分析思路清晰以及语言运用流畅而被评为了优秀毕业论文。

思考讨论题：
1. 从本案例可以窥视到毕业论文写作过程包括哪几个步骤？
2. 有人认为有了好的选题，论文就成功了一半，你对此有何评论？

第一节　学年论文

一、学年论文的概念与特征

（一）学年论文的概念

学年论文，是一种初级形态的学术论文。是指高等学校各个专业本科学生在教学计划规定的某一学期内，在教师指导下运用所学的课程理论知识以及研究方法对某一选定课题进行独立研究所完成的小论文。其撰写旨在培养学生综合运用所学的课程理论知识与研究方法解决实际问题的能力，在理论与实践结合的过程中巩固深化所学的专业理论知识，掌握调查研究与资料收集的基本方法与手段，熟悉学术论文的基本规范与写作方法，为后续撰写科研论文奠定坚实基础。

（二）学年论文的基本要求

1. 选题要求

学年论文的选题可以由学生自主选择，也可由指导教师指定，但必须遵守如下要求：

（1）选题要新颖

学术论文质量的高低、价值大小，很大程度上取决于选题是否新颖。所谓新颖，隐含3种含义：创新、更新、拓展。创立前人未曾发表的科学理论与观点，即为创新；对前人提出的科学理论与观点存在异议，并提出新的科学理论与观点进行否认与修正，即为更新；在前人研究的理论基础之上进行深化与丰富，即为拓展。学年论文选题不难，但是，要选准一个新颖的学术论文选题难度较大，可以采取以下方法：

①可以先看文献资料再选题。作为初学写作学术论文的大学生来说，对一个研究领域认识不足，思考不够，提出新的研究观点难度较大。所以，在选题之前，可以通过查阅大量相关领域的文献资料，了解前人的研究成果，之后进行创新、更新与拓展。

②可以从新视角研究旧话题。随着历史的发展、科技的进步、观念的改变及认识的深

化，后人对同一问题与前人有着不同的认识与理解，角度不同、方法不同，旧题也会有新意。当然，旧题新作仍要查阅大量的文献资料，知旧才可创新。

③可以延展旧话题。对于前人提出的具有学术价值与研究意义的课题，可以进行继续研究，对前人的研究成果进行深化与完善，这样的选题也具有新意。

(2) 选题要联系实际

科学研究的初衷就是帮助社会、服务社会。论文的选题必须立足于社会实践与科学研究发展的需要，必须有助于解决现实生活中存在的问题。当然，根据社会实际需要进行选题，并不意味着必须针对社会现实存在的问题进行展开研究，也可以进行基础研究和理论研究，为应用研究者提供理论、思想与分析工具的支撑。

(3) 选题要兼顾兴趣

兴趣在科学研究中也发挥着至关重要的作用。兴趣能够调动人的主观能动性，使人愿意做并且能够做好。当然，兼顾兴趣并不等于只顾兴趣，必须结合其他选题原则。

(4) 选题要结合主客观条件

论文选题还需要考虑是否具备完成研究任务的条件，主要包括两部分：一是有基本资料；二是有专业理论与研究方法。确定选题前，作者必须确定资料是否可获取；对研究背景是否了解充分；是否有扎实的理论基础；是否熟知所需研究的方法，由此才能顺利完成研究课题。

(5) 选题要大小适中

研究领域中需要解决的问题纷繁复杂，所有研究都不会面面俱到。尤其作为学术论文初学者，选题范围不宜太大，研究范围过大，一定讲不深入、不透彻，不能彻底解决问题，只是泛泛而谈。所以，选题宜小不宜大，从小题做起，一步步钻研，小题也能写出大文章。

2. 内容要求

内容包括三部分：论点、论据、论证（见图13-1）。论点，是论文提出的主要观点（结论），要通过大量研究、分析得到的。论据，是为了印证所提观点，通过调查、搜集、分析等科学研究工作所得到的事实、数据、理论等有关资料。论证是用论据来证明论点的过程。采用一定的基础理论以及研究方法对收集到的论据（数据资料等）进行逻辑推理与计算分析，证明所提观点正确与否的过程，这三部分完整的逻辑结构就形成了一篇学术论文，缺一不可。

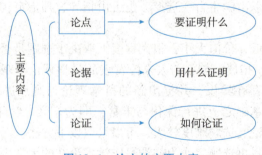

图13-1 论文的主要内容

3. 格式要求

格式一般是由学校（或院、系等）要求的，即由学校（或院、系等）制定统一的标准，学生严格按照学校格式书写论文即可。

二、学年论文的撰写

（一）学年论文的选题来源

学年论文作为高等院校要求学生在固定学期完成的学术论文，更注重检验学生对所学知识的综合运用。学年论文要求学生综合运用所学知识，通过资料的收集、整理与运用，进行论文写作训练，获得从事科学研究的初步能力。一般来说，学年论文的选题可以来源于以下3个方面：

（1）跟随指导教师研究方向选定难易适中的选题

现在很多学校的学生第一学期入学阶段就已经分配了指导老师，不少本科生在日常上课之余跟随指导老师完成一些课题项目，或就其感兴趣的问题进行一些基础性研究，进行学术训练。这部分学生在学年论文的选题中，就可以继续相关问题的研究，以使研究具有一定的连贯性。

（2）从自身参加的社会实践中寻找

理论来源于实践，想法也来源于实践。本科生在学校除了日常课程外，还有专业实习、社团活动、"三下乡"活动等实践活动，只要用心观察周围的事物，综合运用所学的理论知识去发现问题，并对这些问题进行深入思考，敢于质疑，就可能为学年论文选题指明方向。特别是在企业实习过程中，通过深入企业参与实际工作，借助实际的数据资料进行分析和研究，也是很好的选题方向。

（3）从自己感兴趣的专业课程中寻找

在专业课程的学习中，本科生一般对自己感兴趣的课程十分熟悉，这些专业课程在某种程度上反映了专业的历史演变、研究现状、学科和专业问题以及一些亟待解决的问题。如果学生对某门专业课感兴趣，可以通过阅读和研究相关文献资料，从中得到启迪，并确定题目。

（二）学年论文的材料来源

学年论文的写作，需要有大量的、有价值的材料，只有了解材料从何处而来，才能做好材料的收集工作。一般来说，材料收集可以分为直接材料收集和间接材料收集两种途径。

（1）直接材料的收集

观察是收集直接材料的一种重要途径。观察是指人们对客观事物感性认知的一种主动形式。为研究某一课题，有计划、有选择、能动地对自然状态下发生的某种特定过程或现象，做系统、细致的考察是完全必要的。为了进行有效的观察，要做到全面、系统、动态地观察事物，要不带主观框架或成见，客观地观察事物和现象，并细心准确地做好观察记录，边观察边思考，以收集论文写作过程所需的资料。

在学年论文的写作过程中，实地调查是收集材料的另外一个重要手段。实地调查是指置身于研究对象之中的考察，是对研究对象在不施加任何干预的条件下进行的观察活动。通过实地调查，可以获得大量的数据、实例、典型经验等相关材料。调查方式可以根据具体情况，采取多种多样的方式，如开会、访问、问卷等。采取何种方式进行调查，要根据调查的内容、对象、时间、条件等来决定。

（2）间接材料的收集

间接材料收集的方法主要是利用图书馆和互联网。高等院校的图书馆一般会购买各种各样的纸质版资料和电子版资料，是学生收集文献资料最主要的渠道。学生可以通过图书馆查找到的纸质资料类型主要有图书、期刊、报纸、会议文献、学位论文和其他类别文献。目前各类中外数据库急剧增加，内容包括自然科学、社会科学各专业，部分为免费使用，部分为有偿使用。学生还可以利用高校购买的数据资源库和报刊网站收集资料。常见的中文数据库包括：中国知网（https：//www.cnki.net）、万方数据知识服务平台（https：//www.wanfangdata.com.cn）、维普数据库（http：//www.cqvip.com）等。常见的外文数据库包括：Web of Science（http：//www.webofscience.com）、国道外文专题数据库（http：//v2017.specialsci.cn）等。通过互联网能够以最快的速度查找国内外比较新的资料，常见的网站搜索引擎和报刊网站有：百度（https：//www.baidu.com/）、百度学术（https：//xueshu.baidu.com/）、《人民日报》（http：//paper.people.com.cn）、《光明日报》（https：//www.gmw.cn）等。

（三）学年论文的写作分析

工商管理专业的培养目标是学生在具备系统的管理、经济、金融等知识的基础上，具有一定的创新意识和企业视角，能针对复杂的问题，运用科学方法进行分析研究，提出解决对策。当中，离不开文献研究、数据统计分析和撰写报告等能力的培养。学年论文是本科学生科学研究训练中课程论文、学年论文、毕业论文阶梯式训练体系的重要环节，其教学质量对培养学生的创新创业能力、分析与解决问题的能力、写作能力等具有非常重要的作用。

很多教师在指导学生撰写学年论文的过程中，发现学生的写作质量参差不齐，写作水平普遍不高，距离复合型管理人才的培养目标仍有不少差距。究其原因，主要有以下3点：

①学生思想不够重视，漠视学术道德规范。有些学生对学年论文的写作意义不了解，认为论文质量好坏不影响毕业和以后的工作，不愿意花时间和精力去写，且对学术道德规范存在着漠视，抄袭的现象时有发生。主要体现在开始写作学年论文时抄袭框架、写作学年论文主体部分抄袭内容，图标格式不规范、参考文献格式不规范，有的还存在伪造参考文献或注释、伪造分析数据等违背学术道德基本规范的问题。这些都会影响学生学术研究能力的提升，长此以往养成抄袭的习惯，更不利于未来职业的发展。

②学生收集资料的能力和写作能力有所欠缺。学校要求学生撰写学年论文，要查阅一定数量中外文献。但实际上，有些学生查阅和引用的文献非常少，从中凸显出来的不仅是学生搜集文献的能力较差，查阅和引用的文献数量不足，引用文献陈旧，而且学生对于收集到的资料不懂如何选择和运用，导致论文价值不高。再加之大部分同学进入大学之前，没有写学术论文的经历，更没有过论文写作的训练，使得一些学生的文字表达能力差，写作水平低，完成的学年论文逻辑思路不清晰，重点不突出，最终导致了学年论文质量不高。

③学生处理和分析数据的能力不强，专业知识应用不足。工商管理学专业的学生会在入学阶段对微积分、线性代数、概率论与数理统计、计量经济学等课程进行系统学习，以培养学生对数据的认知和分析能力。然而，目前学年论文写作中，学生对前述课程中学到

的数据分析能力应用不多，多以原始数据进行简单分析展示，缺乏对数据深入透彻的分析。除此之外，学生在分析问题过程中缺乏必要的理论分析框架和方法，对于组织中的一些管理问题，在学年论文的写作中仅仅基于自身的感触，而并没有很好利用理论分析框架，这样的论文往往停留在就事论事的层面，质量不高，达不到学年论文的训练目的。

第二节 毕业论文

一、毕业论文的概念与特征

（一）毕业论文概念与特点

1. 毕业论文概念

毕业论文属于学术论文的范畴，规格和要求与学术论文相同。所谓毕业论文是指高等院校应届毕业生为了完成学业，在老师的指导下按照学术论文标准，在规定的时间内利用所学专业领域的基础理论与研究方法针对某一研究问题进行研究分析，并独立完成的总结性文章。毕业论文能够体现出作者本人在研究过程中的心得体会，同时也能反映出作者本人科学研究的能力与学术水平。

2. 毕业论文的特点

①指导性。毕业论文是学生在教师指导之下独立完成的学术论文。毕业生在撰写学术论文的过程中，离不开教师的帮助与指导。在学生撰写毕业论文的过程中，教师要启发引导学生独立进行写作，注意发挥学生的主观能动性，帮助学生确立题目，引导学生进行参考书目、文献、研究数据等资料搜集，审定论文提纲，解答疑难问题，指导学生修改论文初稿等。因此，撰写毕业论文不能忽视导师的作用，要虚心向导师请教，刻苦钻研。

②习作性。高等院校要求毕业生撰写毕业论文的主要目的，一是通过利用所学专业知识独立进行科学研究工作，分析和解决问题，将知识转化为能力的实际训练；二是培养学生综合运用所学专业知识解决实际问题的能力，为将来从事科研工作撰写学术论文做准备。所以，毕业论文实际上是一种习作性的学术论文。

③层次性。毕业论文虽属学术论文范畴，但尚处于浅层次的学术论文。因为大多数毕业生存在缺乏写作经验与技巧、对所在专业领域研究了解不全面、写作时间较短等问题，很难达到高质量学术论文的要求。

④专业性。每一学科门类的毕业论文都存在一定的专业性。比如，工商管理类毕业论文，必须运用专业领域中的管理研究方法及研究理论对组织中存在的管理问题进行分析研究，探究解决方案。这些充分体现出工商管理类毕业论文有着鲜明的专业性。

⑤规范性。毕业论文是应届毕业生必须完成的教学环节，为了规范学校毕业论文工作，全面提高毕业论文质量，每一所学校都会出台相应的管理工作办法，阐明毕业论文写作注意事项以及规范标准，学生必须严格遵守，熟练运用。

⑥创新性。科学研究的价值很大部分在于它的创新性。工商管理类毕业论文，就是从现代社会发展需要、企业组织发展需要中发现需要解决的管理问题，运用管理学的理论以及研究方法，提出解决问题的新思路与新方法，以解决实际问题。

⑦学术性。论文不是小说、讲义或者科普文章，它通常从研究问题出发，以学术见解为核心内容，是对存在物及其规律的学科化论证。论文内容不能够止于教科书、科普知识和宣传材料，必须具有鲜明的学术观点。

⑧逻辑性。论文不是散文、随感，它必须具有缜密的逻辑性。逻辑性能够赋予论文使人信服的力量。好的论文应具有严密的结构和强有力的语言逻辑。

⑨方法性。论文不是总结、体会，它必须以科学的研究和分析方法为支撑。写论文的前提是做研究，而做研究需要科学的方法论指导。研究方法决定着论文的科学性和结论的可推广性，是论文质量的关键。

（二）毕业论文写作的意义

1. 毕业论文写作是对学生知识与能力的考核

毕业论文是应届毕业生获得学位必须提交的考核材料，是对学生在校期间所学的专业知识与专业技能掌握情况的全面考核。即考核学生掌握知识的深度与广度；考核是否能够运用所学专业知识发现问题、分析问题、解决问题。

2. 毕业论文写作是对学生科学研究能力的训练

毕业论文的完成，每一步都需要学生在指导老师的引导之下独立完成，是一次系统的、全面的科研实践机会。在实践的过程中，能够加深和巩固学生所学的专业知识与技能，培养学生将专业知识转化为分析问题与解决问题的能力；帮助学生掌握科学研究的基本流程与注意事项；培养学生科学研究的志趣。

3. 毕业论文写作是对学生写作与表达能力的提升

毕业论文必须具有逻辑性与可读性。撰写毕业论文的过程就是对写作思维与写作能力的训练。

4. 优秀的毕业论文能为社会经济发展做出贡献

进行科学研究的意义就在于解决社会存在的问题。工商管理类专业的毕业生选题大都是围绕管理领域存在的现实问题展开研究。一些优秀的、高质量的毕业论文可能就会为政府、企业等组织提供决策依据以及解决对策。

（三）撰写毕业论文的原则及基本要求

1. 理论扎实，切合实际

工商管理类专业的毕业论文就是综合运用管理学科领域中的前沿理论和规范方法，对管理实践领域中的问题进行分析与解决。所以，毕业生在选题时，要抓准管理实践上具有普遍意义的问题，密切关注经济社会发展过程中出现的新问题、新情况，深入实际进行调查取证，获取丰富的研究资料，在实际问题中提炼出可能产生创新观点的问题，并展开研究；要将理论与实际相结合，充分发挥管理理论的科学性，运用理论指导实践，解决实际问题。

2. 立论科学，观点创新

毕业论文的科学性主要体现在其论点能客观真实地反映事物的发展规律。一篇毕业论文的论点不是作者的主观臆断，而是在查阅大量的文献资料、了解和掌握丰富的事实与材料的基础上进行调查分析和研究提炼出来的；但是，论点不是前人观点的重复，而是对前人观点的反驳；或是对前人观点的拓展；又或是与前人不同的研究视角，这样才能体现出这项研究的意义所在。

3. 论据真实，论证缜密

毕业论文属于学术论文的一部分，有着学术论文所具有的科学性与严谨性。论点是作者提出的个人独到见解，要想让别人信服自己的观点，必须呈现大量事实依据支撑自身观点。论据作为文章论点的证明材料，必须数量合理，质量可靠。

论证是利用论据证明观点的方法与过程。论证的过程就是阐明论据为什么能够支撑论点，使其论据更具有说服力，使文章更具有可读性。所以，论证的过程必须要严密，富有逻辑性。

4. 内容全面，格式规范

毕业论文的主要内容包括论点、论据、论证过程。按照此种构思模式展开，毕业论文由绪论、本论、结论三大部分组成。具体包括标题、作者、摘要、关键词、引言、正文、结论、参考文献、附录部分。完整的毕业论文必须包含以上几部分。

毕业论文的格式要求每所院校都不尽相同，学生严格按照自己所在院校的标准完成即可。

二、毕业论文的撰写

（一）毕业论文写作过程概述

毕业论文写作过程是指在作者构思基本完成之后，运用书面语言，把研究过程、研究发现、结果、主要观点与结论等按照论文的格式和要求写成文章的过程。写作过程是成果的基础和前提，通过规范的写作过程促进写作成果的提升与发展。毕业论文的写作过程主要包括论文选题、数据收集与文献检索、确定研究方法、撰写开题报告、编写论文提纲、撰写论文初稿、论文修改与定稿。论文撰写流程如图13-2所示。

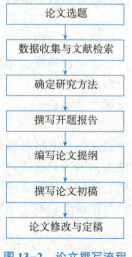

图13-2 论文撰写流程

(二) 毕业论文的选题

1. 毕业论文选题的重要意义

选题作为毕业论文写作的第一步，是很重要的一步。选题是否合理，直接关系到毕业论文的质量以及价值，直接影响该项研究是否具有研究意义。

(1) 选题确保毕业论文能否顺利完成

选题是对研究主题及焦点的选择，后续研究针对其主题展开。选题要切合实际，一是作者可以深入实际获取真实详尽的研究资料，为后续研究奠定坚实基础；二是确定具体研究的方向与角度，分析其研究的可行性；三是选题必须基于自身熟知的理论与研究方法，确保研究能有序进行并顺利完成。

(2) 选题决定了论文的质量水平

科学研究的意义在于解决实际问题。选题作为科学研究的第一步起着至关重要的作用。选题的过程并不是简单地确定一个题目，而是形成毕业论文初步观点的过程。论文质量的高低，取决于论文的研究角度、研究问题以及持有的观点是否具有新颖性。选题有意义，写出的学术论文才有价值。

(3) 选题能够提高学生科研能力

选题的过程并不简单。毕业生在确定一个选题之前，必须查阅大量的文献资料，了解前人的研究成果，在此基础上进行创新、更新与拓展。这一过程中，毕业生必须具备文献搜集、整理、筛选与分析的能力，并结合自身专业领域中的相关理论提出新问题，产生新观点，对从事科学研究的能力进行了初步的锻炼与提高。

2. 毕业论文选题的原则

正确恰当地选题，首先要明确选题应遵循的基本原则。

(1) 可行性原则

所谓可行性，是指论证能被研究的现实可能性。即充分考虑论题的难易程度、工作量、一定时间内获得成果的可能性。毕业生要根据自己的专业优势、兴趣爱好，综合考虑自己的实际研究能力、资料累积情况、可能争取到的研究条件等去选题。

(2) 创新性原则

毕业论文成功与否，质量高低，价值大小，很大程度上取决于文章的创新性。创新性体现在作者发现新问题、提出新观点、尝试新角度。充分了解前人的研究成果，并在此基础上有所突破，一是选择前人没有探索过的新领域；二是对前人研究成果的反驳；三是对前人研究成果的延续，力求做到新发现、新创造。

(3) 专业性原则

进行毕业论文写作的目的与要求就是要全面地考查学生专业知识运用能力、综合性的解决问题能力和独立性的创新思维能力，因为只有选择了本专业的论题进行写作才可能促使学生更好地掌握本专业知识，提高专业知识的综合应用能力。除此以外，在有限的写作时间内，跨专业领域完成毕业论文的写作难度较高，坚持选题专业性原则是顺利完成毕业论文的基础。

(4) 实用性原则

所谓实用性，即所选研究主题应能解决现实生活或学术研究领域中的实际问题，即具有现实意义和研究价值。例如，工商管理类专业的学生可以选择企业或其他组织中有关管理的热点问题作为研究对象。

3. 毕业论文选题的途径与方法

（1）从社会实践中寻找

社会实践是人们永恒的科研源泉，是形成和确认毕业论文选题的一条重要途径。高校学生要有一定的社会实践经验，只要注意观察周围的事物，做有心人随时都可能发现新课题。一个人要想在研究方面取得成果，在论文方面获得成功，除了要有理想的知识广度，还要有认识问题的深度。只要对某一领域的问题经常进行深入思考，敢于质疑，不断探索，就有可能写出见地深刻的好论文。

（2）从文献资料中寻找

在阅读和研究大量资料的基础上继承和发展前人的成果，丰富自身的科学知识，并进行积极的思考，这不但可以从中获得启迪，发现问题并找到所需要的课题；还可以在深刻理解资料的基础上发现并选取尚未解决的前沿课题，深入了解现阶段的研究达到了什么程度，哪些问题尚未得到解决，本领域发展的新动向、新问题。资料了解程度越深，越有可能产生出新颖、独创的选题。

（3）从自己感兴趣的课程中去寻找

学生在进行一项研究时，必须同时具备两种能力：一是能够完成；二是愿意完成。学生可以选择自己感兴趣的研究方向进行研究，这样能充分激发和调动学生从事课题研究的积极性、主动性和创新性。

（4）从热门话题和社会普遍关注的焦点问题出发

热门话题与焦点问题的研究和解决具有很大的现实意义。热门话题或社会普遍关注的焦点问题的资料很多，前人的研究成果颇多，也可以通过实地调查法获取一手资料，方便论文写作；或者学生可以通过参加国际、全国或地区的专业研讨会获取最新的消息，了解专家学者们最近在从事哪些研究，有什么新的观点与发现，通过聆听会议主要内容与专家们的讨论，可以充分了解同一领域内的热点问题与前沿问题。

（5）跟随指导老师研究的课题方向进行选题

在本科阶段，从事科研活动的学生较少。但是，每位学生都有毕业论文的指导老师，每位指导老师都有一定的研究方向，并且在该研究方向上有一定的研究积累，对该研究领域有着充分了解。所以，研究选题可以跟导师研究方向保持一致，以便获得导师的支持与指导，顺利完成毕业论文。

（三）毕业论文资料的获取与整理

1. 文献检索方法与选用

常用的文献检索方法有以下几种：

（1）直接法

直接法是指直接利用检索系统（或工具）检索文献信息的办法。通常可以通过在检索系统中搜索主题、标题、关键词、作者等方式进行搜索。

（2）顺查法

顺查法是指按照时间顺序，由远及近地利用检索系统进行文献信息检索的方法。这一方法能系统地收集到某一主题的文献，适用于较大课题的文献检索。比如已知某个课题的起始年份，需要了解其发展的全过程，就可以用顺查法从最初的年代开始查找。

（3）倒查法

倒查法是由近及远，按照时间逆序利用检索工具进行文献检索的方法。使用这种方法可以最快地获得最新资料。

（4）抽查法

抽查法是指针对项目或主题的特点，选择有关该项目和主题的文献信息最可能出现或最多出现的时间段，利用检索工具进行重点检索的方法。

（5）追溯法

追溯法是利用已有学术论文后面所列的参考文献进行追溯，查找到参考文献的原文。追溯法可以循环使用，这样就可以依据文献间的引用关系，获得更多的、更有效的检索结果。对参考文献中与研究主题相关的文献进行追溯和研读，可以顺藤摸瓜，可以快速、准确地扩大文献范围。特别是对外文文献不太熟悉的同学，追溯法是查找外文文献一个十分有效的办法。

（6）循环法

循环法是直接法和追溯法交替使用的结果，可以将以上两种方法相互配合，取长补短，获得更好的检索结果。具体的方法是：先利用检索工具查出一定时期内的一批有用文献，然后利用这些文献后面所列的参考文献，以追溯法查出前一时期内的文献，如此循环交替地使用上述两种查找方法，直到获得充足的文献资料为止。

2. 文献筛选与阅读

（1）文献筛选

在毕业论文写作过程中，面对海量的文献资料，只有快速、严格地对资料进行筛选才能真正利用好文献。通常，可以利用好以下几项筛选原则，提高文献筛选效率。

①适用性。适用性是文献资料选用的前提和基础，如果检索所得文献与自己毕业论文论点的论证相左、相悖或毫无意义，不具有很强的说服力，就必须坚决舍弃。论文不是无关资料的堆砌，不能使用各种资料进行简单拼凑，要看文献中的方法是否合适，结果是否完整，结论是否可靠。

②典型性。要想论文具有说服力，选用的文献资料需要具有典型性。尽量阅读高级别期刊发表的文献，也可以根据期刊的影响因子进行判断，以及引用率高的文献，并优先选读在该领域学术影响力大的作者的文章。

③先进性。先进性主要指文献的新颖性。一般从文献发表的时间来判断文献内容是否新颖。但最主要的是看文章中是否有新理论、新观点。

（2）文献阅读

搜索到的文献进行初步鉴别和筛选后，需要进一步地研读。研读过程中可以利用以下几点小技巧，提高阅读效率：

①文献阅读初期可以选择几篇文献综述进行研读。文献综述中包含了当前研究主题的研究背景、研究现状、研究成果、主要学术观点、目前争论的焦点等，有较强的深度和广度，能够使学生在短时间内对某一领域有较多的理解。此外，文献综述后列有较多该领域的参考文献，给学者查找文献提供了线索。

②阅读某一篇文献时，可以采用先通读后精读的方法。通读过程中快速浏览标题、关键词以及重点内容，大致了解文章的思路、过程和结论，以此来判断该篇文献对自己毕业论文的借鉴作用。精读则需要仔细阅读、充分理解文章中的关键问题、解决思路、解决方法及创新之处，由此来得到启发和帮助毕业论文的撰写。

③关注经典文献的参考文献。精读一篇文章后要关注其参考文献以及从事该研究的同行学者，从中了解该领域的核心作者、主要期刊，进一步阅读经典文献，追踪最新研究成果，拓展研究视野。

3. 文献管理

毕业论文写作过程中，会检索和收集大量相关文献。对这些文献进行有效管理就需要用到一些相应的文献管理软件。文献管理软件可以帮助学生记录、组织、调阅相关文献，大大提高文献管理的效率。以下是两种常用的文献管理软件。

（1）NoteExpress

NoteExpress 是由北京爱琴海软件公司开发的，是常见的文献管理软件，其核心功能涵盖知识管理的所有环节，可以帮助用户搜索、下载、管理文献资料，提高论文写作效率。

NoteExpress 可以直接检索在线数据库，并通过题录信息在线下载全文，经由多种方式导入题录，建立文件夹对文献进行归类，也可以为正在阅读的题录添加笔记，把笔记和题录通过链接关联起来，方便以后阅读。该软件可以嵌入 MS Word 环境中使用，在使用 Word 中直接插入题录信息并自动生成、输出符合各种期刊格式要求的中外文参考文献列表。

（2）EndNote

EndNote 是汤森路透公司的官方文献管理软件，支持国际期刊的参考文献格式有 3776 种，写作模板几百种，涵盖各个领域。能与上千种数据库连接，提供通用的检索方式，提高文献的检索效率。

EndNote 可以按照项目建立自己的数据库，能够管理的数据库没有上限，至少能管理数十万条参考文献，并随时检索自己收集到的所有文献，准确调阅出需要的 PDF 全文、图片、表格，随时更新、编辑。同时，EndNote 快捷工具嵌入 Word 编辑器中，可以很方便地将重要文献自动按照期刊要求的格式，放在正在撰写论文的参考文献处，也可以设定各种期刊的投稿模式及相应的参考文献格式。在转投其他期刊时，学者只需要简单操作，就能将其转换成其他期刊的格式，十分方便。

（四）毕业论文研究方法

毕业论文写作的过程实际上就是信息收集、整理、加工的过程，同时也是知识生产和创造的过程。一般来说，论文质量高低取决于研究的质量，因此，在毕业论文的写作过程中必须注意研究方法的运用。

1. 研究方法概述

研究方法是指在研究中发现新现象、新事物或提出新理论、新观点，揭示事物内在规律的工具和手段。它是在人们从事科学研究过程中不断总结、提炼出来的。同一个研究问题，可以采用不同的研究方法开展研究。

(1)"量"与"质"的区别

一般来说,客观存在的一切事物都具有"量"和"质"的两种规定性,两者构成了科学研究的两个取向或两个侧重点。其中"量"的研究,即定量研究是一种对事物可以量化的部分进行测量和分析,以检验研究者有关理论假设的研究方法。其有一套完备的操作技术,包括抽样方法、资料收集方法、数据统计方法等,正是通过这种测量、计算和分析,以求达到对事物"本质"的把握。"质"的研究即定性研究则是在自然情境下,通过研究者和被研究者之间的互动,对研究对象进行长期深入细致的体验,然后对事物的"质"产生一个整体性的解释和理解。

(2)具体的研究方法和技术

具体的研究方法和技术是指在研究过程中所使用的各种资料收集方法、资料分析方法,以及各种特定的操作程序和技术。在毕业论文写作的各个阶段,可综合使用具体研究方法和技术。如在毕业论文文献综述和开题报告撰写阶段,可使用文献法;在资料收集和分析阶段可使用文献法、问卷法、访谈法等;在论文正文撰写阶段,可综合使用案例分析法、实验法、观察法、数据统计分析法、定性资料分析法等。研究方法的选择可以根据自身研究问题、研究进度、研究者个人能力等来进行选择。

2. 文献研究法

文献研究法主要指搜集、鉴别、整理文献,并通过对文献的研究形成对事实的科学认识。学者们只有通过文献研究,才能掌握该领域的研究动态、前沿进展,并了解研究现状、前人已取得的成果、发展趋势以及研究的不足,一般来说包括以下五个环节:

(1)提出研究主题

在开始文献检索之前,需要先确定一个研究主题,之后检索的论文都需要与该研究主题相关。

(2)研究设计

为了避免在研究过程中出现盲目性或随意性,文献研究也和其他研究一样做好研究计划的拟定工作。通过研究设计将研究主题之下的内容设计成具体的、可操作的、可以重复的文献研究活动,可以提高文献研究的效率。

(3)收集文献

文献资料的收集是文献研究的重要一环,为了更有效率、更全面地收集所需的文献资料,研究者应该从多渠道收集资料。通过文献数据库进行文献检索、用互联网数据资源库和报刊网站进行资料搜索是收集文献资料的常用方法,也可以利用参考文献,对文献资料进行拓展,不断丰富相关文献。

(4)整理文献

一般来说,由于收集到文献资料时间有先后,其来源渠道多种多样,且很多文献都是零碎的且无序的,这就需要对文献资料进行集中的整理和加工。文献收集和文献整理可以同时进行,通过浏览标题、目录和摘要快速对收集到的文献进行去粗取精,并对保留下来的文献资料进行分类编排,可以编制题录索引或目录索引,将"无序"变为"有序",从"零散"变为"系统",是文献材料条理化和系统化,从而供写作时使用。

(5)进行文献综述

进行文献整理过后,要对保留下来的文献进行阅读、描述和分析,运用分析和综合、比较与分类、归纳与演绎等定性分析方法对研究资料进行思维加工，解释各种现象，揭示各种规律。同时运用定量分析方法，从量的角度进行量化分析，在纷繁复杂的数据中寻求研究对象的特征和规律。常用的对资料进行定量分析的统计分析软件有 Citespace、Excel、SPSS、Stata 等。并根据文献分析的结果写出文献研究综述或研究报告，对一定时期内某个学科的研究成果和进展进行系统、全面的叙述和评价。

3. 访谈法

访谈法是通过与受访人面对面地交谈来收集资料，以准确地说明样本所要代表的总体的一种方式。尤其是在研究比较复杂的问题时需要向不同类型的人了解不同类型的材料。为了保证访谈的有效性，实施访谈时需要按照一定程序进行。一般来说访谈大体上可以分为以下三个阶段：

①在访谈开始之前，准备工作主要包括：确定访谈方法和受访者、确定访谈时间和地点以及设计访谈提纲。

②在访谈阶段，访谈员应采取恰当的提问方式对受访者进行提问，并根据访谈时机进行追问。除了提问之外，访谈员也要认真倾听对方，真正地理解对方，并捕捉需要追问的问题。在倾听过后要及时、准确地回应受访者，这样有利于维持访谈的良好氛围，有助于访谈的成功。

③访谈员与受访者就所有相关问题进行交谈完毕后，就可在良好的气氛下结束访谈。同时访谈员还需要重申自愿原则和保密原则，对受访者表示真诚的感谢。

4. 案例研究法

案例研究是指专注于对某一个体、某一群体或某一组织在较长时间里进行具体而系统的连续调查。它要求对研究对象的来龙去脉、前因后果等方面做尽可能翔实的描述，从研究对象自身的展开中显露事物之所以如此的固有机理。一般来说，案例研究分为以下 5 个步骤：

（1）案例研究设计

在这一阶段，研究者的主要任务是确定需要研究的问题。研究者通过搜集整理数据能得到指向这些问题的证据，并最终为案例研究得出结论。通过对以前相关研究资料的审查，可提炼出更有意义和更有洞察力的问题。

（2）选择案例

完成案例研究设计以后，研究者的主要任务是界定分析单位，确定要研究的案例以及设计案例研究的形式。案例选择的标准与研究的对象和研究要回答的问题有关，它确定了什么样的属性能为案例研究带来有意义的数据。如果研究问题是针对少数特别变量进行比较，应该增加案例的数量，如果研究问题是分析复杂结构中的内部依赖变量时，应该对一个案例进行深入设计。

（3）收集数据

在案例研究中，数据收集的方法大部分是定性的，只有少部分是定量的收集办法。具体的收集方法包括文献资料、访谈法、档案记录和实物资料。在选择数据收集方法时，研究者要综合比较各种数据收集方法的优缺点，并针对研究实际选择合适的方法。

（4）分析资料

资料分析包括检视、分类、列表或者使用其他方式重组证据，以探寻研究初始的命题。数据分析与数据收集可以同步进行。确定研究目的之后，每一份数据收集和分析都会产生一定的发现和一些临时的假设，这些发现和假设进一步对下一个阶段的数据收集产生指导作用。整个研究就在这样的循环过程中进行，不断提供新的数据和发现，使得研究的问题不断得到提炼，研究得以不断地完善。

（5）撰写报告

案例研究的成果以文章、书籍或研究报告等方式表现出来。案例研究的目的可以使给一个案例、事件"绘制肖像"，但更重要的是得出分析性归纳结果，或简历理论模型，做出深层次的理论分析。但是需要注意的是，在撰写报告时要保持客观的立场，并保持论据和案例线索的清晰。

5. 问卷调查法

问卷是指一份事先拟定好，由被调查者作答的问题列表。问卷调查法是根据研究的目的和要求，制定问卷，通过书面语言与被调查者进行交流，来搜集对象关于问题或现象的信息和资料的方法。完整的问卷调查一般涉及以下五个步骤：

（1）调查准备

调查准备是指在问卷设计和调查实施开始之前，调查者首先要明确调查问题、要调查的对象、划定调查的范围以及确定所需的资料。

（2）问卷设计

问卷设计是依据调查的目的，将所需了解的内容以一定的格式和顺序进行排列，形成调查问卷的过程。通常包括前言、个人特征资料、事实性问题和态度性问题四个基本部分。

（3）调查实施

调查实施是将设计好的问卷向特定选定的调查对象发放，并通过回收问卷来收集所需资料。需要注意的是完成问卷设计进行发放之前，最好能在小范围内进行一次试测，通过试测的反馈来检查问题是否能被调查者理解，所列举的限制性答案是否完善。

（4）资料整理

资料整理是指调查者将回收的原始问卷资料进行加工的过程，被调查者在填写试卷时，可能由于不了解问题、不知道答案等原因，而使得一些题项答案空白，调查者应该根据具体情况重新发放问卷或将该份问卷剔除，以增加效度。

（5）撰写报告

对原始资料进行分析和处理之后，调查者归纳和总结调查结果，并通过文书将调研结论表述出来的过程，就是撰写报告的过程。

（五）毕业论文的写作与修改

1. 撰写开题报告

（1）开题报告的概念

开题报告是学生完成文献调研、确定选题方向后，在初步研究的基础上撰写的报请指导教师和指导委员会（小组）批准的选题、写作计划。它主要说明该选题为什么要进行研究，具备的研究条件及如何开展研究等问题，初步规定了选题的具体研究内容、步骤和工作方案，是对选题所进行的论证和设计。

(2) 开题报告的内容

开题报告主要就是围绕课题研究的主要内容展开论述。每所高等学校对于开题报告主要内容的要求稍有差别,但大都包括以下内容:选题名称、选题的目的及意义、本选题的国内外研究现状的文献综述、主要研究内容和预期结果、研究工作进展安排、参考文献等。以某高校开题报告为例,如图 13-3 所示。

本科毕业论文(设计)

开题报告

论文题目:_____
姓　　名:_____
学　　号:_____
班　　级:____×班_____
专　　业:____××××××____
学　　院:____××××学院____
指导教师:____×××教授_____
完成时间:__20××年×月×日__

选题背景和意义:
国内外研究状况:(文献综述,不少于2000字)
论文结构与主要内容(包括实验设计):
论文研究方法:
论文工作总体日程安排:
指导教师意见: 签字:　　　　年　月　日
开题报告会专家组意见: 组长签字:　　　年　月　日

图 13-3　本科毕业论文开题报告示例

(3) 开题报告写作方法

在开题报告中,需要提出选题和研究问题,明确选题的目的和意义;重视主流文献的阅读与整理;明确研究的具体目标;对论文的研究方法进行详细说明。

①选题名称。即所要完成的毕业论文的题目,简明扼要地反映出论文的基本思想;能让读者快速明白这篇文章要研究什么,是对本研究的核心进行高度凝练。一般字数不超过 20 字。

②选题的目的及意义。这一部分中作者需要清楚地阐明自己所研究问题的目的及意义,即说明为什么要研究这一问题;阐明这一问题研究的学术价值所在。

③文献综述。文献综述是对前人在该领域中的研究成果进行梳理。科学研究不是简单的重复,要有所突破与创新,就必须充分了解前人的研究成果。了解前人在该领域中的研究进行到何种程度?运用什么样的研究方法?前人提出了怎样的观点?解决了哪些问题?还存在什么不足?这一步在科学研究中起着至关重要的作用,是突破常规、大胆创新的基础。

④主要研究内容。研究内容也就是本文主要研究的问题包括哪些,每一个问题是如何

解决的，需要运用什么研究数据以及研究方法。即论文应该包括的三个主要内容：论点、论据、论证方法与过程。在主要内容中，作者会对研究问题提出个人的基本观点与看法；搜集详尽的研究数据，选定研究方法对论据进行分析，从而证明其观点。

⑤预期结果。在详细进行了主要内容的阐述后，研究人员应该对预期的研究结果做出陈述。一是说明预期结果存在一定的风险性，即最终的研究结果与预期研究结果不一致；二是阐明研究结果与预期结果一致时，它所具有的现实意义。

⑥研究工作进展。为了使研究能够顺利进行并完成，作者应该根据自己的研究制订较详细的工作计划。工作计划中要包括两部分内容，即对研究过程分解成若干个任务，并确定每个任务完成的先后顺序；大致估算完成每一项任务所需要的时间。

⑦参考文献。作者在开题报告中详尽地列出所参考的所有文献。参考文献是指导教师确定研究选题是否新颖、是否有意义的重要依据，通过参考文献能判断作者对该领域的了解是否全面。

2. 拟定论文提纲

提纲的编写是进一步完善论文构思的过程。提纲是论文写作的蓝图，是全篇论文的框架结构。编写论文提纲的过程，就是厘清思路、形成粗线条的论文逻辑体系、构建论文框架的过程。按照编写好的提纲来展开文章结构，是组织写好文章的一种有效方法。

（1）编写论文提纲的重要性

毕业论文的写作需要用大量的资料，对较多的层次、严密的逻辑推理展开论述，是一项复杂烦琐的任务。所以，编写论文提纲就非常重要，一个可行和严谨的论文写作提纲，可以帮助作者理清写作思路，整理相关资料，使论文写作有条不紊地进行。编写论文提纲的重要性主要体现在以下几方面：

①可以构建论文框架。在毕业论文写作之前，必须根据主题对论文有一个清楚的整体构思，理清本文要研究什么问题，通过什么样的论证方式依据论据对论点进行解释说明，对文章整体脉络进行梳理，从而使作者在行文的过程中有效率、有顺序、高质量地顺利完成毕业论文。

②理顺写作思路。编写写作提纲，不是一蹴而就的事，它要考虑各个方面的因素，可以把零散的、朦胧的观点和材料明确化、系统化，使其有机地结合起来，从而使思路明确、畅达连贯。同时根据提纲行文，随着文思的畅流以及思路的深化，作者可能会有新的见解、新的发现，使原来的设想和观点得到修正和补充。

③谋划论文布局。提纲确定之后，写作就可以做到心中有数、有所遵循，使写作内容处于可控状态和预期之中。同时也有利于随时调整和修改，一般从论文的写作提纲中就可以判断整篇论文的结构是否完整，逻辑是否严密，段与段之间的联系是否紧密，从而避免出现不必要的返工，浪费时间与精力。

④灵活安排写作流程。论文有了提纲后，作者就可以根据自己的实际情况安排写作流程与方法，灵活安排与调整各部分的写作时间。可以不按从头到尾的自然顺序来写，而可以先写论文的主体部分，再写论文的开头与结尾；也可以先写论文的任何一部分，再写其他部分，最后组合而成，具体做法，因人而异。

（2）提纲的编写

论文提纲可以根据个人的研究过程进行编写，由小到大、由粗到细。提纲中应包括：

主要论点、论点所需论据、如何运用论据论证论点。按照这种方式将论文的基本框架搭建好后，再对其具体内容进行仔细推敲与修改，顺序如何安排更能体现出逻辑性，各部分过渡是否自然。一般常用的逻辑框架为三段论式提纲，如图13-4所示。

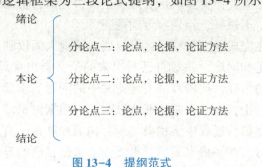

图13-4　提纲范式

3. 撰写论文初稿

编写完论文提纲后，即可进入论文的起草工作。毕业论文初稿的起草是开始撰写论文正文的第一个环节，是论文写作最重要的一项工作，也是论文写作过程中最艰苦的工作阶段。

（1）准备工作

为了确保撰写初稿的工作顺利进行，在开始之前要做好相关准备工作。首先要就自己毕业论文的选题与老师进行沟通与审查，确认选题能够反映专业培养目标、理论有研究价值及现实意义，选题的深度和广度恰当，以及选题符合自己的写作能力和时间要求。并对自己积累的相关资料进行初步整理，按照自己论文选题和能力确定论文类型。

（2）论文初稿的写作

论文初稿的写作需要花费大量的时间和精力，在写作过程中可以采用一定的写作方法，来保证论文的顺利完成。

①严格顺序法。按照拟定的毕业论文提纲顺序，从前到后开始写。这种方法符合一般人的写作习惯，也是论文写作最常用的写作方法，先提出问题，再分析问题，最后解决问题，顺理成章。

②打破顺序法。由于毕业论文的篇幅较长，学生对各个部分的熟悉程度不一，这时候可以打破提纲顺序，分段完成。学生可以先从最熟悉的内容开始动笔，先完成该部分内容的写作，其余内容在查阅更多资料、有了更多理解之后再进行写作。全文完成后，再进行前后对照检查，使前后文风保持一致，各个部分之间衔接紧凑、自然。

③重点突破法。这种方法是先从论文的核心章节开始写作，学生可以根据自己的构思，根据提纲的各个章节分解出主次，按照主次关系分别写作，最后组合完成全文。

以上3种方法是初稿写作的基本方法，每个人可以根据自己的思维和写作习惯去选择。写作没有完全的模板，只有通过反复的写作实践，才能总结出适合自己风格的一套写作方法，并帮助自己顺利完成初稿的写作。

4. 论文的修改与定稿

毕业论文初稿完成后，还需要多次修改加工，才能形成一篇优质的毕业论文。修改的目的是为了使文章能够更准确、更鲜明地表述研究成果。修改的范围包括主题论点、层次安排、结构、语言等方面。学生可以自己多次阅读初稿对发现的问题进行修改，也可以根据老师提出的修改意见进行修改，具体有以下几种方式：

①读改法。读改法是指修改文章时，边读边改的修改方式。这是论文修改的主要方式。完成论文初稿后，需要作者多次认真通读全文，凭借自己的语感来发现问题，常常能修改论文中语句啰唆、不通畅、错别字等问题。

②求助法。作者在完成论文初稿后，可以通过请他人阅读和与他人讨论等方式来发现自己论文中存在的不足和问题。一般自己写出来的论文会出现思维定式，很难看出问题，而别人站在一个客观的角度，比较容易发现论文中的问题。求助对象可以是自己信任的同学或朋友，一起进行讨论，放开思路，畅所欲言，再根据讨论结果进行修改。也可以求助导师修改，毕业论文在撰写过程中要积极与老师沟通和联系，有问题及时与老师沟通，保证毕业论文的顺利进行。在初稿完成后，更要虚心求助自己的导师审阅文稿，老师能够从更高的高度对论文提出问题，并提供相应的修改意见，这对修改好毕业论文、提高毕业论文质量无疑是大有裨益的。

③间隔法。很多同学在完成初稿后，立马就进行阅读和修改，这种做法可以发现论文中的问题，但由于论文是自己写的，有时候会出现阅读多遍也发现不了什么问题，且自我感觉良好，这时候可以将论文放一段时间再进行修改，就会发现要修改的地方还很多。这种间隔一段时间再修改的方法，可以使作者的思维跳出原有的圈子，从另一个角度冷静地审视自己的论文。如此反复，有益于论文质量的提升。

（六）毕业论文的格式

毕业论文的规范是指按一定的规格、格式来安排它的各个组成部分，并形成一个有别于一般文章和作品的完整系统。各高校根据国家标准，制定的毕业论文格式要求不完全一致，但有一定的基本规范，以下为某高校毕业论文格式要求。

1. 封面与页面设置

（1）封面

封面格式由学校统一设计、印制后发放。封面上的题目、姓名、学号、班级、年级、专业、学院、指导教师姓名及职称以及论文完成时间等内容最好是打印填列，所有项目填列的内容均须排列整齐、美观。

（2）页面设置

①纸张：A4，一般为纵向排版，左边装订。

②页边距：上3cm，下2.5cm，左2.5cm，右2cm。

③版式：默认。

④文档网格：无网格。

⑤页码：论文正文页码用阿拉伯数字标识，页码位于奇数页的右下角，偶数页的左下角；中文摘要、外（英）文摘要、目录的页码用罗马数字标识；封面、扉页、学术承诺不加注页码。

⑥页眉：论文要求加注页眉，内容为"山西××大学20××届本科生毕业论文（设计）"，字体为小五号字，宋体，奇数页右对齐，偶数页左对齐，"届次"必须用阿拉伯数字，封面、扉页、学术承诺不设页眉。

⑦字体设置：字符间距缩放100%，间距为标准，位置为标准。

2. 摘要与关键词

（1）中文摘要

格式：摘要应当单独设页。"摘要"两字间空两格，小二号宋体，加粗，占一行，居中，段前段后各空一行，结尾处无标点符号。摘要内容的版面设置与正文相同。

（2）外（英）文摘要

"外（英）文摘要"的翻译信息应在"中文摘要"页后另起一页。

摘要格式：外文摘要项的英文标示词用"Abstract"，三号 Times New Roman 字体，加粗，占一行，居中，段前段后各空一行，结尾处无标点符号。摘要内容与中文一致，版面设置按后述英文行文要求。

（3）关键词

中文关键词是反映论文主题内容的名词，是供文献检索使用的重要信息。关键词的词条应为通用词汇，不得自造关键词。关键词一般为 3～5 个，按其外延层次由高至低顺序排列。

关键词格式。中文"关键词"应当排在"摘要"正文下一自然段。"关键词"前空两格，四号黑体，后接冒号"："，各个关键词用小四号宋体，其间用分号"；"分隔，段前空一行。

外文关键词排在外文摘要正文下一自然段。英文用"Key words"，四号 Times New Roman 字体，加粗，左顶格对齐，后接英文状态下的冒号"："，各个关键词用小四号字体，其间用英文状态下的分号"；"分隔。第一个关键词的第一个字母大写，段前空一行。

3. 目录、正文与注释

（1）目录

目录应单设一页。"目录"两字间空两格，小二号宋体，加粗，占一行，居中，段前段后各空一行，结尾处无标点符号。目录下各项内容应标明与论文中相应内容相互对应的页序，标题与页序之间的空格应当用中圆点填充。目录内容列至二级标题，目录字体用小四号宋体，一级标题，左顶格；二级标题左边缩进两个空格。目录各项相应页序统一为右顶格对齐。

（2）正文

论文正文部分包括导论、论文主体及结语三个主要部分，总字数不少于 10000 字，其中：导论部分 2000 字左右、论文主体及结语 8000 字左右。三个主要部分的基本要求如下：

①"导论"作为一个单独一级标题排列，"导论"两字间空两格。

②正文内容字体为小四号宋体。整篇文档首行右缩进 2 字符，段前、段后 0 行，行距为 1.25 倍行距。一级标题字体为三号黑体，居中，段前、段后各 1 行；二级标题字体为四号宋体，加粗，左顶格，段前、段后 0 行，行距为 1.25 倍行距；三级标题字体为小四号宋体，加粗，左顶格，段前、段后 0 行，行距为 1.25 倍行距。所有标题序号与标题内容之间空一格。

③"结语"两字间空两格，但在标题前不加题序。若无需要，也可不单列此项。

（3）注释

①注释形式。论文中的注释一律采用随文加注的方式，运用脚注形式标注。

②注释序号。注释序号一律以阿拉伯数字用上标编号，如"×××××，……"1（提倡用word软件的"插入"——"脚注"中的自动编码功能）。注释的序号每页从"1"起重新编号，且不能直接置于标题上，也不宜直接置于相关表格名、插图名以及公式之后，而应当置于相应的导入性文字中。

③注释格式。注释的内容用小五号宋体（即通用word软件的默认标准）。注释中凡是涉及引用相关文献时，其标示内容及格式规范与后述参考文献的要求相同。

4. 参考文献与致谢

（1）参考文献

列示方位。参考文献列于文末，应另起页。"参考文献"字样位置居中，段前段后各空一行，三号宋体，加粗，结尾处无标点符号，作为一个单独一级标题排列。

列示顺序。参考文献列示顺序为中文在前，外文在后。中文文献按第一作者姓氏的拼音增序排列，外文文献按第一作者名的字母增序排列，第一作者相同的文献则按发表（出版）时间增序排列。

列示格式。参考文献的字号一律用小四号宋体。各条参考文献顶格列序号，序号在方括号（即"［×］"）内列示，括号后空一格，再接相应的文献信息。一项文献的信息列示超过一行时，应"悬挂缩进"两个字符。中文文献各要素之间的小圆点宜用全角状态下的圆点符号（即"．"），外文文献中的论题宜用斜体标示。著作类文献凡属第1版时则不必标明版次信息。

著者列示。参考文献的主要责任者列示方法为：中文著者先姓后名，外（英）文著者先名后姓，姓用全称，名可缩写为首字母（大写），不加缩写点。列示时不须标明编著形式（如："张光明著"只标"张光明"，但译者需要注明，如："李有明译"）。一项文献涉及多个责任者时，应分别处理：外文著者只需标注第一个著者的姓名，空一格后附"et al"；中国著者应标注至第一、二、三著者的姓名，三位以后的著者则以"等"字省略，各作者姓名之间以及所列示的最后一位作者姓名之间均用逗号"，"分隔。

（2）致谢

致谢应另起页。"致谢"字样占一行，字间空两格，三号宋体，加粗，居中，结尾处无标点符号，段前段后空一行，作为一个单独一级标题排列。致谢内容的版面要求与正文相同。

本章小结

学年论文是各类高等院校考查在校学生学习成果和科研能力的论文。

学年论文的选题可以来源于指导教师的研究方向、社会实践观察、感兴趣的专业课。

毕业论文是应届毕业生获得学位必须提交的考核材料，是对学生在校期间所学的专业知识与专业技能掌握情况的全面考核。

工商管理专业毕业论文撰写需要经过论文选题、阅读文献、数据收集、撰写开题报告、编写论文提纲、撰写论文初稿、修改与定稿等环节。

复习思考题

1. 学年论文的概念及资料来源。
2. 学年论文选题的基本要求。
3. 毕业论文的概念及特点。
4. 论文常用的研究方法。
5. 文献检索的常用方法。

参 考 文 献

[1] 吴照云. 中国管理思想史 [M]. 北京：北京大学出版社，2011.

[2] [美] 彼得·德鲁克. 现代管理宗师德鲁克文选（英文版）[M]. 北京：机械工业出版社，2005.

[3] 黄淮学院教务处. 辞典释义：学科目录 [R/OL]. (2013-08-31) [2022-03-26]. http://cms2.huanghuai.edu.cn/s.php/jwc/item-view-id-12773.html.

[4] 国务院学位委员会，教育部. 关于印发《学位授予和人才培养学科目录设置与管理办法》的通知. 学位 [2009] 10 号 [A/OL]. (2009-02-25) [2022-03-26]. https://grad.cnu.edu.cn/info/1042/1224.htm?ivk_sa=1024320u.

[5] 江西省人力资源和社会保障厅. 学科专业目录汇编 [R/OL]. (2019-01-01) [2022-03-27]. https://rsc.jxvc.jx.cn/info/1008/1444.htm.

[6] 国务院学位委员会，教育部. 关于修订学位授予和人才培养学科目录的通知. 学位 [2009] 28 号 [A/OL]. (2009-06-08) [2022-03-27]. https://fzxk.huas.edu.cn/info/1017/1334.htm.

[7] 国务院学位委员会，教育部. 关于印发《学位授予和人才培养学科目录（2011年）》的通知：学位 [2011] 11 号 [A/OL]. (2011-03-08) [2022-03-26]. http://www.moe.gov.cn/srcsite/A22/moe_833/201103/t20110308_116439.html.

[8] 教育部. 普通高等学校本科专业目录（2020年版）. 教高函 [2020] 2 号 [A/OL]. (2020-02-21) [2022-03-26]. http://www.moe.gov.cn/srcsite/A08/moe_1034/s4930/202003/t20200303_426853.html.

[9] 教育部高等教育司. 教育部高等教育司关于开展2020年度普通高等学校本科专业设置工作的通知 [A/OL]. (2020-06-23) [2022-03-28]. http://www.moe.gov.cn/s78/A08/tongzhi/202006/t20200629_469017.html.

[10] 学位与研究生教育杂志社. 中国学位与研究生教育大事记(1983年) [A/OL]. [2022-03-28]. http://www.adge.edu.cn/ch/reader/view_news.aspx?id=20120831110126001.

[11] 海因茨·韦里克，马春光，哈罗德·孔茨. 管理学精要：国际化视角 [M]. 7版. 北京：机械工业出版社，2010.

[12] [美] 弗雷德里克·泰罗. 科学管理原理 [M]. 马风才，译. 北京：机械工业出版社，2013.

[13] [美] 彼得·圣吉. 第五项修炼：学习型组织的艺术与实践 [M]. 张成林，译. 北京：中信出版社，2018.

[14] 朱传杰. 核心能力理论研究述评 [J], 合作经济与科技，2006 (9)：14-16.

[15] 侯剑华. 工商管理学科演进与前沿热点的可视化分析 [D]. 大连：大连理工大

学,2009.

[16] 寇家伟. 基于核心竞争力理论的企业档案利用研究 [D]. 哈尔滨:黑龙江大学,2020.

[17] 崔立为. 基于核心能力理论的新能源汽车企业综合竞争力研究 [D]. 昆明:云南财经大学,2012.

[18] 赵昌文. 基于核心能力理论的邮政投递建设研究 [D]. 济南:山东大学,2011.

[19] 赵述强. 我国职业篮球俱乐部核心竞争力理论架构及分析研究 [D]. 北京:北京体育大学,2017.

[20] 刘继伟. 新制度主义组织研究的方法论反思——组织趋同研究述评 [J]. 社会科学研究,2021(2):78-92.

[21] 教育部高等学校教学指导委员会. 普通高等学校本科专业类教学质量国家标准 [M]. 北京:高等教育出版社,2018.

[22] 国务院学位委员会第六届学科评议组. 学位授权和人才培养一级学科简介 [M]. 北京:高等教育出版社,2013.

[23] 陈颉,高楠. 工商管理专业导论 [M]. 北京:经济科学出版社,2018.

[24] 艾媒数据中心. 2020年中国工商管理专业就业前景[R/OL]. (2011)[2022-03-20]. https://data.iimedia.cn/page-category.jsp?nodeid=30415687.

[25] 彭新武. 西方管理思想史 [M]. 北京:机械工业出版社,2017.

[26] [美] 丹尼尔·A. 雷恩(Daniel A. Wren),阿瑟·G. 贝德安(Arthur G. Bedeian). 管理思想史 [M]. 孙健敏,等译. 北京:中国人民大学出版社,2012.

[27] 邢以群. 管理学(第四版) [M]. 杭州:浙江大学出版社,2016.

[28] 张德. 管理学是什么 [M]. 北京:北京大学出版社,2006.

[29] [美] 约瑟夫·A. 马洽列洛,凯伦·E. 林克莱特. 失落的管理艺术:德鲁克思想的人文之光史 [M]. 顾洁,王茁,译. 北京:机械工业出版社,2018.

[30] 斯图尔特·克雷纳. 管理百年 [M]. 杭州:浙江教育出版社,2021.

[31] [德] 海因茨·D. 库尔茨. 西方经济思想简史 [M]. 李酬,译. 北京:中国社会科学出版社,2016.

[32] [美] 保罗·萨缪尔森,威廉·诺德豪斯. 经济学 [M]. 18版. 萧琛,将景媛,等译. 北京:人民邮电出版社,2008.

[33] 向松祚. 新经济学 [M]. 北京:中信出版社,2020.

[34] 徐秋慧. 经济学江湖事:一部极简经济学史 [M]. 北京:格致出版社,2019.

[35] [美] N. 格里高利·曼昆. 经济学 [M]. 18版. 梁小民,梁砾,译. 北京:北京大学出版社,2020.

[36] 刘越. 提高西方经济学本科课程教学效果的路径——兼论西方经济学课程的特点 [J]. 高等财经教育研究,2012,15(3):19-25.

[37] 陈荣秋,马士华. 生产与运作管理 [M]. 北京:高等教育出版社,2021.

[38] 李全喜. 生产运作管理 [M]. 北京:北京大学出版社,2014.

[39] 马风才. 运营管理 [M]. 北京:机械工业出版社,2021.

[40] 宋明顺,张月义,周玲玲,等. 质量管理学 [M]. 北京:科学出版社,2017.

[41] 崔利荣,赵先,刘芳宇. 质量管理学 [M]. 北京:中国人民大学出版社,2012.

[42] 尤建新，周文泳，武小军，等. 质量管理学 [M]. 北京：科学出版社，2014.
[43] 马风才，谷炜. 质量管理学 [M]. 北京：机械工业出版社，2017.
[44] 张建国. 工商管理导论 [M]. 北京：北京理工大学出版社，2020.
[45] 郭国庆. 市场营销学通论 [M]. 北京：中国人民大学出版社，2009.
[46] 王学文. 市场营销学 [M]. 北京：电子工业出版社，2011.
[47] 王方华. 营销管理 [M]. 北京：机械工业出版社，2012.
[48] 吴健安，聂元昆. 市场营销学 [M]. 北京：高等教育出版社，2017.
[49] 王静. 现代市场调查 [M]. 北京：首都经济贸易大学出版社，2001.
[50] 梅清豪，林新法，陈洁光. 市场营销学原理 [M]. 北京：电子工业出版社，2002.
[51] [美] 纳雷希·K. 马尔霍特拉. 市场营销研究：应用导向 [M]. 涂平，译. 北京：电子工业出版社，2010.
[52] 孙健敏，张德. 组织行为学 [M]. 北京：高等教育出版社，2019.
[53] 习近平. 习近平谈治国理政 [M]. 北京：外文出版社，2014.
[54] [美] 艾尔弗雷德·D. 钱德勒. 战略与结构 [M]. 盛昕，译. 昆明：云南人民出版社，2002.
[55] 《管理学》编写组. 管理学 [M]. 北京：高等教育出版社，2019.
[56] 刘善仕，王雁飞. 人力资源管理 [M]. 北京：机械工业出版社，2021.
[57] 张德. 人力资源开发与管理 [M]. 北京：清华大学出版社，2016.
[58] 杨幼珠，郭彦. 初级会计学 [M]. 南京：南京大学出版社，2019.
[59] 蒋乐平，刘卫红. 会计学原理 [M]. 南京：南京大学出版社，2019.
[60] 杨明海，夏喆. 基础会计学 [M]. 南京：南京大学出版社，2017.
[61] 李端生. 基础会计学 [M]. 北京：中国财政经济出版社，2012.
[62] 李航星. 财务管理学 [M]. 成都：四川大学出版社，2016
[63] 王力东，李晓敏. 财务管理 [M]. 北京：北京理工大学出版社，2019.
[64] 阮萍. 高级财务管理 [M]. 成都：西南财经大学出版社，2019.
[65] 财政部会计资格评价中心. 中级会计资格：财务管理 [M]. 北京：中国财政经济出版社，2021.
[66] 陈天容. 领导科学与艺术 [M]. 杭州：浙江大学出版社，2021.
[67] 曹晓丽，林牧. 领导科学基础 [M]. 4版. 北京：首都经贸大学出版社，2019.
[68] 蓝海林，徐梅鑫，欧洁敏. 战略管理在中国：发展历程及未来趋势 [C] //. 第五届 (2010) 中国管理学年会——组织与战略分会场论文集，2010：133-140.
[69] 蓝海林. 企业战略管理 [M]. 3版. 北京：科学出版社，2018.
[70] 萧鸣政. 领导科学与方法 [M]. 北京：中国社会科学出版社，2019.
[71] 沈乐平，张咏莲. 公司治理学 [M]. 2版. 大连：东北财经大学出版社，2015.
[72] 李维安，郝臣，崔光耀，等. 公司治理研究40年：脉络与展望 [J]. 外国经济与管理，2019，41 (12)：161-185.
[73] 郭爱民. 公司治理研究的理论、模型及其方法变革 [J]. 经济经纬，2005 (2)：75-77.
[74] 史云贵，刘晓燕. 绿色治理：概念内涵、研究现状与未来展望 [J]. 兰州大学学报 (社会科学版)，2019，47 (3)：1-11.

[75] 李刚. 人力资源管理信息系统 [M]. 北京：北京大学出版社，2014.

[76] 梁晶. 管理信息系统 [M]. 沈阳：东北财经大学出版社，2016.

[77] 薛华成. 管理信息系统 [M]. 6版. 北京：清华大学出版社，2020.

[78] 吴贵生，王毅. 技术创新管理 [M]. 北京：清华大学出版社，2013.

[79] 张玉利，陈寒松，薛红志，等. 创业管理 [M]. 机械工业出版社，2017.

[80] 华锦阳. 技术创新管理理论与案例 [M]. 清华大学出版社，2007.

[81] 李曦辉，詹红岩. 工商管理导论 [M]. 企业管理出版社，2015.

[82] 朱东华，张嶷，汪雪锋，等. 大数据环境下技术创新管理方法研究 [J]. 科学学与科学技术管理，2013，34（4）：172-180.

[83] 张华胜，薛澜. 技术创新管理新范式：集成创新 [J]. 中国软科学，2002（12）：6-22.

[84] 赵志莉，孙守信. 企业技术创新管理 [J]. 河南社会科学，2002，10（5）：103-104.

[85] 毛义华. 技术创新管理新范式：项目组合管理 [J]. 数量经济技术经济研究，2001，18（9）：76-79.

[86] 沈荣. 工程管理专业学年论文实践教学质量提升路径与策略研究 [J]. 现代商贸工业，2022，43（4）：196-198.

[87] 范巧. 经济类专业学生学年论文管理与实施研究——以重庆科技学院为例 [J]. 教学研究，2019，42（1）：32-38.

[88] 谢一峰. 研究型大学学年论文制与本科生导师制的互动 [J]. 大学教育科学，2018，(5)：55-60.

[89] 孙国强. 研究生学位论文的选题来源、方法与技巧 [J]. 山西财经大学学报（高等教育版），2007（3）：21-23，27.